大师的趣闻轶事

岳南 著

河南文艺出版社
·郑州·

图书在版编目(CIP)数据

大师的趣闻轶事 / 岳南著. -- 郑州:河南文艺出版社,
2025. 9. -- ISBN 978-7-5559-1824-0

Ⅰ. K820.6

中国国家版本馆 CIP 数据核字第 2025BV0382 号

出版策划　　刘晨芳　杨　莉
本书策划　　崔晓旭
责任编辑　　崔晓旭
责任校对　　樊亚星
装帧设计　　张　萌
书名题字　　单占生

出版发行　　河南文艺出版社
社　　址　　郑州市郑东新区祥盛街 27 号 C 座 5 楼
承印单位　　河南瑞之光印刷股份有限公司
经销单位　　新华书店
开　　本　　700 毫米 × 1000 毫米　1/16
印　　张　　27. 75
字　　数　　335 000
版　　次　　2025 年 9 月第 1 版
印　　次　　2025 年 9 月第 1 次印刷
定　　价　　98. 00 元

印厂地址　　河南省武陟县产业集聚区东区(詹店镇)泰安路
邮政编码　　454950　　电话　0371-63956290

目　录

01 巨擘大家

p001-p029

1　甲骨文发现第一人......003

2　董作宾如何成为甲骨学家......004

3　"甲骨四堂"......006

4　王国维人生转折点......007

5　王国维到底有多牛......008

6　世间再无梁启超......010

7　中国第一位女学校长......012

8　钱穆的一次考试......014

9　相貌奇特的吴宓......015

10　陈寅恪到底有多牛......016

11　陈寅恪会多少种文字......017

12　教授之教授......019

13　"活着的庄子"刘文典......020

14　陶行知"每天四问"......021

15　中国历史上最牛的学霸......022

16　华罗庚传奇......023

17　戏剧大师余上沅......025

18　杨绍震的聪明与夏鼐的敦厚......026

19　被诺贝尔奖伤害的物理学皇后吴健雄......027

20　胡适共有多少顶博士帽子......029

02 学者风采

p031-p075

1 章太炎讲学......033

2 制造炸弹的蔡元培......034

3 傅斯年说自己是三等人才......035

4 黄侃的"三不来"......036

5 曾国藩后人的脾气......038

6 张伯苓的倒霉观......039

7 跳高与自欺欺人......040

8 钱穆戒骄......041

9 陶行知请公鸡吃米......042

10 鲁迅理发的故事......044

11 鲁迅爱恨情仇四则......045

12 郁达夫赠围巾......047

13 纯真的英美式绅士......048

14 周作人的冷漠......049

15 闻一多未得学位的遗憾......050

16 闻一多的"痛饮酒"......051

17 刘文典说:不佩服者,王八蛋也......053

18 梅贻琦的性格......054

19 梅贻琦说:要打就打我......055

20 金岳霖:知识分子应该这样活......058

21 金岳霖忘了自己是谁......059

22 金岳霖的雅量......061

23 胡适的民主风度......062

24 梁思成用花瓶撑下巴写书......063

25 "就是你的妈"......065

26 陈寅恪眼睛失明的根源......066

27 余上沅家中失火......067

28 曹禺棉袄中的耗子......069

29 曾昭抡的"傻气"......071

30 校长充当电话传呼人......073

31 胡适与卖饼小贩的交谊......074

03 师生之间

p077-p106

1 章太炎六岁作诗......079

2 一泡尿结师生缘......081

3 章太炎怀念恩师......083

4 章太炎"谢本师"......084

5 黄侃磕头拜师......086

6 章太炎与周氏兄弟的师生情谊......088

7 周作人的谢师表......089

8 周作人弟子的谢师表......091

9 康有为、梁启超师徒决裂......094

10 山东人做事直爽......096

11 "张伯苓三问"......097

12 清华校长的尴尬......099

13 清华四大导师讲课......100

14 清华园里的法文女教授......101

15 闻一多门下二家......102

16 吴宓诗集被偷记......103

17 梅贻琦说：师生就是师生......105

18 姚从吾离间了师生关系......106

04 史海钩沉

p107-p145

1   大清国幼童赴美众生相......109

2   留美幼童中途归国之因......110

3   留美幼童的人生结局......111

4   清华大学的命名......112

5   清华大学的来历......113

6   清华校训来源......115

7   清华骑毛驴的好学生......116

8   清华第一个奖学金的由来......118

9   梅贻琦打退堂鼓......119

10 清华军乐队员匪窟突围......120

11 陈寅恪进清华的隐秘......121

12 陈寅恪的名字如何读音......122

13 罗家伦驱逐"老饭桶"......123

14 梅贻琦时代的清华聘任制度......124

15 未名湖是谁命名的......125

16 北大校徽是谁设计的......127

17 北大、清华在世界的排名......129

18 民国时代大学教授的薪水......130

19 民国时代的稿酬......131

20 抗战前大学教授的"三高"......132

21 抗战时期的物价......133

22 朱门酒肉臭......134

23 日本京都、奈良为何没有被炸......136

24 傅斯年庆祝抗战胜利......137

25 曾昭抡的军事天才与种子计划......139

26 一麻袋抗战财产损失的铁证......141

27 国民党抢运黄金赴台......142

28 明义士暗藏甲骨之谜......143

05 大师学问

p147-p175

1 起病"六君子",送命"二陈汤"......149

2 王国维三种境界说......150

3 幽默与幽默大师......152

4 傅斯年用物理学打架......153

5 陈寅恪出对子:孙行者......154

6 陈寅恪说杜牧诗情节离奇......155

7 陈寅恪妙解"长开眼"......156

8 鲁迅点评萧红的裙子......158

9 李济最早提出古物国有......160

10 龙山文化是谁发现的......161

11 梁启超对儿子的比喻......163

12 梁思成、林徽因的旷世发现......164

13 金钱如粪土......166

14 七十三字奇文......167

15 陈独秀研究不了太平天国......168

16　胡适授给吴健雄的治学秘籍......169

17　胡适的兔子与乌龟论......170

18　同济大学教授降伏了麻脚瘟......171

19　梁思成子女考清华落榜......172

20　李济的小球说......173

21　由秋郎到梁翁......174

06 联大往事

p177-p236

1　抗战时期三个联合大学的结局......179

2　西南联大的结构......180

3　赵忠尧虎口夺镭......181

4　联大教授的另一面......183

5　土匪不袭扰联大师生......184

6　黄师岳将军婉拒礼物......185

7　手撕英汉词典的穆旦......187

8　张伯苓：我的表他戴着......189

9　西南联大的考试制度......190

10　西南联大的淘汰率......191

11　西南联大的体育......192

12　陈寅恪书箱被窃贼换成砖头......193

13　南湖短歌......194

14　蒙自的"何妨一下楼"......197

15　刘文典怒扇农夫耳光......198

16　蒙自的蛇与蟒......199

17　俄籍教授葛邦福蒙自昏厥......200

18　蒙自听风楼的联大女生......201

19　联大学生的学生......203

20　沈有鼎占卜问吉凶......205

21　联大教授风雨无阻......206

22　梁思成为盖联大宿舍发火......207

23　校长的争执......208

24　投奔西南联大的学生......210

25　停课赏雨......211

26　西南联大学生抓小偷......212

27　西南联大学生打工......213

28　一个火柴盒的价值......214

29 大铁桶内的物理仪器······215

30 闭眼上课的陈寅恪······216

31 华罗庚的豁达豪气······217

32 布东考古布西算······218

33 闻一多卖书换米······220

34 潘光旦吃老鼠肉······221

35 梅贻琦一家吃"辣椒面"······222

36 时穷节乃见,岁寒梅更香······223

37 校长夫人与定胜糕的故事······224

38 梅贻琦子女参军抗日······226

39 校长为闻一多做广告······227

40 金岳霖论真理······229

41 吴宓欲砸潇湘馆······230

42 汪曾祺醉酒······231

43 正副所长的误会······233

44 二房东吴晗······234

45 中国教育史上的奇峰······235

46 西南联大的三个秘诀······236

07 跑警报

p237-258

1   梁思成一家遭遇炸弹......239

2   林徽因母子跑警报......240

3   昆明的警报等级......241

4   被当作间谍看待的学生......243

5   跑警报跑进了棺材......244

6   华罗庚被埋入土中......245

7   金岳霖带情书跑警报......246

8   金岳霖跑警报丢书稿......248

9   陈寅恪"入土为安"......249

10   跑警报与三角恋爱......250

11   吴宓警报声中遇情敌......252

12   我们下课......254

13   梅贻琦跑警报......255

14   梅贻琦与吴晗跑警报......256

15   校长防空洞写书赚稿费......257

08

名士风骨

p259-p280

1　以袁世凯为反面典型......261

2　张伯苓训学生：你们讨厌......262

3　扬帆教曹禺唱《国际歌》......264

4　陈寅恪父亲绝食而死......266

5　陈寅恪被困香港......267

6　刘文典以发夷声为耻......268

7　叶公超舍命保护毛公鼎......269

8　张恨水智斗土肥原贤二......272

9　傅斯年给母亲下跪......274

10　傅斯年给儿子取名有学问......275

11　傅斯年参会证明自己没死......276

12　傅斯年等稿费做棉裤......277

13　胡适的投资与买卖......278

14　梅贻琦的皮包......280

09 恩怨纷争

p281-p309

1　严复痛斥康有为、梁启超误国害友......283

2　章太炎、梁启超互殴......284

3　章太炎誓不进清华......285

4　黄侃大战胡适之......288

5　黄侃与二疯......289

6　黄侃、吴梅失和......291

7　石瑛怒打黄季刚......292

8　胡适与梁漱溟兵戎相见......294

9　月亮嫁给了黑夜......296

10　狼是狗的祖宗......298

11　梁实秋评鲁迅......299

12　鲁迅大战梁实秋......301

13　冰心得罪过的人......302

14　冰心与林徽因由朋友成为仇敌......303

15　金岳霖说徐志摩不自量......305

16 傅斯年与闻一多叫板儿......306

17 周作人骂傅斯年是驴......307

18 傅斯年大骂周作人......308

10 文人相轻

p311-p332

1 疑古玄同是谁......313

2 沈尹默评胡适......314

3 中国第一大仇敌是谁......315

4 胡适与钱穆的老子之战......316

5 钱穆眼中的胡适......317

6 胡适与蒙文通的过节......318

7 林语堂与左派文人的冲突......319

8 钱穆与钱锺书父子的交往......321

9 杨振宁、季羡林对叶公超的差评......322

10 钱锺书说三教授：懒、笨、俗......324

11 钱锺书的狂话......325

12 刘文典说沈从文该拿4块钱......326

13 废名PK胡适......328

14 废名PK熊十力......329

15 钱穆对陈寅恪的评价......330

16 傅斯年对钱穆的不屑......331

17 李济对钱穆的"白眼"......332

11 趣闻轶事

p333–p366

1 章太炎趣事......335

2 "刘疯子"怕老婆......336

3 一把茶壶配四个茶碗......338

4 鲁迅喜爱和讨厌的动物......339

5 鲁迅的遗物......341

6 胡适改名......342

7 傅斯年的"范进式"昏厥......344

8 "独腿客"放洋遇险记......345

9 林语堂借款......346

10 梁思成车祸之谜......347

11 金岳霖请医生助产的笑话......348

12 林徽因改名的原因......350

13 梁思成、林徽因儿女名字来源考......351

14 陈寅恪请看戏......353

15 胡适擦浴缸......354

16 决定梁思成命运的一件事......356

17 梁思成:我是个无"齿"之徒......357

18 金岳霖办公无"公"来......358

19 陈梦家与王世襄争夺古物......359

20 董作宾校园吃花生米......361

21 台静农与酒......362

22 酒圣梅贻琦......364

23 梁实秋的幽默......365

24 林语堂相面打分......366

12 风花雪月

p367-p391

1　徐志摩离婚众人献计......369

2　徐志摩、林徽因剑桥之恋......370

3　金岳霖爱上林徽因......371

4　金岳霖搬到林徽因家......372

5　林徽因告诉梁思成爱上金岳霖......373

6　情种与校花......374

7　沈从文代写情书......376

8　沈从文写情书追校花......377

9　胡适、朱自清的女人观......380

10　梅月涵与梅悦韩......382

11　蒋梦麟娶朋友妻......383

12　吴宓苦爱毛彦文......384

13　吴宓校园追女生......386

14　毛彦文下嫁熊希龄......387

15　罗隆基的追逐术......389

16　杨振宁打工埋下的姻缘......391

13

巨星陨落

p393-p420

1　邵飘萍、林白水之死......395

2　末代皇帝溥仪说王国维死因......397

3　王国维沉湖之谜......400

4　梁启超"错割腰子"案......401

5　梁启超的死因......404

6　徐志摩遇难白马山......406

7　徐志摩遇难前后......407

8　上帝让徐志摩遇难......408

9　徐志摩是活着好，还是烧死好......410

10　鲁迅去世后的抬棺人......411

11　蔡元培客死香港之情状......413

12　林徽因临终遗嘱之谜......414

13 老金失态哭徽因......415

14 老金墓前诉心声......417

15 胡适怒骂"愚蠢的女人"......418

16 胡适是如何去世的......419

巨擘大家

01

甲骨文
发现第一人

1

2019年甲骨文发现120周年会议盛典刚过，世界上凡是与甲骨文有关的学术机构都在纪念这个年份和一个人，这个人就是我的山东老乡王懿荣。

话说1899年，时任清朝国子监祭酒的王懿荣拉肚子，一位中医给他开了个药方，里面有一味中药叫龙骨，王家派人到京城一家中药店买回之后，王懿荣发现龙骨上有类似篆文的刻痕。这一发现，使王懿荣大喜，急派人把这个中药店带文字的龙骨全部买了回来加以鉴别研究。最后得出结论，这个龙骨上的刻字，应是中国历史上商代的文字，年代在4000年之前。

这一发现，很快轰动了学术圈。原来只知有个商代，但没有证据，这下好了，找到最直接最有力的证据了。

这一下，揭开了商代历史研究的序幕。

我这位山东烟台老乡王懿荣呢，就被誉为中国商代甲骨文发现第一人了。

董作宾
如何成为甲骨学家

2

1899 年，甲骨文被当时的清朝国子监祭酒王懿荣认出并开始探究——这是世人认识甲骨文之始。1895 年，董作宾出生于河南省南阳董阳门村。董氏在家乡入私塾就读经史，1923 年考入北京大学国学门成为研究生，1925 年夏于北大国学门毕业留校任助教。

一个夏天的晚上，董作宾忽然从上铺坐起来，郑重其事地对下铺的庄尚严同学说："老庄，你看咱们长此下去，如何是了？"

庄尚严一听，漫然答道："不如此下去，难道让我们去抢银行绑票，上山当土匪，杀人越货吗？"

董作宾沉默了一会儿，有点激动和神秘地说："我有一个主意，你如同意，咱们一同到我家乡安阳去发掘甲骨如何？你学的是考古，田野工作是你的强项。我是河南人，对地方关系可以搞得好。这是一条有广大发展的道路，比局促在这里有前途得多了！"

董的一席话引起了庄的极大兴趣。此时罗振玉、王国维等人正由于甲骨文的研究成果备受世人瞩目。庄尚严头脑一热，立即坐起来道："你的想法很好，只是你我二人，一个搞歌谣，一个学考古，对研究甲骨文最重要的基本学识如小学、训诂、文字学都无根基，如何办得了？"

董作宾听罢，不以为然地摇了摇头道："若等你在课堂或书本中学好文字学，人家的甲骨文字典早就在书店里发卖了，哪还有咱们的机会？为今之计，只有占先，一面发掘，一面读书，一面研究。有了新材料，就有新问题，这个问题就逼着你非读金文、小学去细心细考，自然会有新局面、新结论。旧路已为人家占满，不另辟新天下，哪有咱们年轻人的出头之日?"

　　不久，董作宾就背起小包袱上安阳挖龙骨去了。这一挖，就把董作宾挖成了著名的甲骨学家。

"甲骨四堂"

3

　　继 1899 年王懿荣认出并开始探究甲骨文之后，中外研究者越来越多，名家辈出，灿若群星。随着安阳殷墟的发掘与甲骨文陆续出土，甲骨学渐被学术界所重视并很快发展为一门显学。在群星闪耀中，最终催生了著名的"甲骨四堂"。

　　所谓"甲骨四堂"，乃国学大师钱玄同、陈子展的发明创造，即坐在前四把交椅上的罗振玉（号雪堂）、王国维（号观堂）、董作宾（字彦堂）、郭沫若（字鼎堂）这四位甲骨学家，也就是后世广为流传的"堂堂堂堂，郭董罗王"。

　　对于"四堂"在学术上的造诣和不同贡献，另一位著名古文字学家唐兰（号立厂）有"雪堂导夫先路，观堂继以考史，彦堂区其时代，鼎堂发其辞例，固已极一时之盛"之评语。

　　1942 年，董作宾与郭沫若在重庆相聚，把酒言欢，董、郭二人皆对"四堂"之说予以笑纳，并赋诗相赠。董作宾在《跋鼎堂赠绝句》中说："今者，观堂墓木盈拱，雪堂老死伪满，惟彦堂与鼎堂，犹崛然并存于人世，以挣扎度此伟大之时代。"

王国维
人生转折点

4

　　1898年正月初二，浙江上虞人、古文字学家、金石学家、农学家罗振玉，到上海《时务报》给馆主汪康年拜年。进门之后，没见到主人，一直走到楼上，只见一小房间里一人边看《文选·两都赋》，边自斟自酌。罗进而问询，乃知其为《时务报》校对员、海宁人王国维。两人对坐攀谈，罗发现面前这位20岁左右的小伙子学养不凡，继而看到王氏为同舍好友撰题的扇面有咏史绝句一首，末句为"千秋壮观君知否，黑海西头望大秦"。罗大惊，深佩王氏才华过人，乃堪造之材。

　　当时罗振玉在上海创立"学农社"，设"农报馆"，创办《农学报》，专译日本农书，又创立"东文学社"，教授日文。于是，罗劝王放弃《时务报》的校对员工作，到"东文学社"学习深造，因王国维有秀才功名，可直接进入师范班。王既惊且喜，复面露难色，道："奈生计何？"罗遂说："你去读书可也，我在农学报馆给你挂个名，闲时写写文章即可，月薪40元，则家用及本人生活都可以维持了。"王国维听罢，遂入罗振玉开办的"东文学社"深造。

　　此为罗王二人结识的缘起。此后，王国维一生的重大转折，以及学术研究方向和巨大成就，均与罗振玉有密切的关系。对于罗振玉的知遇之恩，王国维心怀感激，曾写诗称颂："匠心忽顾视，谓与凡材殊。"

王国维
到底有多牛

5

　　1877年出生于浙江海宁的王国维，早年立志研究哲学、美学，继而涉及词曲，通过自己的天才加勤奋，精通英文、德文、日文等多种文字，对西方哲学、美学、文学，特别是苏格拉底、柏拉图、亚里士多德及后世的叔本华、尼采等大师的思想理论，有独到的研究和深刻洞见。

　　辛亥革命后，王国维随亦师亦友的古文字学家罗振玉避居日本，开始随罗专治经史、古文字学、考古学，先后在历代古器物、甲骨钟鼎、齐鲁封泥、汉魏碑刻、汉晋简牍、敦煌唐写经，以及殷周秦汉古史的考释研究领域取得了惊人成就。最惊世骇俗和令人钦佩的，是他对出土甲骨文与传世金文的研究成果。通过对殷墟出土甲骨文研究这一视若生命的追求，王国维最终以不足50公斤的瘦弱之躯，借助思想学术的浩然锐气，轰然撞开了迷蒙遁隐几千年的殷商王朝大门，中国有文字可考的历史，一下子向前延伸了近1000年。王国维也因这一具有里程碑意义的划时代学术贡献，一举成为甲骨学的鼻祖和"新史学的开山"（郭沫若语）。

　　后世评价王国维学问之博大精深，有"几若无涯岸之可望、辙迹之可寻"（陈寅恪语）的高度赞美。1922年8月28日，胡适在日记中写道："现今的中国学术界真凋敝零落极了。旧式学者只剩王国维、罗振玉、叶德辉、章炳麟四人。其次则半新半旧的过渡学者，也只有梁启超和我们几个人。内中章炳麟是在学术上已半僵化了，罗与叶没有条理系统，只有王国维最有希望。"

　　就"究天人之际，通古今之变，成一家之言"这一学术框架来说，自2000多年前伟大的史学之祖司马迁与世长辞，过了100多年才产生了班固，班固死后50多年产生了荀悦，荀悦死后过了80多年产生了陈寿。陈寿死后700年，直到11世纪才产生了欧阳修、司马光及其助手刘恕和范祖禹。12世纪产生了郑樵。郑氏死后600年，到18世纪才产生了赵翼、钱大昕、王鸣盛、全祖望、章学诚等几位名家。继赵、钱、王、全、章等人死后百余年，才有旷世天才王国维横空出世。而王氏不仅"古史及文字考证之学冠绝一世"（吴宓语），其学问博大精深，是继西晋时期写出不朽名著《三国志》的大史学家陈寿死后1600年来，历代史学名宿所不能匹敌的。正是有了如此伟大的创举，后人遂有"不观王国维之学问，不知大师之大、高山之高"的评论。

世间再无梁启超

6

晚清至民国初年的梁启超，不仅是名满天下的国学大师，还是一位具有世界声誉的"言论界的骄子"和"舆论界的权威"，无论是他主办《时务报》时期、《新民丛报》早期，还是反对袁世凯称帝、张勋复辟时期，其思想锋芒皆具有气贯长虹、移山填海的浩浩威势。袁世凯的长子、野心勃勃想当皇帝接班人的袁克定，曾公开坦承梁启超是一位罕见的领袖名流，并有"得渠一言，贤于十万毛瑟也"的赞许。

1914 年前后，梁启超数次到清华学校作"名人演讲"。许多年后，已成为文学家、名教授的梁实秋，在回忆清华求学时代聆听梁启超某次演讲时说："在一个风和日丽的下午，高等科楼上大教堂里坐满了听众，随后走进了一位短小精悍秃头顶宽下巴的人物，穿着肥大的长袍，步履稳健，风神潇洒，左右顾盼，光芒四射，这就是梁任公先生。他走上讲台，打开他的讲稿，眼光向下面一扫，然后是他的极简短的开场白，一共只有两句，头一句是：'启超没有什么学问——'眼睛向上一翻，轻轻点一下头，'可是也有一点喽！'这样谦逊同时又这样自负的话是很难得听到的。"

记得一次，梁任公在清华演讲时引《箜篌引》几句诗，闻者无不为之动容："公无渡河，公竟渡河！渡河而死，其奈公何！"梁实秋描述说："这四句十六字，经他一朗诵，再经他一解释，活画出一出悲剧，其中有起承转合，有情节，有背景，有人物，有情感。我在听先生这篇讲演后约二十余年，偶然获得机缘在茅津渡候船渡河。但见黄沙弥漫，黄流滚滚，景象苍茫，不禁哀从中来，顿时忆起先生讲的这首古诗。"

中国第一位
女学校长

7

　　1889年，年仅16岁的才子梁启超参加广东乡试，得中第8名举人。主考官、内阁大学士李端棻爱其才貌，将堂妹李蕙仙（本名李端蕙）许配给梁为妻。两年后，梁启超与比他大4岁的李蕙仙在北京李家完婚。次年夏，李蕙仙随梁启超回到广东，侍奉翁姑。虽是宦门闺秀，却恪守孝道，李蕙仙安居农村，操持家务，甚至亲自打井水舂米、煮饭，深得梁家上下喜爱。

　　1896年，李蕙仙随梁启超到上海创办《时务报》，号称中国最早的夫妻报人。未久，李蕙仙还出资创办了一所女子学堂，亲自出任提调（校长），成为中国第一位女学校长。1899年，李蕙仙来到日本，与流亡的梁启超团聚。尽管此后的生活动荡不安，但李蕙仙深明大义，对梁启超的事业始终支持如一，对梁、李两家的子弟、亲戚皆倾心照顾、资助，尽量使他们成才。对此，梁启超深为感激。

　　1924年，李蕙仙身患乳腺癌，弥留之际，梁启超爱莫能助，只有自责，他想起自己曾与妻子有过一次争吵，于是对长女梁思顺说："顺儿啊，我总觉得你妈妈的那个怪病，是我们打那一回架打出来的，我实在哀痛至极始终不忍说，现在忍不住了，说出来想把自己的罪过减轻一点儿。"

　　同年9月13日，李蕙仙去世。梁启超写下了感人至深的《祭梁夫人文》："我德有阙，君实匡之；我生多难，君扶将之；我有疑事，君权君商；我有赏心，君写君藏；我有幽忧，君噢使康；我劳于外，君煦使忘；我唱君和，我揄君扬。今我失君，只影彷徨。……"

　　据梁启超在清华国学研究院时的学生杨鸿烈回忆："眼见梁氏身穿孝

服，从回回营步行好几里遥远的路直到宣武城门外法源寺回灵，涕泪纵横，可见伉俪情深，老而弥笃。"

未久，李蕙仙遗体葬于北京香山卧佛寺东面小山梁上，梁启超曾请陈寅恪之父、同光体诗人领袖陈三立书写墓碑文，后因故作罢。

钱穆的一次考试

8

钱穆上中学，一次地理考试，题4道，每题25分，满分100分。

钱穆拿到试卷，审到第三道题的时候，很是兴奋。这道题的内容是关于长白山地势军情的，钱穆对这个问题一直感兴趣，此前读过很多这方面的书，因而看到这道题之后，便情不自禁地答了起来，而且不是"为了答题而答题"，完全沉浸其中，由着性情感而发之，忘记自己在考场上。

不知过了多久，总算把这个题目答完了，便从头到尾开始检查。就在此时，交卷铃声响起，余下三道题，一个字也没答，钱穆心中直呼着"完矣，完矣"，悻悻地把卷子交了上去。

按照常理，钱穆只答了1道题，最多只能得25分。可是，卷子发下来后，钱穆惊讶地发现自己竟然得了75分。

原来，负责这次判卷的是吕思勉老师，吕先生看到钱穆的卷子后，发现虽然只答了一道题，但答得特别出色，论证合理、充分，对于一个中学生而言，实在难能可贵。吕先生素有爱才之心，便在钱穆这道题后写了长长的批语，对答案给予高度肯定，同时也指出其中的不足之处，破例给出了75分的成绩，使钱穆仅凭一题就达及格标准。这件事对钱穆触动很大，一生都没能忘记老师竟敢"越矩"，对自己的偏才给予公开鼓励和鞭策。

当然，吕思勉也不是凡人，他乃著名的史学大师、杰出的教育家。只有非常之人才能做非常之事，此言在吕氏身上得到了验证。

相貌奇特的
吴宓

9

    吴宓，字雨僧，也作雨生，陕西省泾阳县人，中国现代著名西洋文学家、国学大师、诗人。清华大学国学院创办人之一，被称为中国比较文学之父。

    吴宓毕业于清华，留学哈佛，与陈寅恪同窗且终生友善。其相貌奇特，有古圣之遗风，他在清华教书时的学生温源宁曾这样描述老师吴宓："吴宓先生，举世无双。见过一次，永生难忘。……吴先生的相貌却价值连城，怪异得就像一幅漫画。脑袋的形状像颗炸弹，也像炸弹一样随时都有可能爆炸；面容憔悴，脸色苍白，胡须几乎满面丛生，亏得每天早上都刮脸才显得中规中矩；脸上布满皱纹，颧骨高耸，两颊下陷，盯着人的一双眼睛像是烧红了的两粒煤球——这一切全都支撑在比常人长一半的脖颈上，瘦削的躯体活像一根结实、梆硬的钢条。"

    唐振常亦有描述："凡是见过吴雨僧先生的人，总难忘他那踽踽独行、喃喃自语之状。他一个人低着头走，不看前面的道路，不看左右周围的人群，唯喃喃自语，一似重有忧者。"

    正是这样的性格和模样，吴宓自青年到老年，成为清华、西南联大乃至西南师范学院，一位令师生难忘的传奇人物。

陈寅恪
到底有多牛

10

学界中人皆曰陈寅恪学问大得了不得，到底有多大呢？内行看门道，外行看热闹，从热闹中或能瞧个大概。

1934年，清华大学出版的《清华暑期周刊·欢迎新同学专号·教授印象记》曾有一段对陈寅恪的描写："在清华大学的校史中，流传着许多关于陈寅恪先生的趣谈。例如，哲学家冯友兰的学问可谓不小了。从1928年进校起，秘书长、文学院长，以至于代理校务，都曾作过，在清华可称为上乘人物了。但每回上'中国哲学史'课的时候，总有人看见冯先生十分恭敬地跟着陈先生从教员休息室里出来，边走边听陈先生讲话，直至教室门口，才对陈先生深鞠一躬，然后分开。'这个现象固然很使我们感到冯先生的谦虚有礼，但同时也令我们感觉到陈先生的实在伟大。'"

从这个记载中可以看出，陈寅恪的威望和名声在他步入清华园不久，即凭着他的才学与人格力量，已深入人心并得到同人的普遍尊敬。许多年后，哲学家金岳霖不无感慨地回忆道："寅恪的学问我不懂，看来确实渊博得很。有一天我到他那里去，有一个学生来找他，问一个材料。他说：你到图书馆去借某一本书，翻到某一页，那一页的页底有一个注，注里把所有你需要的材料都列举出来了。你把它抄下，按照线索去找其余的材料。寅恪先生记忆力之强，确实少见。"

陈寅恪
会多少种文字

11

　　据陈氏在西南联大时期的研究生王永胜说，陈氏具备藏、蒙、满、日、梵、巴利、波斯、阿拉伯、英、法、德、拉丁、希腊等十三种文字的阅读能力。

　　另据陈氏的再传弟子、台湾学者陈哲三云："他（陈寅恪）所会业已死了的文字，拉丁文字不必讲，如梵文、巴利文、满文、蒙文、藏文、突厥文、西夏文及中（古）波斯文非常之多，至于英法德俄日希腊诸国文更不用说，甚至于连匈牙利的马扎儿文也懂。"

　　根据陈寅恪一生治史之"无证不立"的严谨态度，仅凭家属、亲友、弟子的回忆是靠不住的，必须有切实的证据才能令人信服。一个直接的证据是，"文革"中被红卫兵抄走的陈寅恪当年在国外学习时期的一批珍贵资料，后陆续归还，其中就有当年的学习笔记若干册。从保留下来的64本之多的陈寅恪学习笔记看，当时除梵和巴利文外，陈氏还学习过藏文、蒙文、满文、突厥文、回纥文、朝鲜文、印地文、俄文、波斯文、希伯来文等多种文字。

　　曾毕业于清华大学、留学德国十年，后任教于北京大学的季羡林在广州一次会上说，陈寅恪先生20世纪20年代留学德国时写了许多学习笔记，现存64本之多，门类繁多，计有藏文、蒙古文、回纥文、吐火罗文、西夏文、满文、朝鲜文、梵文、巴利文、印地文、俄文等21种。从中可以看出先生治学钻研之深，其中最引人注目的是各门学科的文献目录，衡之以20年代全世界研究水平，这些目录是十分齐备的。

　　面对诸种说法，陈寅恪的侄子陈封雄后来较为谦虚、平和地对外宣称，一般说来，他能读懂14种文字，能说四五国语言，能听懂七八种语言，是大致不差的。这些成绩基本上是他在36岁以前取得的。

教授之教授

12

现在的读者知道教授是教学生的，岂不知也有教教授的教授，陈寅恪就是其一。

1944年，陈寅恪教授在抗战烽火中为学生开了魏晋南北朝史和元白诗解读等几门课。后又在流亡成都华西坝的燕京大学开设唐史和晋至唐史专题研究两门大课。据当时的学生回忆：陈寅恪的大名如雷贯耳，讲课内容精辟，极富启发性，前来听讲者不仅有校内学生，华西坝其他几所大学的教授都云集而来，欲一睹其讲课时的风采神韵，因而关于陈寅恪乃"教授之教授"的声名继清华之后，又在成都高校广为流传开了。

陈寅恪讲课特点是：声音细微，语音不清之处，或者一些中心词，都由讲师板书在黑板上。概括说来，他讲述的章节，无系统，想到哪里就说到哪里，这一周讲了半截，下一周又讲到其他方面去了，留出巨大的空间，让学生自己去思考和填补。这个教学方法学生们是第一次见识，真是大开眼界。

"活着的庄子"
刘文典

13

联大蒙自分校迁往昆明后，中文系教授、国学大师刘文典开出了《庄子》与《文选》等课。生活相对安静以及工作上的顺利，又让他找回了在清华园时代的感觉，恃才傲物、狷介不羁与国学大师的名士派头渐渐流露出来，且一发而不可收。此前，刘文典曾公开宣称整个中国真懂《庄子》者共两个半人，一个是庄子本人，一个是自己，半个是指马叙伦或冯友兰，因当时马、冯二人皆从哲学的角度讲《庄子》（另有一说那半个是指日本某学者），意思是指在中国真正懂《庄子》者乃他自己一人而已。

刘文典如此自夸，并不是信口开河或真的"精神不正常"，他的的确确有本事。每当他开讲《庄子》，出身清华、哈佛大学的吴宓等几位重量级国学教授经常前去听讲，刘文典见了并不打招呼，仍旁若无人地闭目演讲，当讲到自己认为出彩的节骨眼上，戛然而止，抬头张目望着教室最后排的吴宓，慢条斯理地问道："雨僧兄以为如何啊？"吴宓闻听立即起立，恭恭敬敬地一面点头一面回答："高见甚是，高见甚是！"

号称"活着的庄子"刘文典在云南的影响与名气之大，可与"云南王"龙云相提并论。当时国民政府明令禁止鸦片烟，但云南的两个人却不禁止，一是龙云，再一位就是西南联大教授刘文典。

陶行知
"每天四问"

14

陶行知是著名的教育家，在国内享有很高的声誉。1942 年 7 月 20 日，育才学校三周年纪念会上，陶行知先生发表了一篇讲话，题为《每天四问》。陶先生让育才学校的师生员工每天问自己四个问题。第一问：我的身体有没有进步？第二问：我的学问有没有进步？第三问：我的工作有没有进步？第四问：我的道德有没有进步？从这四个问题不难看出，陶先生让人们要关注身体的健康、知识的进步、工作的责任和德行的养成，这不仅反映了他的教育理念，也值得我们今天的教育者学习和借鉴。

中国历史上最牛的学霸

15

这些年，学霸这个名词出现率比较高，如某某学霸多么厉害，很是吸引眼球，也令很多青年学子羡慕嫉妒恨。

我在翻阅清华大学史料的时候，也发现一个学霸，这个人就是1913年考取美国"庚款"（庚子赔款）的特科班学生侯德榜。

侯德榜同学，早年以10门功课1000分的优异成绩考入清华园，当时轰动了中国知识教育界，被称为中国历史上最牛的学霸。

到了1913年"放洋"（到外国留学）的时候，全班共16人，他以平均92.9分的毕业成绩名列第一。

侯同学顺利出国，学的是化学专业，在美国拿到博士学位归国没有多少年，又以创立"侯氏制碱法"名动天下，1948年，侯德榜当选为中央研究院首届院士，成为中国化学界的鼻祖。

侯德榜一生没有挣多少钱，但我还是佩服这样的学霸。

华罗庚传奇

16

华罗庚少年生活困窘，初中毕业即辍学。后染伤寒病，尽管挽回性命，却落下左腿残疾。经人介绍，华罗庚到金坛中学当会计，业余时间钻研数学。

1930年12月，华罗庚的《苏家驹之代数的五次方程式解法不能成立之理由》一文在《科学》15卷2期发表，此文很快进入清华大学数学系主任熊庆来的法眼，碰巧清华数学系有位教员唐培经是金坛人，知道华罗庚的一点儿情况。爱才如命的熊庆来遂与同事杨武之等教授以及院长叶企孙商量，把华罗庚调至清华栽培。在得到同意后，熊让唐培经拍发一封电报给华罗庚，简单说明事由并让其快寄一张照片与唐，同时约定北上的时间和车次，以便接站。

1931年8月，唐培经按照约定的时间拿着照片赶到前门火车站接华罗庚，等了好久不见华的踪影，当下车的人快走光时，突见一个跛足青年背着一个包袱一摇一晃地走了出来。唐培经一对照片，发现这位左腿不断在地上画圈的小伙子，正是自己要接的人，不免吃了一惊。

1938年，28岁的华罗庚离英回国直奔昆明，出任西南联合大学数学系教授。因华罗庚的人生之路颇具传奇色彩，联大学生便相互打听："华罗庚是谁？"意思是他长什么样。有一天，华罗庚从联大操场走来上课，有同学便指着华罗庚说："就是那个瘸子。"

此一说法被联大学生何兆武后来证实，何说："华罗庚那时候瘸得很厉害，抗战后他到Illinois（伊利诺伊）大学教书，在美国治了一次才好一些，可是以前他瘸得非常厉害，有一条腿总在那儿画圆圈。"

戏剧大师
余上沅

17

　　余上沅先生是中国话剧的奠基人和戏剧理论大师，曾任国立戏剧专科学校校长14年。他的成就与小时候受的熏陶和爱好有直接关系。

　　余上沅出生在湖北沙市一个布店店员家庭，自幼家贫，一家人借住在亲戚家一个较为偏僻的三间房舍内。亲戚家住的院子很大，后边还有一个戏台，经常有演戏的前来登台亮相。余上沅在此受到汉剧、京剧等传统戏剧的熏陶。据说，5岁的时候，余上沅为看戏逃脱大人的监视一夜不归，弄得全家失魂落魄，一顿皮肉之苦自是不可避免。但他屡教不改，对戏剧的迷恋超乎一切，奔放的热情也在观戏中得到释放。有一天晚上，余上沅独自一人去看戏，直到半夜才回家，因为害怕父母责打，便藏到厨房里，因肚子饿而吃了一罐米酒。结果是次日早晨，气急败坏的母亲发现他已醉倒在厨房边一个干草堆里。

杨绍震的聪明
与夏鼐的敦厚

18

　　1910年出生于浙江温州城内厝库司前老屋的夏鼐（字作铭），原是燕京大学社会学系的学生，1931年暑期考取清华大学二年级插班生，改入历史学系。1934年5月完成毕业论文《太平天国前后之长江流域田赋问题》，受到导师蒋廷黻教授赞誉，7月获文学学士学位。8月以考试成绩之冠（总平均83分），录取到清华研究院近代史门。10月以考试成绩总平均78分，获得中美"庚款"提供的出国留学奖学金。

　　当时，"庚款"留美生已从专门为清华学生服务，即清华应届毕业生几十甚或几百人全部以"庚款"出洋深造，改为在全国几十所高校招生，并压缩至十名左右，清华文史专业能获得留学资格的名额只有历史、考古各一名。夏鼐的同学杨绍震，自知水平不及夏鼐，便对夏说，如果你我都报考历史，我定会下榜；如果你报考古，我报历史，那么我们都有希望。这样我们清华文史专业就会有两名公费留学生了。夏鼐认为他说得也对，就同意了，果然二人均被录取。

　　1934年录取的10名应届"庚款"留美生分别是：曾炳钧、戴世光、杨绍震、徐芝纶、时均、赵镈、黄开禄、宋作楠、孙令衔、钱学森。

　　这一批人大多去了美国，而夏鼐根据考古前辈李济、梁思永、傅斯年建议，去英国伦敦大学就读考古学，回国后成为考古界第二代领军人物。

被诺贝尔奖伤害的
物理学皇后吴健雄

19

　　吴健雄是胡适早年在上海中国公学当校长时候的学生，后就读于中央大学物理系，再后来赴美留学，参加美国"曼哈顿计划"，也就是研制原子弹计划，她是普林斯顿研究院第一位女性研究员兼教授，李政道与杨振宁"弱相互作用中宇称不守恒"定律的实验证明者。可以说，没有吴健雄的实验证明，李政道、杨振宁的理论成果就得不到学术界认可，也就获不了诺贝尔奖。

　　杨振宁、李政道两人当时推翻物理学上基本的对等定律的时候，好像在一座漆黑的大房子之中，知道有一个地方可以出去，但不晓得从什么地方出去，于是吴健雄率领小组做实验证明。在这个过程中，吴几个星期睡不好觉，反复琢磨，终于用实验证明了李、杨提出的新的定律是对的。

　　令人遗憾的是，1957年，李政道、杨振宁双双获得诺贝尔物理学奖，给其做实验证明的吴健雄却没有份，很多人为她感到不公。为了弥补诺奖委员会对吴氏学术成果的不公，1958年吴健雄当选为美国国家科学院院士，1975年又出任美国物理学会第一任女性会长，同年获得美国总统福特在白宫授予的国家科学勋章，这是美国最高科学荣誉。

　　尽管如此，吴健雄还是不能从容忘却这个心结，1988年，她在给诺贝尔奖得主史坦伯格的祝贺信上写道："尽管我从来没有为了得奖而去做研究工作，但是，当我的工作因为某种原因而被人忽视，依然是深深地伤害了我。"

胡适
共有多少顶博士帽子 **20**

　　美籍华人学者袁同礼在 1961 年出版的一部英文著作《中国留美同学博士论文目录》中称，胡适共接受了 31 个名誉博士学位，连正式学位共 32 个。美籍华人、历史学家唐德刚在《胡适杂忆》中先是采信了袁氏之说，谓："须知胡适是我亿万炎黄子孙中，唯一拿了三十二个'博士'学位的真正的大博士。"后又在注释中说："据笔者记忆胡先生曾告我他名誉学位共有三十四个。甚多均为第一流学府所颁赠。国人中接受名誉学位之次多者为蒋宋美龄，共十二个。"

　　另据胡颂平编《胡适之年谱长编初稿》载，胡适一生共得 36 顶博士帽子，除求学时通过正式考试得到的哥伦比亚大学哲学博士学位外，其余 35 顶帽子都是后来欧美各大学自愿赠送。胡适在 1939 年 6 月 6 日的日记中曾有这样记载："下午 Columbia（哥伦比亚大学）毕业典礼，我得一个法学博士学位。此为我做大使后得到的第一个名誉学位（今年有五个大学要给我学位，因医生的训诫，我只能出门接受两个）。"

　　胡适一生到底得到多少顶博士帽子，现在仍无人一锤定音。

学者风采

02

章太炎讲学

　　章太炎余杭口音很重，又因长鼻息肉，说话口齿不清，带有浓重的鼻音，演讲、讲学需人翻译。1906年秋，在日本东京为中国留学生开办国学讲习会，听课的学生有100多人，一直持续到1909年结束，培养了大批国学人才，鲁迅、钱玄同、朱希祖等皆此一时期的优秀弟子。

　　1922年，章氏于上海举行有关国学的系列演讲，在场的曹聚仁记述，演讲定于每个周六下午，第一次听众千余人，第二次不到一百，最少的时候只有二三十人，结束的那次稍好些，有七八十人。最初大家都是慕名而来，由于对章氏学问缺乏基本了解，加上章氏的余杭话实在不易懂，听者锐减。

　　据北大学生张中行目睹，有一次章太炎在北大风雨操场演讲，"满头白发，穿绸长衫，由弟子马幼渔、钱玄同、吴检斋等五六个人围绕着登上讲台。太炎先生个子不高，双目有神，向下望一望就讲起来。满口浙江余杭的家乡话。估计大多数人听不懂，由刘半农任翻译；常引经据典，由钱玄同用粉笔写在背后的黑板上。说话不改老脾气，诙谐而兼怒骂"。

　　1934年，章太炎在大学演讲，教大学生要读历史，他说，曾国藩一生的功业，就得力于《文献通考》；胡林翼善治兵，是因他深知《资治通鉴》；左宗棠腹中也不过有一部《读史方舆纪要》。历史好比一面镜子，任何社会活动的真相，都可以从这里反映出来。

制造炸弹的
蔡元培

2

    一提到中国最著名的教育家，自然令人想到北大老校长蔡元培。那么，蔡元培怎么那么厉害？他是干啥的？他呀，原是大清朝光绪皇帝钦点的翰林，青年时代，曾在日本和国内上海等地为革命党人制造炸弹，准备用刺杀手段推翻清王朝，但一直没得到机会实施。

    1917年，时年49岁的蔡元培被任命为北京大学校长。这一下，许多官僚起而反对，说这不是"猪八戒肚中吞了一个孙悟空"吗？这还了得？

    蔡元培不管这些，一上任便提出了"囊括大典，网罗众家，思想自由，兼容并包"十六字光芒万丈的治学方针。这个方针，等于蔡元培亲手制造了一个新型文化炸弹。以陈独秀、李大钊、胡适等新派学界领袖人物统率的革命闯将，与强劲的老派对手黄侃、辜鸿铭等旧派名流交锋对垒起来。

    就在新派旧派打得一团乱麻之时，蔡元培制造的文化炸弹一不小心被点燃了引线，终于爆响了20世纪黑暗中国的第一声惊雷——这便是闻名世界的五四运动。

傅斯年
说自己是三等人才

3

　　大家知道，五四运动时，作为北大学生的傅斯年是北京学生游行总指挥，在北大上学的时候，毛泽东正在图书馆当登记员，想跟傅斯年说几句话，对方总是鼻孔朝天，牛气哄哄不予理睬。

　　傅斯年一生亦官亦学，霸气逼人，很多官僚与学界中人都怕他，别说四大家族的孔祥熙、宋子文了，就是在蒋介石面前他也经常跷二郎腿与之说话谈事。

　　但有一个人不但不怕他，还想法损他，这个人就是中央研究院史语所研究员、语言学家李方桂。

　　话说抗战时期，以傅斯年为所长的中央研究院史语所辗转南迁到昆明郊外龙头村驻扎，因语言组主任出缺，正好李方桂自美国讲学归队，傅斯年请李方桂当主任兼代理所长。

　　想不到话一落地，李方桂竟毫不领情地说道："在我看来，研究人员是一等人才，教学人员是二等人才，当所长做官的是三等人才。"

　　傅斯年一听，顿时面红耳赤，张口结舌说不出话，知趣地对李方桂躬身作了一个长揖，退出说："谢谢先生，我是三等人才！"

黄侃的"三不来"

4

黄侃在中央大学任教时，和校方有约——下雨不来、降雪不来、刮风不来，被称为"三不来教授"。每逢欲雨未雨、欲雪未雪时，学生便猜测黄侃会不会来上课，有人戏言"今天天气黄不到"，往往戏言成真。当然，这是个传说，据中央大学学生武酉山回忆，黄侃的"三不来"是刮风不来、下雨不来、不高兴不来。天气变化，学生能知，但"不高兴"，则令人莫测。有时黄侃在家"不高兴"，便骂人骂个没完，自然忘了前来上课。而受某事刺激，也自然"不高兴"，上课之事便抛于脑后。学生久等不来，只好各自散去。然一旦黄侃心中的火气消尽，便夹着书本来到课堂，见座中只余一个学生，也照讲不误。

某一学期，中央大学作出新规定，师生教职员工入校都要佩戴校徽。这天，黄侃入校授课，门卫因其没佩戴校徽而拒之。黄大怒，道："我是教授，你问问这学校哪个师生不认识我。"

门卫自认有上司的指令，真理在握，遂以胜利者和主人的姿态，昂头噘嘴，沾沾自喜地回应："教授也得有校徽才准进。"

黄侃一看自己刚才的阵势没有唬住门卫，眼球一转，便把夹着的皮包、书籍等往门卫胸前一捅，道："我看你倒是有校徽，我今天的课就请你去上好了！"说完，扬长而去。

曾国藩后人的脾气

5

　　大家知道，曾国藩号称晚清的中兴名臣，他指挥湘军把太平天国给平了，他的家书备受读者追捧。他有个曾孙辈的人物叫曾昭抡，是个留美生，后回国任教，是个了不起的大科学家，做过高等教育部的副部长。

　　但曾昭抡与他的祖辈不同，平时穿衣戴帽极不讲究，头发也不梳理，穿的鞋子经常是前后有洞，同事们称为"空前绝后"。

　　民国初年，朱家骅做中央大学校长，有一次召集各系主任开会，曾昭抡来了，朱家骅不认识他，问他是哪个系的，曾答是化学系的。朱看他穿得破破烂烂的不像个官儿，就说：去把你们系主任找来开会。曾昭抡起身就走，回宿舍后，卷起铺盖就离开了，到北京大学做化学系主任去了。

　　很快，北大化学系成为全国最有影响的系，培养了一大批具有国际影响的人才。

张伯苓的倒霉观

6

　　南开大学校长张伯苓5岁时，父亲张久庵便开始给他开蒙，教读四子书，进行严格的修身立志教育。这个时候，天下越来越不太平，父亲的事业开始走下坡路，一天不如一天，但老人家还是打起精神，笑对时局和面临的家道中落。对于这段往事，张伯苓回忆说："当余尚梳小辫时，先父曾有言：'人愈倒霉，愈当勤剃头、勤打扮。'这就是说总当洁净光滑，表示精神。"

　　后来，张伯苓到北洋水师学堂学海军军舰驾驶技术，成为一名海军军官。再后来感到教育是中国强盛的根本，乃弃海军退役回天津专办教育。经过几十年的努力，从一个只有5名学生的私人塾馆，开办了南开中学、女中、大学，成为中国著名的私立学校，一度与北京的北京大学、清华大学等著名学府相抗衡。

　　张伯苓从父亲那里得到教诲，从军营得到一套遵纪守法、严于律己的好习惯，兴办学校之后，无论是日常生活，还是在家，或在校住宿，他每天早睡早起，一年四季按规律起居。在穿着上，无论是穿长袍马褂还是西装革履，是旧衣还是新装，无不穿戴整齐，打扮得庄重得体。张伯苓常对师生们说："人可以有霉运，但不可有霉相。越是倒霉，越要面净发理，衣整鞋洁，让人一看就有清新、明爽的感觉，霉运很快就可以好转。"

　　为此，他还专门编了一句顺口溜："勤梳头勤洗脸，就是倒霉也不显。"这是说一个人越是在困难的环境里，越要把精神振作起来，不可颓废下去。这是张伯苓的自勉，更是勉励师生积极向上，做新时代的建设者。

跳高
与自欺欺人

7

在一次南开学校举办的运动会上，校长张伯苓观察到一个不良现象，即有几班跳高运动员，专门拿横杆有弯曲者而用之，谓此前某班跳高选手亦如此做法云云。

张伯苓认为此举太不像话，严肃批评道："在校见他人用弯杆，己遂效之，而不问用弯杆之正当否也，则他日出学校入社会，人皆用弯杆，尚能望其独用直杆也乎？曰人用弯杆，而我用直杆，我岂非傻哉！曰：然欲成事者，须带有三分傻气。人唯有所不为也，而后可以有为。不问事之当否，而人为亦为，滔滔者皆是也。"

继之，张伯苓语重心长地告诫诸生道："凡欺人者，即幸能欺其所欺之人，亦必失信于其旁观者。自损名誉，难逃人眼。若二人合谋欺一人者，其后必自相争，虽一时巧弄谲诈，使人莫我知，终亦未有不声闻于外者。林肯有云：'虚诈可欺少数人而不能欺全世界，可欺人于一时，而不能欺人于永久。'其言信然。虚诈之事，一旦发露，人将群起而攻之，可不惧哉！人思至此而犹不免退自返者，是在智识为不足，在道德为软弱也。"

最后，张伯苓勉励所有同学，运动场上胜败乃兵家常事，凡南开学生务要做到胜不骄，败不馁，而后才能成其大事，为国家民族作出更大贡献。自此之后，南开学生体育场上面貌一新。

钱穆戒骄

8

钱穆晚年写了一部《八十忆双亲　师友杂忆》，对早年生活特别是教育经历多有着墨。其中有这样一段令人难忘。说的是钱穆幼时，因家中迁居而不上私塾，整天背墙而坐读小说，9岁便能背诵《三国演义》。

一日，父亲到一个茶馆与人议事，钱穆随去。一客人问："闻汝能背诵《三国演义》，信否？"钱穆点头。又一客言："今夕可一试否？"钱又颔首。又一客言："当由我命题。"遂令钱穆背诵《诸葛亮舌战群儒》。

钱穆似成竹在胸，爽快答应，且边背诵边表演。待到诸葛亮出场时，立到一处；背到张昭诸人应战，又另立一处。完毕，诸客竞相向穆父夸赞，父只唯唯，不答一词。

翌日晚，钱穆又随父同去，父也不制止。路过一桥，父问："识桥字否？"钱穆点头："识。"问："桥字何旁？"答曰："木字旁。"又问："以木字易马字为旁，识否？"答曰："识，乃骄字。"父亲再问："骄字何义，知否？"钱穆点首曰："知。"父亲牵儿手，轻声道："汝昨夜有近此骄字否？"钱穆闻言，如闻震雷，俯首默默不语。至馆中，诸人再让钱穆背诵，钱拒之。

陶行知
请公鸡吃米

9

　　一次，教育家陶行知在武汉大学演讲。只见他从箱子里拿出一只大公鸡，又掏出一把米放在桌上，然后按住公鸡的头，强迫它吃米。可是大公鸡只叫不吃。掰开公鸡的嘴，把米硬往鸡的嘴里塞，大公鸡还是不肯吃。陶行知轻轻松开手，把鸡放在桌子上，自己后退了几步，大公鸡就开始吃起米来了。

　　趁此机会，陶行知开始演讲："教育就像喂鸡一样，如果强迫学生去学习，把知识硬灌给他，学生是不情愿学的。即使学，也是食而不化。但如果让学生自由地学习，充分发挥学生的主观能动性，那效果一定好得多！"

　　言毕，陶行知望了大家一眼，提高了嗓门道："教师的职责是'千教万教，教人求真'，学生的职责是'千学万学，学做真人'。"

　　片刻，台下发出雷鸣般的掌声。

鲁迅
理发的故事

10

　　鲁迅不喜欢理发，头发总是长到很长才去理发店，有时头发压住脖领也不去理。有一次，鲁迅在街上遇到理发师，那位师傅有职业病，每次遇人总是先瞅对方头发长短，并作评判。见鲁迅长发扫领，便上前说道："你的头发该理了。"看到对方发财心切的嘴脸，鲁迅勃然大怒，斥之曰："我的头发与你何干！"

　　鲁迅搬家后，到一新理发店理发，理发匠看他衣着平常，有点狗眼看人低的味道，乱剃一气。末了，鲁迅摸出一大把钱交付，理发匠既惊讶又惭愧。第二次，鲁迅又去理发店，理发匠吸取上次教训，悉心伺候。末了，鲁迅起身，照价目表付账。理发匠不解地问："何以这次与上次不同？"鲁迅答："上次你乱理，我乱给；这次你认真地理，我就认真地给。"

鲁迅
爱恨情仇四则

11

　　1925年端午节，鲁迅请许广平、俞氏姐妹等人吃饭。几个女生深得鲁迅喜爱，无拘无束，喝到一半，竟胆大妄为，合谋轮番以酒灌这位老师傅。酒过三巡，菜过五味，只见醉眼蒙眬的鲁迅忽叫"乱拳打不到老师傅"，随即出手反击，拳打俞氏姐妹，掌按许广平脑袋，忽左忽右，四面生风，几人力不能敌。鲁迅为人师表，席间撒起了酒疯，竟成文坛一大乐事。

　　面对许广平对自己的大胆示爱，鲁迅经过痛苦的犹豫、彷徨、张皇无措，终于说出了下面的话：我为什么必须牺牲自己呢？我对于名誉、地位，什么都不要，我可以爱！于是二人走到了一起。1926年3月6日，鲁迅日记云："夜为害马剪去鬃毛。"害马，即许广平。与心爱的人第一次亲密接触，竟有如此记载，也是世间一奇。

　　鲁迅与许广平离京南下，当时暗恋许广平的青年作家高长虹曾写一诗，以夜比鲁迅，以月亮比许广平，直指鲁迅横刀夺爱，并大肆攻讦。鲁迅看透其中原委后，在给许广平写信时将高长虹比作吸血的蚊子。1927年秋，鲁迅编《唐宋传奇集》。其《序例》有："时大夜弥天，璧月澄照，饕蚊遥叹，余在广州。"他解释说，这是刺高长虹的。高自称是太阳，说景宋是月亮，鲁迅是黑夜；太阳在追求月亮，但月亮却投入黑夜怀抱中，所以他在那里诅咒黑夜。

　　鲁迅遗嘱："一，不得因为丧事，收受任何人的一文钱。——但老朋友的，不在此例。二，赶快收敛、埋掉，拉倒。三，不要做任何关于纪念的事。四，忘掉我，管自己生活。——倘不，那就真是胡涂虫。五，孩子长大，倘无才能，可寻点小事情过活，万不可去做空头文学家或美术家。六，别人应许给你的事物，不可当真。七，损着别人的牙眼，却反对报复，主张宽容的人，万勿和他接近。此外自然还有，现在忘记了。只还记得在发热时，又曾想到欧洲人临死时，往往有一种仪式，是请别人宽恕，自己也宽恕了别人。我的怨敌可谓多矣，倘有新式的人问起我来，怎么回答呢？我想了一想，决定的是：让他们怨恨去，我也一个都不宽恕。"

郁达夫赠围巾

12

　　郁达夫，浙江富阳人，小说家、诗人，创造社主要成员，早年与郭沫若、成仿吾、张资平、田汉、郑伯奇等辈属同一阵营，后与鲁迅过从甚密，著有小说《沉沦》等。

　　1923年冬天，来京不久的青年作家沈从文住在湖南酉西会馆一潮湿发霉的小亭子间里，室内没有取暖设备，沈从文身穿两件夹衣，用旧棉絮裹住双腿，双手冻得发肿，流着鼻血（沈氏有流鼻血的病症），坚持创作小说。一篇写完，便寄给京城文学界名人请其"不吝赐教"。

　　1924年一个寒冷的冬日，天空下着大雪，酉西会馆的屋子显得格外阴沉凄冷。突然，一个30多岁的清瘦男人敲了下门问道："请问，沈从文先生住在哪儿？"沈开门，答："我就是。"来者一脸惊异的表情，说："哎呀，你就是沈从文……你原来这样小。我是郁达夫，我看过你的文章，好好地写下去……"

　　午间，郁达夫请沈从文到公寓大厨房吃了一顿葱炒羊肉片的美餐，破费1元7角多。饭后，二人仍恋恋不舍，又返回沈的住处谈了将近一个下午。临走，郁达夫把他一条淡灰色羊毛围巾和吃饭找回的3元多零钱留给沈，以助其度过寒冷的冬天。面对郁氏的举动，天性腼腆的沈从文感动得一句话说不出来，直接趴在桌上哭了起来。

纯真的
英美式绅士

13

　　郁达夫对林语堂的评价是"一位天性纯厚的真正英美式的绅士，他决不疑心有人有意说出的不关紧要的谎言"。这个说法，源于鲁迅与许广平同居的一段姻缘。

　　1927年7月，鲁迅辞去中山大学教职，在白云楼整理旧稿件，许广平也入住该楼，协助鲁迅工作。同年9月27日，鲁迅偕恋人身份的许广平离开广州，10月3日抵达上海，寓共和旅馆。10月8日，移入横滨路景云里二十三号，自此二人开始了公开的同居生活。

　　当时，因鲁迅家中有个明媒正娶的妻子朱安，复与自己的学生相恋并异地同居，内外皆感压力之大。因而，知道内情者并不多。一次，林语堂在拜访鲁迅后，感到不太对劲儿，遂向鲁迅和自己的好友郁达夫询问："鲁和许到底有没有关系？"郁当时是仅有的几个知情者之一，却装傻充愣，摇摇头，说："我可真看不出什么来。"林语堂信以为真，直到鲁迅的儿子周海婴快出生，周家准备小儿用品时，林才似有所悟，但又拿捏不准，遂再度向郁达夫询问。郁告知真相后，只见林语堂"满脸泛着好好先生的微笑"，说："你这个人真坏！"

周作人的冷漠

14

周作人性格中有一种冷漠孤傲的味道，他在日本留学时起了个笔名叫鹤生，即是这一性格的体现和标榜。周氏母亲对这个儿子的评价是："从幼小时起，一直受到大家的照顾，养成了他的依赖性，事事要依赖家里人，特别是依赖老大。他对家庭没有责任感，在他的心里，家里的事，都应该由老大负责，与他无关。他比较自私……"

林语堂说："鲁迅极热，周作人极冷。"这个评价是准确的。周氏兄弟同居北京八道湾院子的时候，内有一棵大杏树，开花的时候，周作人每天从树下经过，却不知道花开了。鲁迅因此说周"视而不见"，并感慨道："像周作人时常在孩子大哭于旁而能无动于衷依然看书的本领，我无论如何是做不到的！"

1944年，过去与鲁迅有过几次龃龉，在政治上渐行渐远的林语堂在西安遇到北大老同事沈兼士，相约登华山。路上，沈对林说，周作人在北平做伪华北政权教育长官兼伪北大文学院长时，日本人将抗日青年逮捕关在北大红楼，夜半挨打号哭之声惨不忍闻，周作人竟装痴作聋，视若无睹。沈兼士边说边流泪，林语堂不禁感慨："热可怕，冷尤可怕！"

周黎庵说，从1945年8月15日日本无条件投降到9月底，国民政府进行了大规模肃奸运动，逮捕了许多人。在这40多天中，出任过伪职的周作人经常到琉璃厂逛旧书铺，镇定自若，一点儿没有风雨欲来的恐惧情绪。

另据邓云乡说，周作人以汉奸罪被捕前，他作为北大学生内部刊物的编辑，到周的办公室请其写稿子。周当时正准备赴南京应付汉奸罪诉讼，他对邓的冒失并不气恼："现在不是写文章的时候，将来一定给你写。"

闻一多
未得学位的遗憾

15

　　闻一多是著名的诗人、文学家、学者，民主斗士和杰出的爱国文化战士。1912 年，他以湖北省第一名的成绩考入北京清华学校乙班。1922 年与清华毕业生一起乘海轮由沪赴美国芝加哥美术学院学习美术，继之转入科罗拉多学院学习西洋绘画，同时研究文学和戏剧。在校两年里，他各科成绩均达优秀，只是因为数学不好而没有拿到学位证书，这一点成为闻一多终身的遗憾。1923 年 11 月 30 日，他在致二哥闻家骅的信中谈到两个侄子的学业时说："闻忠、勋皆不近算术。此在初学时仍不当放松，惟教之者必善为诱掖耳。二侄将来纵不入实科，然习文科者普通知识亦不能缺也。弟因不曾习三角与立体几何，亦不敢再习，故不能得学位。攻美术者固不在乎学位，然我若于数学稍有根柢，取一学士头衔，易易如拾草芥耳。盖以弟目下之成绩，其他学科皆绰绰有余裕，独于数学则绝不敢问津，此亦憾事也。以前清资格论之，我将终身为一童生而已。"

　　闻一多同学梁实秋也证实了这一点。梁在《谈闻一多》中说：闻一多由芝加哥到珂泉来找他转学，"我们一同到学校去注册，我是事先接洽好了的进入英语系四年级，一多临时请求只能入艺术系为特别生。其实他是可以作正式生的，只消他肯补修数学方面的两门课程。……一多不肯。他觉得性情不近数学，何必勉强学它，凡事皆以兴之所至为指归。我劝他向学术纪律低头，他执意不肯，故他始终没有获得正式大学毕业的资格"。

闻一多的"痛饮酒"

16

　　闻一多在清华中文系当教授的时候，特别喜欢黄昏之后给学生开课。据一位学生回忆："记得是初夏的黄昏……七点钟，电灯已经亮了，闻先生高梳着他那浓厚的黑发，架着银边的眼镜，穿着黑色的长衫，抱着他那数年来钻研所得的大叠大叠的手抄稿本，像一位道士样地昂然走进教室里来。当学生们乱七八糟地起立致敬又复坐下之后，他也坐下了，但并不即刻讲，却慢条斯理地掏出自己的纸烟匣，打开来，对着学生露出他那洁白的牙齿作蔼然的一笑，问道：'哪位吸?'学生们笑了，自然并没有谁坦直地接受这gentleman风味的礼让。于是，闻先生自己擦火吸了一支，使一阵烟雾在电灯下更浇重了他道士般神秘的面容。于是，像念'坐场诗'一样，他搭着极其迂缓的腔调，念道：'痛——饮——酒——熟读——《离——骚》——方得为真——名——士!'这样地，他便开讲起来。显然，他像中国的许多旧名士一样，在夜间比在上午讲得精彩，这也就是他为什么不惮烦向注册课交涉把上午的课移到黄昏以后的理由。有时，讲到兴致盎然时，他会把时间延长下去，直到'月出皎兮'的时候，这才在'凉露霏霏沾衣'中回他的新南院住宅。"

　　对于闻一多的精神状态与拿捏的名士派头，闻一多的好友梁实秋曾感叹道："黄昏上课，上课吸烟，这是一多的名士习气。我只是不知道他这时候是不是还吸的是红锡包，大概是改了大前门了。"

刘文典说：
不佩服者，王八蛋也

17

　　清华大学教授、国学大师刘文典性格狷介，骄狂不羁，经常骂人，连蒋介石都不放在眼里，可见此人孤傲张狂之程度。

　　渐入老境的刘文典在云南大学对自己弟子张文勋等人回忆自己的一生时说："我最大的缺点就是骄傲自大，但是并不是在任何人面前都骄傲自大。"刘氏列举了蔡元培、陈独秀、胡适、陈寅恪都是自己一生敬重服膺的重量级人物，而对陈寅恪极为尊崇，不敢有半点造次。刘文典公然坦承自己的学问不及陈氏之万一，并多次向他的学生们说自己对陈氏的人格学问"十二万分地敬佩"。

　　除了像陈寅恪、胡适之类的大师级人物，一些学术渊博的老教授也同样得到刘文典内心的尊重，如1934年10月24日，在北平的刘文典进城遇到清华中文系同事、时年49岁的语言文字学家杨树达，便主动上前打招呼，并告之曰："近读《学报》大著，实属钦佩之至。不佩服者，王八蛋也！"

梅贻琦的性格

18

多年的校务历练经验与前几任校长被清华师生驱逐的前车之鉴，令1931年出任校长的梅贻琦，对校务处理特别小心慎重，每遇事则多方考虑，决不轻率表态，且大多采取"吾从众"的态度予以处置，因而被师生称为"寡言君子"。直至在《清华副刊》上出现了一首打油诗，标题是《赋得000》，诗曰：

> 大概或者也许是，
>
> 不过我们不敢说。
>
> 可是学校总以为，
>
> 究竟仿佛不见得。

此乃同学讽喻梅贻琦说话慎重，或是"无为而治"的形象。后来这首诗在清华乃至西南联大广为流传，成为体现梅贻琦性格与处事风格的一个标志性符号。当然，这里头包含的幽默成分颇大。

梅贻琦说：
要打就打我

19

1936年2月29日，正是年终大考的第一天，冀察政务委员会委员长宋哲元，派出军队到清华园清查学生共党分子。

奉命追捕的官兵在黑夜中四处搜寻，不见几个人影，折腾了大半个晚上，名单上的人一个也没有抓到，只有20余名参与者被官兵带走。

天亮之后，昨晚悄悄溜走的几个带头者不知从什么地方又冒将出来，重登讲台煽动部分学生向校方质问昨晚的名单由谁提供？提供者该当何罪？等等。有人认为名单应是只有一条腿的教务长潘光旦提供，便围聚到办公楼前堵截。

潘氏拄着拐杖来到校园，立即遭到围攻，几名"刺头"学生上前把他的拐杖夺过扔到地上，潘只好用一条腿边站边跳以保持平衡。学生见状，大呼小叫地兴师问罪。潘光旦头发凌乱，却面带笑容，来回蹦跳。有一个叫林从敏的学生于心不忍，与另一名学生方钜成上前扶住，将拐杖拾起，架着潘氏向大礼堂走去，一群学生仍跟在后面高声喊着讨伐口号。

校长梅贻琦慢步走来。停留片刻，梅大体弄明白事情经过，快步来到潘光旦身边的台阶上站定，面带愠色，表情严肃，眼睛瞪着二三百名学生，挺起胸膛，对众人厉声说道："你们要打人，就打我好啦！你们如果认为学校把名单交给外面的人，那是由我负责。"

现场的学生顿时被梅贻琦的威严姿态和坚硬如铁的话镇住，瞪着眼睛相互望望，缩着脖子，悄无声息地渐渐散去。

当天上午，梅贻琦召集全校学生讲话，以沉痛怜爱的口气告诫道："晚上来势太大，你们领头的人不听学校的劝告，出了事情可以规避，我

做校长的不能退避的。"停了一下，又说："我只好很抱歉地给他一份去年的名单，我告诉他们可能名字和住处不太准确的。"

最后，梅贻琦表示负责保释所有被捕的学生，以维护学校和学术上的独立。学生们听罢，深受感动，皆报以热烈的掌声。

三日后，被捕的学生全部放回，一场风波就此化解。

金岳霖：
知识分子应该这样活

20

民国初期，蔡元培、胡适、丁文江等一批自由知识分子，开始鼓吹"好人政府"，大意是现在的官僚都是坏人，坏人只会办坏事，要选拔好人到政府做官，由好人在政府里办事才能改良社会。

但是，清华大学哲学教授金岳霖，也就是大家比较熟悉的老金，却为知识分子提供了另一条道路：

第一，知识分子必须成为"独立进款"的人。老金说："我开剃头店的进款比交通部秘书的进款独立多了，所以与其做官，不如开剃头店；与其在部里拍马，不如在水果摊子上唱歌。"

第二，知识分子不做官，也就是不做政客，不把做官当一种职业来经营。若是议定宪法修改关税的事都是特别的事，都是短期的事，事件完了以后，依然可以独立过自己的生活。

第三，知识分子不发财。如果把发财当作目的，自己就变作一个折扣的机器。同时对于没有意味的人，要极力敷衍。

第四，知识分子能有一个"独立的环境"，并要有一群志同道合的人在一起。

老金说，能做到这些，中国的事，或者不至于无望。

金岳霖
忘了自己是谁

21

陶孟和在北平时与金岳霖是好朋友，陶也是介绍金在北平较早吃西餐的引路人。当时陶住在北平的北新桥，电话是东局五十六号，金岳霖平时记得很牢，可有一天给陶孟和打电话，突然发生了意外。

老金拨通后，电话那头的小保姆问："您哪儿?"意思是你是谁。老金一听，竟一时忘了自己是谁，但又不好意思说自己忘了，即使说，对方也不会相信，一定认为是搞恶作剧，但是老金真的是忘了。金岳霖憋了半天，急中生智，说："你甭管我，请陶先生说话就行了。"可那位小保姆仍不依不饶地说："不行。"老金好言相劝了半天，对方还是说不行。

万般无奈中，老金只好求教于自己雇来的洋车夫王喜，说："王喜啊，你说我是谁?"王喜听罢，将头一摇，有些不耐烦地答道："你是谁我哪里知道。"老金着急地说："你就没听见别人说过我是谁?"王喜把头一扭说："只听见人家叫金博士。"一个"金"字才使老金从迷糊中回过神来，急忙答道："啊，我老金啊!"电话那头早已挂断了。

金岳霖的雅量

22

　　1934年，清华出身的沈有鼎在哈佛拿到硕士学位，遂转学德国，先后在海德堡大学、弗赖堡大学杰浦斯和海德格尔指导下从事哲学研究。1934年回国任教于清华大学，次年任教授，旋名震清华，声播各界，被好事者誉为"中国逻辑学界的开拓者、先行者与天才人物"。

　　事实上，早在清华读书期间，沈有鼎就以才华出众令师生刮目相看，他的业师金岳霖，与"哈佛三杰"之一的哲学家汤用彤都认为沈氏才气非凡，日后堪当大任。而沈氏自己也感觉良好，且不免自负，直至成为清华校史上特别值得记述的传奇人物。

　　许多年后，台湾出了一本金岳霖在西南联大的学生殷海光（福生）临终话语的书《春蚕吐丝》，其中有一段讲到全面抗战前北平逻辑研究会。说的是在一次聚会上，有人提起果德尔工作的重要，金岳霖说要买他一本书看看，他的学生沈有鼎对金把头一摆，做不屑一顾状，说："老实说，你看不懂的。"

　　老金闻言，先是"哦，哦"了两声，然后说："那就算了。"

　　殷海光在一边看到他们师生两人的对话大为吃惊。学生不客气地批评，老师立刻接受他的建议，这在内地是从来没有的。老金在西南联大时候的得意门生，时在美国已是学界名人的王浩读罢这段记载，认为此事"大致不假"，而且觉得大家都该有金先生这种雅量，如果在一个社会里，这样合理的反应被认为是奇迹，才真是可悲的。

胡适的民主风度

23

全面抗战前的北大文科研究所，常举行研究报告会，由研究生提出研究报告，所主任及导师加以批评。有次，一位姓韩的研究生，提出一篇有关隋唐之际佛学的研究报告，宣读完毕之后，研究所主任胡适首作批评，言词谦和却滔滔不绝，刚说到中途，韩君突然打断他的话头说："胡先生，你别再说下去了，你越说越外行了。"随即把胡批错了的地方一一指点出来。

胡适立刻停止批评，毫不动气，请韩姓学生的导师、佛学权威汤用彤对报告继续加以检讨。当报告会结束时，胡适说："以后举行报告，最好事先让我们知道题目，以便略作准备，免得像我这次对韩君的报告作错误批评啊！"

此后胡适并未因此怀恨那位韩姓学生，反而特别重视，对其学习、谋生帮忙多多。

几十年过后，陶元珍不无感慨地说："他（胡适）的民主风度，应用到学术上，实足奖掖后进的学者，促成学术的进步，与借口维持师道尊严，压抑后进，僵化学术者，真不可同日而语。"

梁思成
用花瓶撑下巴写书

24

抗战时期，梁思成、林徽因夫妇与中国营造学社同人流亡到了四川宜宾李庄镇，在上坝村月亮田几间四面透风的农舍里，安了几张简易木桌，摊开随身携带的资料，着手系统地总结整理营造学社的调查成果。

为向全球建筑界介绍中国古代建筑的奥秘和研究成果，梁、林决定用英文撰写并绘制一部《图像中国建筑史》。

凄风苦雨中，夫妇二人一面讨论，一面用一台古老的、噼啪震响的打字机打出草稿，又和助手莫宗江一道，绘制了大量英汉对照注释的精美插图。

此时，梁思成当年车祸造成的颈椎灰质化病再度发作，常常折磨得他抬不起头来，只好在画板上放一个小花瓶撑住下巴，以便继续工作。林徽因身患严重的肺结核，只要身体稍感舒适，就半躺半坐地在床上翻阅二十四史和各种资料典籍，为书稿做种种补充、修改、润色工作。床边那一张又一张粗糙发黄的土纸上，留下了病中林徽因用心血凝成的斑斑字迹。

经过6年呕心沥血的劳作，这部大书终于在抗战胜利时完成，为中国人在世界上争得了荣誉。

"就是你的妈"

25

抗战时期，梁思成、林徽因在四川宜宾李庄镇上坝村月亮田"安营扎寨"。有天下午，在惯例的"茶话会"上，梁、林等营造学社同人，以及趁暑假从昆明专门赶来探望林徽因的金岳霖，谈起天府之国的滑竿文化。

两人抬滑竿时，因后面的人看不见前方道路，前后两人就要很好地配合。如路上有一堆牛粪，前面的人就会说"天上莺子飞"，后面那个就立即回答"地上牛屎堆"，于是二人都小心地避开牛粪。西南山区的道路多用石板铺筑而成，一不小心就会踩滑摔跤。前面的人高唱"活摇活甩"，表示石板路不稳当，要小心，后面的人则应声答道"踩中莫踩角"。要过一个很窄的小桥，前面就喊"单桥一根线"，后者脱口而出"好马射得箭"。

讲到此处，梁思成摇头道："到现在我还弄不明白，这过桥和射箭有什么关系？"金岳霖说道："是不是好比一匹马在箭杆上跑啊？"

梁思成继续说："有一次我们坐滑竿上山测绘一座寺庙，中途遇到一个姑娘，前面那个就说'左边有枝花'，后面的立刻接上'有点麻子还巴家'。当时我不懂，就问轿夫刚才说的是啥意思。后面的那个就小声对我说：'没看见女人是个麻脸吗？'我回头一看，那个姑娘脸上的确有些麻子，心想这帮抬滑竿的也真会糟践人。"林徽因插嘴道："要是碰上个厉害姑娘，前面的刚说'左边有枝花'，姑娘马上就会回嘴说'就是你的妈'！"

一句话惹得众人喷水大笑。

陈寅恪
眼睛失明的根源

26

　　史学大师陈寅恪晚年失明膑足，饱尝痛苦而笔耕不辍，耗二十年之功，写就《柳如是别传》巨著，为人类文化留下一瑰宝，令后世史家感动不已。那么陈寅恪失明的原因是什么呢？

　　据陈寅恪长女陈流求说，她父亲出生在一个世代读书的家庭，家中藏书丰富，自五六岁入家塾启蒙后即嗜好读书，从而影响了视力。另据陈寅恪在成都燕京大学任教时的助手王钟翰谈到陈寅恪突患右眼视网膜剥离症一事时透露：先生"一日见告，'我之目疾非药石所可医治者矣！因龆龄嗜书，无书不观，夜以继日。旧日既无电灯，又无洋烛，只用小油灯，藏之于被褥之中，而且四周放下蚊帐以免灯光外露，防家人知晓也。加以清季多光纸石印缩印本之书，字既细小，且模糊不清，对目力最有损伤。而有时阅读，爱不释手，竟至通宵达旦。久而久之，形成了高度近视，视网膜剥离，成为不可幸免之事了。'先生语毕，不胜感慨系之"。

　　尽管陈氏自知"目疾非药石可医治"，但后来还是抱着一线希望去英国医治，只是被他自己不幸言中，外科手术失败，终致一代史学大师双目失明，成为一大悲剧。

余上沅
家中失火

27

　　余上沅，湖北沙市人，早年留学美国匹兹堡卡内基－梅隆大学戏剧系和纽约哥伦比亚大学研究院，属于中国最早留洋专攻戏剧艺术的人才。1925 年，余上沅与在美国留学的闻一多、赵太侔同船归国，出任北平艺专戏剧系教授。1935 年，转任南京国立戏剧专科学校校长。1937 年抗战全面爆发后，余上沅率领全校师生辗转长沙、重庆、四川江安，在战火纷飞中，为培养中国戏剧人才和战时戏剧教育作出了重大贡献。抗战胜利后，国立剧专迁回南京继续办学。1947 年，余上沅家中发生了失火事件，对此，香港一家报纸以《导演家里失火时》为题作过报道，大体如下：

　　南京国立戏剧专科学校校长余上沅，正以导演的身份在给学生排演毕业大戏，想不到他家的邻居失火，很快蔓延到自家门前，情况万分危急，夫人陈衡粹于惊恐中，急忙打发人跑到不远的国立剧专呼叫余校长带人回家救火。但余上沅只派了一个职员回去，自己继续为学生排演戏剧。夫人见状，只好与这个职员连同几个帮忙的邻居把家中东西往院子里搬。一番折腾之后，大火终于扑灭了，余夫人又忙着往家里搬东西。直到晚上，余上沅才从学校回家，此时夫人累得躺在沙发上不能动弹了，见余上沅归来，气不打一处来，强撑身体吼了一句："炎火烧眉毛，你都不回来，太不像话了！"余上沅望了望家中乱七八糟的东西和疲惫不堪的夫人，有些歉意地答道："我在排戏，我是导演，最后一幕没排完，怎么能回来？"又说："搬东西救火人人能做，可是排戏别人替代不了啊！"夫人听罢，哭笑不得。

　　这件事，余上沅的好友、著名学者梁实秋在他晚年的回忆文章中，曾深情地记载过，他认为这体现了余上沅的敬业精神。也正因为这样的精神，国立剧专在十周年纪念的时候，教职员送给余上沅一副对联：

戏剧树典型，端赖十年教训；
桃李满天下，只余两袖清风。

曹禺
棉袄中的耗子

28

　　1937年，随着抗战全面爆发，平津沦陷，继之日军攻击轰炸上海、南京，根据国民政府指令，国立戏剧专科学校由南京西迁长沙，继之迁重庆，最后落脚于四川省南部长江岸边的江安县城，在一座破旧的孔庙里继续办学。在这期间，以《雷雨》《日出》《原野》三部剧闻名的著名戏剧家曹禺正在国立剧专任教。此时的曹禺尽管做了国立剧专的教授、导师，但还未满30岁，戴一副金丝边眼镜，穿一件浅颜色绸子长袍，有时也穿西服，温文尔雅，和蔼可亲，与学生关系很好。就是这么一位名教授，抗战流亡江安的时候却极为贫穷，有时一日三餐都成问题，好一点儿的东西和衣服都送到了当铺，以换取一家老小的温饱。有年冬天，曹禺身穿一件厚重的棉袍来学校上课，学生们看他总是心神不定，不时转身回头，伸手摸摸左肩，又伸手摸摸右肩，似在寻找什么。如是约半个小时过去，曹禺面带紧张地对学生说："你们先看书，我到办公室去一趟。"言毕，匆匆来到办公室，把棉袍脱下，翻转抖动。只见一只长尾老鼠刷地自棉袍中窜到办公桌上，又腾空跃到地上。室内另外两位老师见状，大惊，连呼："耗子、耗子！"只见曹禺扔棉袍于桌上，抄起一只拖把向耗子打去。经过几个回合，耗子被拍死。

　　耗子事件当天轰动全校。后来，曹禺创作《北京人》，便把这只耗子写进剧中，使剧情增色不少。

曾昭抢的"傻气"

29

　　曾国藩家族后人、著名化学家曾昭抢生性孤僻，沉默寡言，平时很少与人交际，只是专心治学，生活方面的事情常常心不在焉。如潘光旦对费孝通说过曾昭抢一件事：一次天空阴云密布，他带着伞出门，走了不久，果然开始下雨，而且越下越大，衣服被淋湿了，他仍然提着那把没打开的伞向前走，直到别人提醒他，才把伞打开。还有一次在家里吃晚饭，他不知怎的，心不在焉，竟拿煤铲到锅里去添饭，直到他爱人发现他饭碗里有煤炭，才恍然大悟。至于晚上穿着衣服和鞋袜躺在床上睡觉是常事。费孝通进一步补充说：曾昭抢干起事业来，连家都不要的。有一次他回到家里，家里的保姆不知道他是主人，把他当客人招待。见曾先生到晚上还不走，保姆很奇怪，闹不明白这个客人怎么回事。

　　曾昭抢夫人妹妹俞大缜晚年回忆："在我近八十年的生涯中，还未见过有曾昭抢那样专心治学的人。他用功到了精神非常集中的程度，以至有时竟像一个'傻子'。记得有一天，我从北大回家，路过沙滩时，只见昭抢站在红楼前面，面对一根电线杆子，又点头，又说又笑，过往行人不胜骇然。我走近他身边，他也不理我，仔细听他说话，原来他在和电线杆谈化学哩……我同院邻居一位老先生，曾在北大当过职员，他对我说过：'你那位亲戚曾昭抢有神经病，我亲眼见他对着红楼前的木柱说话。'"

校长
充当电话传呼人

30

陈序经曾任岭南大学校长、中山大学副校长、暨南大学校长、南开大学副校长，是著名的历史学家、社会学家、民族学家、教育家。他1948年出任岭南大学校长时，邀请到一大批国内外知名的学者、专家、教授，如史学家陈寅恪，数学家姜立夫，语言学家王力，古文字学家容庚，木土工程专家陶葆楷，测绘学家陈永龄，医学专家谢志光、陈国桢、陈辉真、毛文书，以及刚从国外留学回来的教育学家汪得亮、经济学家王正宪、法学博士端木正、生物学家廖翔华、外国文学专家杨秀珍等。他不经商，不做官，坚持"独立之精神，自由之思想"，尊重师生，"优容雅量，以诚待人"，深受学术界尊重。

据端木正回忆，陈当教务长、校长，从来不到教室去听教授讲课，不去检查教学。他说，每位教授在下聘书的时候，已经相信他的教学水平，不能等他教了几年书，还去检查他。陈说这些话，是因为在他心中有一个活档案库，他所请的教授，每个人的学术经历和特长，陈序经都能津津乐道，如数家珍。

岭南大学于1952年院系调整时并入中山大学，有个叫梁宗岱的教授以"狂、怪"著称，梁、陈两家面对面，梁家没有电话，就利用陈序经的电话。每有电话打进来，陈序经亲自到梁家敲门充当电话传呼人。后来梁宗岱对人说，在中大他只佩服两个人，一是陈寅恪，一是陈序经。

胡适与卖饼小贩的
交谊

31

    1959 年 10 月 23 日，时在台湾"中央研究院"院长任上的胡适收到一封陌生人来信，写信人叫袁瓞，是个在台北街头叫卖芝麻饼为生的年轻人。此人说他卖饼之余喜欢研究政治制度，特别是对英国的内阁制与美国的总统制哪个更好的问题，他心中困惑，一直未找到答案，于是冒昧写信向大名鼎鼎的胡适请教。

    两天后，袁瓞收到了胡适的回信，信中说："我细读了你的信，很诚恳地感谢你在辛苦做饼、烤饼、卖饼之余写这一两千字的长信，把积在心中多年的话写出来寄给我……往后如有我可以帮你的事，如赠送你找不着的书之类，我一定很愿意做。"

    袁瓞收信后自是喜出望外，当即回信感谢。如此这般书信往来，竟使学界泰斗与一个卖芝麻饼的小商贩结成了忘年交。胡适热情邀请袁瓞到南港寓所做客，袁瓞还真的去了，二人见面，胡适满脸笑容拉着袁瓞的手道："你这么年轻，出乎我的意料！"袁瓞对胡的接见表示感谢，并送给胡适十块芝麻饼作为见面礼。胡适很是高兴，当场津津有味地尝了起来，连竖大拇指夸："好吃，好吃！"

    二人在客厅促膝畅谈，胡适鼓励袁瓞："你身居茅屋而心怀天下，最难得是一片赤子之心！"袁瓞表示不敢当，还得多向胡先生请教云云。从此袁瓞成了胡适的座上客。临别，胡适赠予袁瓞《中国古代哲学史》《四十自述》等五本著作，算是对十块芝麻饼的回礼，并说"以后需要书，尽管来拿"。

    有一次，袁瓞来到南港向胡适请教改良主义是怎么回事。胡适在介绍了改良主义和杜威实验主义哲学后，告诉袁飚："社会的改进是一点一滴积累起来的，只能有零售，不能有批发……许多人做事：目的热，方法盲。我们过去有许多人失败的原因，也是犯了有抱负而没有方法的毛病。"

学者与商贩，一老一少，谈得畅快淋漓，后来二人越来越熟，无所不谈。有一次，胡适说自己喜欢游泳，可是鼻孔里长了一个小瘤，水中呼吸不方便。袁飚听了觉得很巧，告诉胡适，他的鼻孔里也长了一个小瘤，恐怕是鼻癌。胡适听了很担心，便立即给台大医院的高天成院长写信，让袁飚去找高院长安排就医事宜。信上说："我的好朋友袁飚前往贵院诊断，一切治疗费用由我负担。"

1962 年 2 月 24 日，胡适在台北主持台湾"中央研究院"欢迎新院士酒会，因心脏病突发猝死。袁飚闻讯悲痛万状，赶制了一副挽联赴殡仪馆吊唁他人生旅途上遇到的名师大德。大厅里，袁飚满面哀戚，含泪对记者说道："今生今世我再难遇到先生这样的人了！"

第二天，报纸登出《博士与麻饼小贩》一文，无数人为之感动。

师生之间

03

章太炎
六岁作诗

1

　　章太炎初名学乘，后改名炳麟，因仰慕明末清初大学问家顾炎武（本名顾绛）的为人为学，乃易名绛，字太炎，以字行。章的曾祖为余杭巨富，祖父为当地名医，父亲习举子业，官至河南按察使，致仕后任杭州诂经精舍监院多年。

　　章太炎自幼聪慧，继承家学，从外祖父、父兄治经书和训诂之学。六岁时，一个雨天，父亲章浚邀请十余位亲友在家聚谈，边饮酒边吟诗作词。一位与章浚同宗的章老先生酒劲儿拱头，便一把抓过身边的小章应景作诗一首。小章挣脱不得，低头略作思考，朗声吟道：

> 天上雷阵阵，地下雨倾盆。
> 笼中鸡闭户，室外犬管门。

　　诵毕，四座皆惊，赞叹不已。章浚老先生顿觉脸上增光，命人拿来宣纸笔墨，挥毫录下了小章的即兴诗，并一直保留下来。目前，这首"六龄童诗"珍藏于章太炎纪念馆。

一泡尿
结师生缘

2

    章太炎与黄侃这对师徒，在学术界有着极高的地位，被誉为"乾嘉以来小学的集大成者""传统语言文字学的承前启后人"，学术成果被后世合称为"章黄之学"。令后人不甚了解的是，这对师徒竟是因一泡尿结缘。

    章太炎门徒甚众，著名的有：黄侃、但焘、康宝忠、景梅九、钱玄同、周豫才（鲁迅）、周作人、钱均夫（钱学森之父）、朱蓬仙、龚未生、许寿裳、刘文典、沈士远、沈兼士、马幼渔、马裕藻、马叔平、朱希祖、任鸿隽、吴承仕、方国瑜、陈存仁、汪东、曹聚仁等等。在众多的名流大腕中，排名第一者乃是黄侃（字季刚）。

    1905年，黄侃因成绩优异，被官派到日本早稻田大学留学。翌年，章太炎也来到东京，加入孙中山创办的中国同盟会，并任《民报》总编辑。

    当时的《民报》倾向造反、革命，为黄侃所喜爱，同时对章太炎的学问深表佩服，兴奋之中开始为《民报》撰稿。章太炎读后，大为欣赏，予以刊发。二人惺惺相惜，只因各有事务，未能见面。

    却说有一个夏天，黄侃搬到一个新地方居住，此处乃一座旧式筒子楼，环境较差，客户稀少，每到晚上灯光暗淡，更显沉寂。更令黄侃头痛和愤懑的是，他所住的二楼厕所水道突然坏掉，竟几天没人修理，无法如厕。就在这样一个闷热的晚上，传奇故事开始了。临近半夜，黄侃灯下读书，忽觉内急，又不想跑到三楼如厕，憋了半天，终于扛不住，想到夜深人静，没人理会，便打开窗子向外撒去。万没想到，楼下有一个夜猫子也在挑灯夜读，此人正是章太炎。

    章太炎读得正酣，忽闻窗外有雨声，推纱窗伸头观察，蓦地一股腥臊的尿水像瀑布般溅到自己头上，急忙缩头擦了一把，随之冲楼上怒骂起来。楼上的黄侃年轻性躁，盛气凌人，有"疯子"之称，不但没有认错停止，还不甘示弱，一边回骂一边喷射。章太炎大怒，蹿出室内自一楼上得二楼来到黄侃门前用力捶门，黄侃知道来者不善，但不惧怕，开门迎敌，于是，二人边吵边扭打在一起。

两位"疯子"楼道对决，自然惊醒了邻居，众人纷纷出门前来一探究竟，章太炎名声很大，有人识得，便劝说道："太炎先生，不必与这毛小子一般见识，算了，算了吧！"于是，众人上前将二人拉开。黄侃有些疑惑地望着章太炎，问身边一位中国留学生模样的青年人："你认识他？"

青年人答："浙江余杭的章太炎先生，大名鼎鼎，这里多数人都认识，你是刚来的吧？"

黄侃听罢，愣了片刻，随即双手合十，弯腰向章太炎施礼道："章先生对不起，我是黄侃，黄季刚，太对不起了。"言毕，面呈愧色，不敢仰视。

章太炎听闻面前的青年小子乃是自己喜爱的黄侃，也一改刚才的金刚怒目颜色，说了声："嘻，怎么是你？季刚，这可如何说起？"

黄侃的一泡尿，滋出了一个国学大师。未久，黄侃正式拜年长自己17岁的章太炎为师，终生对其执弟子礼。

章太炎
怀念恩师

3

　　俞樾与章太炎因政见不合闹翻，但二人并未真正断绝师生关系。俞仍把章看作门生，1901 年 8 月，以《秋怀》四首索和，章太炎也"如命和之"，意在将以前的不快"相忘于江湖"。

　　1907 年，俞樾去世，章太炎作《俞先生传》，虽不乏微词，但通篇充满敬意。据章氏弟子陈存仁回忆，章太炎晚年游杭州，晨起特地穿上长衫马褂，又要弟子陈存仁和章次公也同样穿戴，并命他们带着香烛水果，到孤山"曲楼"凭吊俞樾故居，此楼乃友人及弟子于清光绪四年（1878 年）集资兴建，乃俞氏任杭州诂经精舍山长时所居，根据俞樾自号"曲园居士"之称，名"曲楼"。来到楼前，一位老妪前来应门，章抬腿就往里走，老妪问是何方人士竟敢如此放肆？双方一语不合，老妪举起扫帚便打，嘴里喊着："给我滚出去！"三人急退出门外，徘徊而不能入。大约过了两个时辰，曲楼才开门，出来一位姓陆的中年人。章太炎向前通报姓名、说明来意，陆某告知曲楼早已易主，但同意让他们进楼祭拜。

　　一行人进得楼来，看到大厅中一幅写着"春在堂"的横额，章太炎认出是先师俞樾的遗墨，热泪盈眶，立即命弟子陈存仁点起香烛，行三跪九叩之礼。此举把一旁的陆某看呆了。走到左厢房，章太炎辨出这是他旧时的读书处，遂请房主拿出纸笔留字，房主只有笔墨而无纸张，章太炎只好叹息着在墙上留了两首诗，黯然离去。

章太炎"谢本师"

按照现代杂文家游宇明教授的解释，"谢本师"中的"谢"，不是"感谢"，而是"谢绝""辞谢"的意思，实际上就是要跟老师决裂，不再承认自己是某人的门生，只是语言较为委婉而已。游宇明说，历史上最著名的一次"谢本师"事件，发生在章太炎与俞樾之间。

1890年，21岁的章太炎到杭州诂经精舍受业，业师是俞樾。俞樾是清代著名朴学大师（现代红学家俞平伯曾祖父），学问极其渊博，他非常欣赏章太炎的才华，曾将章太炎的几十篇"课艺"收入《诂经精舍课艺》。

然而，章太炎倡言革命，推动"百日维新"，失败后避居日本人占据的台湾，仍继续筹划革命。以卫道夫自居的俞樾闻之极为不满。1901年，章太炎去苏州东吴大学任教，顺便拜访住在苏州曲园的俞樾。俞樾一看这个不肖子送上门来，便摆出师道尊严的架势，声色俱厉地对章的行为大加指责道："闻尔游台湾。尔好隐，不事科举。好隐则为梁鸿、韩康可也。今人异域，背父母陵墓，不孝；讼言索虏之祸毒敷诸夏，与人书指斥乘舆，不忠。不孝不忠，非人类也，小子鸣鼓而攻之，可也！"

章太炎跟随俞樾经年，"盖先生与人交，辞气凌厉，未有如此甚者"。惊恐之后，并不服气，当即反驳："弟子以治经侍先生，今之经学，渊源在顾宁人。顾公为此，正欲使人推寻国性，识汉、虏之别耳，岂以刘殷、崔浩期后生也？"意思是：自己的反满维新行动，符合祖师爷顾炎武（字宁人）的经学精神，反而你越老越糊涂，竟分不清自己是鞑虏，还是中华汉人，正是数典忘祖之辈，遂愤而写下《谢本师》一文，刊于《民报》第九号，以示公开绝交。

黄侃
磕头拜师

5

　　黄侃在日本留学期间，曾拜章太炎为师。据《章氏弟子录》载：黄侃、吴承仕、钱玄同、汪东、朱希祖，是章太炎的"五大天王"，五人在弟子中学术成就最大，追随他时间最久。此外，还有马裕藻、沈兼士、马宗芗、马宗霍、陈同煌、钟正懋、黄人望、马根宝、孙至诚。最后几位是潘承弼、徐云旵（恐是徐沄秋）。还有三个是已故人袁丕钧、潘大道、康宝忠。还有二人名字残缺，无法辨明。此名单甫一问世，立刻引起争议，钱玄同在他当天日记中写道："不但周氏兄弟、季市失，一批不与，连龚未生、范古农、张卓身、张敏铭也不在内，甚至连景梅九、景大昭也不在内。断烂朝报乎？微言大义乎？殊难分。"

　　不论如何划分，黄侃作为章太炎东京所授第一弟子则当之无愧。而正是通过恩师章太炎引介，黄侃结识了流亡东京的刘师培，并聚在一起坐而论道，切磋学问，成为同道好友。当刘师培辗转来到北京大学任教时，黄侃亦在该校任教并友善。民国八年（1919年）初冬，刘师培一病不起，临终前，着人请黄侃来到榻前，授以一本手抄《音韵学》，哽咽道："这是我毕生研究得来的，此学非公莫传，算我临终自赎的一点心愿吧。"

　　黄侃闻罢大为感动，当场决定不再拘于年龄班辈，要拜刘氏为师。第二天，黄侃果真按照当时规矩，用红纸封了10块大洋的拜师费，沐浴更衣后来到刘师培家，恭恭敬敬在刘氏榻前行了拜师大礼，磕头敬茶等规矩一样不少。刘师培临终得一关门弟子，自然是感动不已，并在很短的时间内将毕生所学倾囊相授。

　　同年11月20日，刘师培因肺结核病逝于北京寓所，年仅35岁。

有人问黄侃："你比章太炎小17岁，比刘师培只小2岁，二者年龄相仿、学识相近、名气相当，又同在一校任教，何必屈尊磕头拜刘师培为师？"黄侃解释道："《三礼》乃刘氏家学，非如此不能继承绝学，此所谓道之所存，师之所存也。"

章太炎与周氏兄弟的师生情谊

6

　　章太炎流亡日本时，开设讲习会，各地留学生闻讯蜂拥而至，一时间弟子数百人，各色人等，泥沙俱下。受周豫才（鲁迅）等八人之请，开设小班。据许寿裳回忆："每星期日清晨，我们前往受业，在一间陋室之内，师生环绕一张矮矮的小桌，席地而坐。先生讲段氏《说文解字注》、郝氏《尔雅义疏》等，神解聪察，精力过人，逐字讲解，滔滔不绝。……我们同班听讲的，是朱蓬仙（名宗莱）、龚未生、钱玄同（夏）、朱逖先（希祖）、周豫才（树人，即鲁迅）、周起孟（作人）、钱均夫（家治）和我，共八人。……听讲时，以逖先笔记为最勤；谈天时以玄同说话为最多，而且在席上爬来爬去。所以鲁迅给玄同的绰号曰'爬来爬去'。鲁迅听讲，极少发言。"

　　周作人在《知堂回想录》中回忆："太炎对于阔人要发脾气，可是对青年学生却是很好，随便笑谈，同家人朋友一般。夏天盘膝坐在席上，光着膀子，只穿一件长背心，留着一点泥鳅胡须，笑嘻嘻地讲书，庄谐杂出，看去好像是一尊庙里哈喇菩萨。"

　　可以说，这时候的鲁迅和周作人都是很佩服章太炎的。后来鲁迅和周作人都提倡白话文，且以身作则地进行文学改革，与章太炎的学术主张产生了分歧，但师徒间的情谊依然保持。再后来，章太炎在思想和学术上开始急剧倒退，且把自己讲学的地方变成"国粹主义"和"尊孔复古"的大本营，与新的时代和五四新文化运动开辟的道路背道而驰，这就引起了新文化运动派的反击。

周作人的谢师表

7

1926年，北洋军阀、号称五省联军总司令的孙传芳，邀请章太炎出任"修订孔制会"会长，主持投壶仪式，以倡"尊孔复古"之"伟业"。

尽管章没有准时赶到会场主持"投壶"，但总是出任了会长一职。而此前，处于革命浪潮中的章太炎曾写过《驳建立孔教议》战斗檄文，如今竟走向了革命的反面。这就不可避免地引起学界先进者的口诛笔伐，包括章门子弟的倒戈。

鲁迅在《趋时和复古》一文中写道："清末，治朴学的不止太炎先生一个人，而他的声名，远在孙诒让之上者，其实是为了他提倡种族革命，趋时，而且还'造反'。后来'时'也'趋'了过来，他们就成为活的纯正的先贤。但是，晦气也夹屁股跟到，康有为永定为复辟的祖师，袁皇帝要严复劝进，孙传芳大帅也来请太炎先生投壶了。原是拉车前进的好身手，腿肚大，臂膊也粗，这回还是请他拉，拉还是拉，然而是拉车屁股向后，这里只好用古文，'呜呼哀哉，尚飨'了。"

继鲁迅之后，章氏另一位弟子周作人更是向章太炎掷出了投枪和匕首，于1926年8月刊《语丝》94期抛出了《谢本师》一文，文中列举章氏"罪状"，公开驳斥并与章氏决裂。文章最后说：

先生现在似乎已将四十余年来所主张的光复大义抛诸脑后了。我相信我的师不当这样，这样的也就不是我的师。先生昔日曾作《谢本师》一文，对于俞曲园先生表示脱离，不意我现今亦不得不谢先生，殊非始料所及。此后先生有何言论，本已与我无复相关，唯本临别赠言之义，敢进忠告，以尽寸心：先生老矣，来日无多，愿善自爱惜令名。

可以说周作人的文章文采飞扬，同时字字诛心，讥讽章老师政治上幼稚顽固，学术上陈腐浅薄，更把自己和章太炎"师徒断交"的理由说得非常明白，说得大义凛然。但是天道有轮回，苍天饶过谁。后来抗战全面爆发，周作人却留在北平出任伪职，这又引来了一篇新的《谢本师》，作者乃周作人的弟子沈启无。

周作人弟子的谢师表

8

　　沈启无乃周作人的学生，曾与俞平伯、废名、江绍原并称"周门四大弟子"。此人最初对周作人亦步亦趋，很受周氏看重。在1933年版的《周作人书信》中，收入周作人给沈启无的书信25封，数量之多，仅次于给俞平伯的信。

　　1937年卢沟桥事变之后，根据国民政府的指令，北大、清华、南开三校组成长沙临时大学，继而组成国立西南联合大学迁往昆明。三所大学自校长到众师生纷纷设法南下，以避开被日军占领的平津两地，在西南一带继续办学，以保中华民族的弦歌不辍。

　　时任北大教授的周作人以"家累"为由，不但不随北大师生南迁，反而在日本人的要挟拉拢下，"落水"成了汉奸，出任伪北大文学院院长和华北教育总署督办一职。所谓秃子跟着月亮走——借光发光，周作人的爱徒、拒绝南下的沈启无，借机担任了伪北大文学院国文系主任兼图书馆主任。但沈启无觉得这个官太小，对周作人深怀不满。

　　到了1943年8月，日本作家片冈铁兵在"大东亚文学者大会"上发言，称周作人是"反动老作家"，只会"玩玩无聊小品，不与时代合拍"，应该对他作"无保留的激烈斗争"云云。沈启无以"华北代表"的身份参加了这次在日本举行的会议。回国后，他以童陀的笔名，在《文笔》周刊创刊号上发表文章，观点与片冈铁兵一模一样。片冈铁兵对中国文学并不了解，周作人觉得很奇怪，待看了沈启无的文章，终于明白了其中的奥秘。

　　周作人一怒之下，于1944年3月23日在《中华日报》发表《破门声明》："沈扬即沈启无，系鄙人旧日授业弟子，相从有年。近年言动不逊，肆行攻击，应即声明破门，断绝一切公私关系。详细事情如有必要再行发表。"所谓"破门"，是日本人的用语，也就是"逐出师门"。

沈启无也不甘示弱，在《中国文学》（1944年5月20日）发表了针对周作人的诗《你也须要安静》：

你的话已经说完了吗
你的枯燥的嘴唇上
还浮着秋风的严冷
我没有什么言语
如果沉默是最大的宁息
我愿独抱一天岑寂

你说我改变了，是的
我不能做你的梦，正如
你不能懂得别人的伤痛一样
是的，我是改变了
我不能因为你一个人的重负
我就封闭我自己所应走的道路
假如你还能接受我一点赠与
我希望你深深爱惜这个忠恕

明天小鸟们会在你头上唱歌
今夜一切无声
顷刻即是清晨
我请从此分手
人间须要抚慰
你也须要安静

这首诗，无疑是"谢本师"的声明，只是没有使用"谢本师"名义而已。此后沈、周两人怨仇越结越深，各自在文章中讥讽、攻击对方。周作人在《遇狼的故事》《关于东郭》等文章中，称沈启无为"中山狼"。即使到了晚年，他在给鲍耀明的信中，仍称与俞平伯、废名二弟子"近虽不常通信，唯交情故如旧。尚有一人则早已绝交（简直是'破门'了），即沈启无是也。其人为燕京大学出身，其后因为与日本'文学报国会'勾结，以我不肯与该会合作，攻击我为反动，乃十足之'中山狼'"。

康有为、梁启超
师徒决裂

9

康有为、梁启超因"公车上书"、推动"戊戌变法"名动天下，时人把康、梁并称。但不久，二人就因政治、思想的分歧决裂了。

1895年，严复发表和翻译了《原强》《天演论》等论文和著作，梁启超读毕，思想受到很大触动。正是震慑于进化论"物竞天择，适者生存"的生存法则，使梁启超渐渐认识到社会、国家是一个有机体，其强弱兴衰取决于构成这一有机体的细胞——国民素质的优劣，而不是衰朽的孔圣人之教。后来，梁启超在保护孔教问题上与严复走到了一起，开始反思并反对康有为的学说，即通过保卫孔教来保国、保种的理论。同时大力推崇进化论和自由思想，亲近、理解民主和共和，转而支持共和。

而此时的康有为，尚未脱离古人"好依傍"之窠臼，迅速滑入保皇派，即保卫清皇室和皇帝的泥潭。1917年7月，辫帅张勋率兵复辟，重新把退位的末代皇帝溥仪扶上宝座，帮闲的康有为大力支持，且借机捞了一个"弼德院"副院长帽子戴在头上。

梁启超一看老师这副德行，盛怒之下加入段祺瑞的讨逆军，并公开指斥康有为"大言不惭之书生，于政局甘苦，毫无所知"云云。

张勋复辟失败，康有为将怨气发泄在弟子身上，公开叫骂其为"梁贼启超"，并作诗斥责道："鸱枭食母獍食父，刑天舞戚虎守关。逢蒙弯弓专射羿，坐看日落泪潸潸。"诗中将梁氏比喻为专食父母的枭獍，逢蒙曾向后羿学习过射箭技术，后来却害死后羿。可见康有为对弟子梁启超的愤怒。就此，梁启超与他的老师康有为分道扬镳，彻底决裂。

山东人
做事直爽

10

　　1922年，鲁迅在北京大学兼任讲师，有一个叫冯省三的山东籍学生在法文系就读，对世界语很感兴趣。正好，俄国盲诗人爱罗先珂受周作人推荐到北大讲授世界语课程，由于学校条件不便，爱罗先珂暂时借住在北京城内八道湾胡同的周宅后院。热衷于学习世界语的冯省三，便经常去八道湾胡同周宅向爱罗先珂求教，一来二去，这冯省三又与周作人、鲁迅关系紧密起来。只是冯省三沾染了家乡的绿林习气，情商也远远低于智商，竟发生了不可思议之事。

　　据鲁迅的学生荆有麟在《鲁迅回忆断片》中所讲，冯省三有一天去八道湾胡同鲁迅家里。他大大咧咧地往鲁迅的床铺上一坐，跷起双脚说："喂，你们门口有修鞋的，把我这双破鞋，拿去修修。"按照鲁迅的脾气禀性，面对这个动作与口气，应该是暴跳如雷，大喊"滚出去"，但鲁迅对学生的脾气向来很好，于是什么话也没说，拿起鞋子到修鞋铺修好后取回，亲自套在冯的脚上。冯省三异常得意，连"谢谢"两个字都没有说，拔腿走了。

　　后来，鲁迅偶尔对人当笑话一样提及此事，说："山东人真是直爽啊。"

"张伯苓三问"

11

　　1935 年 9 月 17 日，南开学校新学年开学典礼，校长张伯苓对新生发表了《认识环境，努力干去》的演讲，其中谈到面前局势之危，日本帝国主义全面侵华的战略野心与阴谋，并谓侵华日军在天津的司令部，就设在南开中学与大学的中间海光寺内，与学校近在咫尺，随时可能来捣乱、威胁，南开学生必须清醒地认识到这个危险，并树立抗日救国的信心。最后，张伯苓表情严肃，语调深沉地向学生们问道："你是中国人吗？""你爱中国吗？""你愿意中国好吗？"——此为著名的"张伯苓三问"。

　　三问激起了学生的共鸣和爱国豪情，个个面有悲壮之色，异口同声地答道："是！""爱！""愿意！"

　　最后，张伯苓勉励同学们，要爱国就要"努力地干去"，而且要"苦干""死干"，要"咬定牙根，紧张而又紧张地向前努力"，要"公"，要"诚"，要"团结"。

　　1937 年卢沟桥事变之后，抗日战争全面爆发，南开师生毫不畏惧，在敌人的炮火中穿行，先后在长沙和昆明安放了课桌，继续学业。

清华校长的尴尬

12

作为留美预备学校的清华，早期的校长大多属于半新半旧的人物，周诒春即其一。有些生活中的毛病，周氏有自知之明，只是陋习难改，积重难返。如抽烟喝酒的问题，清华有严格规定不许学生沾嘴，此为不能触碰的高压线，一旦发现即行开除。

忽然有一天一位胆子很大的同学，竟质问周校长："校长，你不许我们抽烟喝酒，你却大杯大杯地喝酒，抽大支大支的雪茄，这话怎么讲？"

周诒春听罢，甚是尴尬，只好如实答道："我当年不知道不该养成抽烟喝酒的习惯，今天成了烟酒的奴隶，摆脱不了了！我不愿意你们重蹈覆辙，所以不让你们在做学生的时候，就染上抽烟喝酒的坏习惯。"

清华四大导师讲课

13

　　清华国学研究院学生戴家祥回忆："清华国学研究院的教学大纲是王国维先生起草的，采取了中国书院和英国牛津大学两者相结合的办法教学。教授有赵元任、王国维、梁启超、陈寅恪，李济是青年讲师。他们教学也各有特点，和王国维在一起，他不讲，只听学生讲，讲到他满意的地方，他就点点头说'还可以'；和梁启超在一起，只听他讲，不给学生讲话的机会；和陈寅恪在一起，他讲一半学生讲一半。"

　　因为王国维不会说国语，每次讲课，学生大都不知所云。据王氏弟子吴其昌回忆："先生满口海宁土白，当年同学诸君中，能完全把先生的话听懂的，只有我一人。这因为我也是海宁人。"一次课后，同学谢国桢问吴其昌："王先生讲课常说'呒啥'，这'呒啥'是什么意思?"吴其昌答道："没什么。"谢又问："'呒啥'怎么讲?"吴其昌仍答："没什么。"谢国桢以为吴氏不把自己放在眼里，随便敷衍他，顿时火起，大声道："我问的是'呒啥'这两个字是什么意思。"吴其昌笑道："'呒啥'，就是'没什么'嘛!"

清华园里的
法文女教授

14

20世纪30年代，清华的外籍教师被清理得只剩12人，像俄国人噶邦福、英国人吴可读、美国人温德等都给师生留下了难忘、美好的记忆，其中也不乏稀奇古怪者，留下的印象令人难忘却不甚美好。

据季羡林回忆："一位不能算是主要教授的外国女教授，她是德国人华兰德小姐，讲授法语。她满头银发，闪闪发光，恐怕已经有了一把子年纪，终身未婚。中国人习惯称之为'老姑娘'。也许正因为她是'老姑娘'，所以脾气有点变态。用医生的话说，可能就是迫害狂。她教一年级法语，像是教初小一年级的学生。后来我领略到的那种德国外语教学方法，她一点儿都没有。极简单的句子，翻来覆去地教，令人从内心深处厌恶。她脾气却极坏，又极怪，每堂课都在骂人。如果学生的卷子答得极其正确，让她无辫子可抓，她就越发生气，气得简直浑身发抖，面红耳赤，开口骂人，语无伦次。结果是把百分之八十的学生全骂走了，只剩下我们五六个不怕骂的学生。"

季羡林在"老姑娘"的咒骂声中熬到毕业，新入校的外文系学生赵俪生续接了这个苦难。赵说："我的英文不算那么好，但还够用。法文只在大学三年级时按规定必修，教师是一位未婚的mademoiselle（小姐），当时我参与一二·九运动，校外活动多，有时来不及上课。后来又去上，她就用英语说：'我当你死了呢，你还活着来上课呀。'我认为是一种侮辱。老师可以训诲学生，但不能侮辱学生。我耽误功课不对，但是为了救国，又不是逛八大胡同去了。一怒之下，我到注册课把《法语》停修了。"

闻一多
门下二家

15

　　陈梦家、臧克家都是现当代著名诗人，他们一个共同的老师是闻一多。

　　陈梦家是闻一多在南京中央大学做文学院院长时培养的诗人，后随闻一多到青岛大学当助教。臧克家于1930年由山东诸城考入青岛大学外文系，后因酷爱写诗作文，经闻一多同意转入中文系，自此成为"闻一多先生门下的一名诗的学徒"。每当写了自己认为值得一看的诗，臧克家便请闻一多批阅，闻一多总是拾起红锡包香烟，自己先吸上一支，而后客气地让臧吸一支，两人一边吸着烟，喝着茶，一边谈论诗稿。只要闻一多看上眼的诗稿，大多推荐给《新月》发表，臧克家的成名作《难民》和《老马》，就是最先由《新月》推出而一炮走红的。据臧克家回忆，当时《新月》给的稿费极高，有一次发表了八行诗就给了他四块大洋，这几乎是他一个月的生活费了。

　　臧克家在青岛大学的几年，凭着自己的才华与闻一多等人的指点，进步迅速，很快成为诗坛一颗耀眼的新星。闻一多在自己的书斋桌上放了两张相片，并时常对来访的客人指点着说："我左有梦家，右有克家。"言语间不无得意之色。"闻氏门下有二家"之说，在校园传开。

　　青岛大学时代的闻一多，兴趣已转向中国文学特别是《诗经》《楚辞》等方面的研究，由诗人变为典型的学者。由于诗名在外，学生们仍期望读到闻一多的新诗。有一次，臧克家随闻一多散步，谈到诗，臧克家直言相劝："先生您应该写诗啊，为什么不写了？"

　　闻一多听罢，略带感慨地答道："有你和梦家在写，我就很高兴了。"

吴宓诗集
被偷记

16

吴宓的学生、钱锺书夫人杨绛说，吴宓先生一生"傻得可爱"又"老实得可怜"。

吴宓早年与陈寅恪是哈佛大学同学，后来是清华国学院主任，是个了不起的教授。抗战胜利后，他没有回清华，而是虎落沙滩，到了重庆的西南师大任教。晚年眼瞎腿瘸，生活极度困顿，受到校内外各色宵小的欺凌。

比如说，吴宓保存了26本1935年由上海中华书局出版的《吴宓诗集》，不到半月便被来人自宿舍"偷走"，每到吴发工资时，有人便拿了诗集让吴宓出钱赎回，一本诗集索价几十元。这几十本诗集是吴宓历经战争，越过千山万水，克服无数艰难险阻，好不容易才保存下来，岂能眼看着任其流落？何况这诗集中还收有"吴宓苦爱毛彦文"的动人情诗，于是，吴宓便拿钱一本一本地赎回。

想不到诗集基本回到原处，屋内的其他书又开始丢失，不久又有人送来要求以钱赎回。有的学校同事见用此法非常容易得手，索性把几年前当面借阅未还的书从家中翻出来，送到吴宓处要求用钱赎回，爱书如命的吴宓大多见书付钱，用高价赎回一部分不能成套的中外文书。但未过几天，手稿、日记等又被"偷走"，又需重新赎回。如此循环往复，吴宓大约一半的工资花在了赎回自己的书和手稿、日记上。

有一日，忽来几个学生模样的年轻人，拿着一封信在念，大意是吴的一个学生因住院动手术，急需一笔款子，请吴老师给予帮助，钱款可由来人带回云云。

当时，照顾吴宓的曾婆婆正在屋里收拾东西，觉得有点不对劲儿，过去一看，年轻人读的竟是一张白纸，上面根本无一字。曾婆婆知道又遇上了骗子，急忙出门到隔壁唤学校的刘老师前来察看。恰巧刘老师不在家，她的女儿随曾婆婆进门，要过那张纸一看，果然一个字也没有，质问对方是怎么一回事。念信者支支吾吾说不上来，刘老师的女儿急忙叫来保卫处的人，把几个年轻人带走。后来听说为首者姓张，是想诈取吴宓一笔钱财，因表演太过自信和直白，露出马脚，被曾婆婆识破，才未得逞。

梅贻琦说：
师生就是师生

17

梅贻琦平生对个人要求甚严，对物质要求甚俭，若说有个例外，或称为小小爱好，便是饮酒。然而梅对酒的品种如对待饭食，并不苛求，有酒即可。在昆明时，限于物质条件，常饮者乃廉价的白酒或米酒。后来条件时好时坏，饮的酒也随之变换花样。时间久了，梅的爱喝、能喝但不闹酒的名声在学界传播开来，每遇他人在酒场敬酒，总是来者不拒，极豪爽痛快地一饮而尽，因而在同人与学生们心中，落了个"酒风甚好"和"酒圣"的美名。

1947级清华校友蔡麟笔曾有过如下一段深情的回忆："自美国返台后，梅校长时常约清华各级校友餐叙。当时在台的清华校友显要如吴国桢、孙立人、贾幼慧、胡适之、叶公超等也常邀请他同饮。而年级晚、地位低的校友邀请他，梅校长不管什么草庐陋巷，上漏下湿，也准时赴约。酒酣耳热之际，一向沉默寡言的梅校长也会打开话匣子，与学生们谈笑风生，欢饮而归。"

有一次蔡问梅："何以对毕业同学不计名位一律看待呢？"梅答："师生的感情是自然的，是有因缘的，各个人的际遇不同，环境有异，年级低，年龄小，当然不会像高年级的同学一样。所谓富贵权势全是世俗所崇尚的身外之物，师生就是师生，如果以权位富贵来衡量，那还能算师生吗？那是商贾的行为。"蔡说："当时在座的有刘崇铉、查良钊、包华国多位，听了全默然久之。"

姚从吾
离间了师生关系

18

李敖在台大历史系读书时，其父突患脑溢血死在家中。由于李敖在丧葬事宜上不按常规出牌，号称特立独行，搞得世人议论纷纷，并背上了"不孝"的恶名。

据李敖自言，其中一个好笑的说法是："李敖把他老子气死了！"对此，李敖认为散布这种说法的，李济便是一人。说有一天，台大考古人类学系主任李济向姚从吾说："听说李敖跟他父亲意见不合，最后把他父亲气死了。"姚从吾说："这我还是第一次听说。我知道李敖的父亲是我们北大毕业的。北大毕业的学生，思想上比较容忍、开通。李敖的父亲若能被李敖气死，他也不算是北大毕业的了！李敖对他父亲的态度如何，我不清楚，但我知道李敖对母亲很好，一个对母亲很好的人，大概不致对父亲不孝吧！"

不知李济是否真的说过李敖气死他老子之类的话，而其人竟完全相信了姚从吾的一面之词，从此与李济结下了不共戴天之仇。后来李敖许多攻击李济的言论，皆与此事有关。许多人认为李敖不该张口咬人，且咬到李济身上，尚不知这世间没有无缘无故的爱，也没有无缘无故的恨，李敖对李济之恨，其始作俑者，则是这位"外似忠厚，实多猜忌"且"愚而诈"的台大历史系教授姚从吾也。

04

史海钩沉

大清国幼童
赴美众生相

　　1872年夏，上海留美预备学堂举行中、英文会考，詹天佑、梁敦彦、邝荣光、蔡绍基、容尚谦等30名幼童全部及格，获准放洋。这是留学耶鲁大学归来的容闳，组织幼童赴美的开始。4年间，共有120名12至16岁的幼童官费赴美就读。

　　据第二期幼童李恩富回忆："我很幸运地分配到春田城（麻州）一位慈祥的太太家，她赶着马车来接我们。当我被介绍给她时，她拥抱我并吻我。她的动作使其他同学均大笑，更使我脸红。当然，我没说出我的尴尬。可能自襁褓以后，这是我首次被人亲吻。"

　　时与李恩富一起住在这位太太家的幼童留学生仅懂少许英文，与对方交流尚不适应。当第一个星期天来临时，太太要他们去"主日学校"，幼童们只听懂"学校"二字，便立刻拾起书包作好准备。待最后发现自己被领到教堂里就座时，有两位幼童如遇大敌，立刻夺门而逃，跑回住处把自己关在房间不再动弹。

　　刚入校就读时，清廷规定幼童必须穿长袍、扎辫子，外貌颇像女生，引得美国同学哄笑与戏谑，也引来一场场打得鼻青脸肿的纠纷。曾有一幼童着厚底布鞋，戴瓜皮帽，于乡间追逐邻居家一头逃跑的猪，引得全村人大笑不止，这位幼童发现后羞愧万分，此后与当地学生的纠纷甚至挥拳开打不可避免。

留美幼童
中途归国之因

2

留美幼童介于 12 至 16 岁之间，接受西方教育后，"美国化"速度惊人，对自身印象更是敏感。当幼童渐渐长大并适应美国式生活，开始学穿西装、扎领带、蹬皮鞋，俨然一副美国本土学生打扮。有同学竟悍然剪去作为"忠君爱国"象征的辫子等等，清廷派驻的留学生监督和国内官僚皆认为此举乃大逆不道，甚至犯上作乱，立即下令将剪辫者捉拿起来，遣送回国予以惩罚。

最终的结果是，在各方守旧势力和顽固派，包括曾国藩次子、外交官曾纪泽等人联合夹击下，1881 年，清廷下令撤销出洋肄业局，召回全部留美幼童。其时 120 名赴美幼童，除先期因不守纪律被遣返 9 名、执意不归及病故者 26 名外，其余 85 人均在各大、中、小学就读，分三批于这年夏秋被遣送回国。

归国幼童踏上祖国土地，国内守旧顽固势力并未因此而消解心中的怀疑与厌恶，反而给予幼童以极大的羞辱，其遭遇至为悲惨，一位幼童在回忆中说："我们所得的待遇，直同被褫夺国籍的罪犯。上岸之后，即由兵士一队，押解入上海县城，安置一所破旧不堪，久无人迹的书院里。每人发两张床板一袭秽被。室内潮湿霉烂，臭气熏人，可达里许之外。大门小户，布满兵卫，既禁止我等外出，亦不许亲友入内探视……。我等手中不名一钱……直蛮荒野人之不若……。"

留美幼童的人生结局

3

　　留美幼童离奇曲折的命运，国内外舆论众说纷纭。清廷的清流派与朝野进步分子深表惋惜，一代大儒黄遵宪曾作诗哀叹道："坐令远大图，坏以意气私。牵牛罚太重，亡羊补恐迟。蹉跎一失足，再遭终无期。目送海舟返，万感心伤悲。"

　　尽管命运多舛，遭遇不济，但留美归国的幼童没有就此沉沦，在日后的岁月里破茧而出，奋发向上，于山河破碎的中华大地勇力搏击，逐渐成为推动中国近代化进程中一个庞大而有力的精英群体，于诸项事业中创造了辉煌的成就。

　　这一批人物中，有被誉为"中国铁路之父"的詹天佑（一批）；有中国邮电事业的奠基人黄开甲（一批）、袁长坤（三批）、朱宝奎（三批）、周万鹏（三批）；有中国第一代海军将领容尚谦（一批）、蔡廷干（二批）；有中国早期最著名的煤矿——开滦煤矿矿冶工程师吴仰曾（一批）；有北洋大学校长蔡绍基（一批）；有世人熟悉的清朝外务部尚书梁敦彦（一批）；有在上海照顾梅贻琦等留学生订票、吃住与登船事宜的民国第一任电报总局局长唐元湛（二批）；有唐山路矿学堂总督、交通大学创始人、民国邮传部副大臣、外交总长梁如浩（三批）；有中华民国第一任内阁总理唐绍仪（三批），以及历尽波折，争取庚款退还清朝的驻美公使梁诚（四批）。

清华大学的命名

4

直到现在，凡到清华园的游客，会看到工字厅大院后厦正廊门额之上，悬有一块"水木清华"匾额，据传出自康熙皇帝手笔，或为后人模仿御笔再造之，算得上庄重挺秀，或者说不算难看。两旁朱柱上有一副颇为精彩的楹联：

> 槛外山光历春夏秋冬万千变幻都非凡境，
> 窗中云影在东西南北去来澹荡洵是仙居。

此为清初州校官、震泽沈广文，为广陵驾鹤楼杏轩题写的得意之作，清代道光进士，咸丰、同治、光绪三代礼部侍郎殷兆镛录书。典出晋代谢混《游西池》诗："惠风荡繁囿，白云屯曾阿。景昃鸣禽集，水木湛清华。"

"湛"为澄清之意。因工字厅后有荷花池，故有谢氏诗句，以及康熙帝前来游玩时御书之"水木清华"匾额。

咸丰皇帝登基后，再次来园内工字厅游览，门廊北有临水平台，平台边竖绿豆色石制栏杆。从平台上遥看四周，山峦起伏，松柏苍劲，野花遍山，一派水清木华的自然景象。兴致之中，咸丰帝乃下诏将工字厅所在的"熙春园"改为"清华园"，并御笔题写"清华园"三字，悬于工字厅门额上方。

正因了康熙、咸丰二帝两块御书匾额，以及"清华"二字和清华园之名，才有了日后再度以此命名的清华学堂、清华学校与后来的国立清华大学。

清华大学的来历

5

　　清华大学是用美国退还的庚子赔款建起来的一所高校，各省的高考状元，有一多半到了清华园。但说起清华的来历与庚子赔款，多数读者不见得清楚。不过，只要一提起义和团、八国联军进北京，大家就知道个大概了。

　　八国联军打北京的那次，清朝向 11 个国家赔款四亿五千万两白银。美国得两千一百万，后来，美国留下了一千万，把多得的一千一百万退还中国，先是办了三届游美学务处，送了三届共 180 名青年学生到美国留学。这 180 人中，就有后来的清华大学校长梅贻琦、北京大学校长胡适、浙江大学校长竺可桢等名人。

　　1911 年，清朝在清华园办起了清华学堂，招收第一届学生。

　　宣统三年四月初一，也就是 1911 年 4 月 29 日，清华学堂在清华园正式举行开学典礼。校名全称为"帝国清华学堂"，英文校印为 Tsing Hua Imperial College。此为清华大学历史的开端。因为历年的 4 月末，基本都是周六、周日，因而，清华校委会研究决定，干脆把每年的 4 月最后一个星期日，定为清华校庆日。

　　这就是清华校庆日的来源。

清华校训来源

6

梁启超曾自言："我与清华学校，因屡次讲演的关系，对于学生及学校，情感皆日益深挚。"正因为如此，梁启超三个儿子梁思成、梁思永、梁思忠，都是自清华毕业而留美深造的。

除了演讲，梁氏还不时到清华休假"小住"，著书立说，并对国学的前途有所关注。他在一次校方组织的教授座谈会上直言不讳地说："清华学生除研究西学外，当研究国学。盖国学为立国之本，建功之业，尤非国学不为功。"

1914年，即清华建校三周年之际，梁启超亲赴清华演讲，演讲题目名为《君子》，他用《周易》中两句关于"君子"中乾坤二卦的卦辞作发挥，以此激励清华学子发愤图强："《乾·象》言，君子自励犹天之运行不息，不得有一曝十寒之弊。……且学者立志，尤须坚忍强毅，虽遇颠沛流离，不屈不挠……《坤·象》言，君子接物，度量宽厚，犹大地之博，无所不载。君子责己甚厚，责人甚轻。"

在阐发"天行健，君子以自强不息；地势坤，君子以厚德载物"的君子"大道"后，梁启超明确提出："他年遨游海外，吸收新文明，改良我社会，促进我政治，所谓君子人者，非清华学子，行将焉属？……深愿及此时机，崇德修学，勉为真君子，异日出膺大任，足以挽既倒之狂澜，作中流之砥柱……"

梁氏的演讲，在清华师生心灵深处打下了深深的烙印，并对清华学校优良学风和校风的养成产生了巨大而深远的影响。后来，清华大学校委会决定，把"自强不息，厚德载物"定为校训，以励师生。

清华
骑毛驴的好学生

7

早期的清华被外界称为"贵族学校"，校长周诒春特别以梁启超在清华讲演为启示，定校训"自强不息，厚德载物"，以启迪学生在俭朴的生活中保持奋发图强的精神。

在校训与校风感召下，大多数学生勤奋上进，朴实厚道，如当时的学生陈宏振所言："但凡是身受周校长训诲之学生，经过长期磨炼，养成守法习惯，均能循规蹈矩，束身自爱，为社会所称道。"

其中一个著名的例子，即为梁实秋在回忆中几次提到的张心一，梁说："张心一，原名继忠，是我所知的清华同学中唯一的真正的甘肃人。他是一个传奇人物。他嫌理发一角钱太贵，尝自备小刀对镜剃光头，常是满头血迹斑斓。在校时外出永远骑驴……"

走出校门后，张心一仍严于律己、公私分明且特别具有公德心。抗战全面爆发后，张氏作为银行总稽核，整天骑一辆摩托车跑遍祖国后方各省，而"外出查账，一向不受招待，某地分行为他设盛筵，他闻声逃匿，到小吃摊上果腹而归"。

清华
第一个奖学金的由来

8

　　1918年1月4日，清华学校校长周诒春（字寄梅）在政治利益倾轧中黯然辞职，获外交部批准。18日，周诒春校长临行时有全体员生拍照纪念，各生均穿制服，擎枪致敬。

　　关于这位清华早期校长的人格、学识、办事能力，胡适曾有过如下评价："照我这十几年来的观察，凡受这个新世界的新文化的震撼最大的人物，他们的人格都可以上比一切时代的圣贤，不但没有愧色，往往超越前人。老辈中，如高梦旦先生，如张元济先生，如蔡元培先生，如吴稚晖先生，如张伯苓先生；朋辈中，如周诒春先生，如李四光先生，如翁文灏先生，如姜蒋佐先生。他们的人格的崇高可敬，在中国古人中真寻不出相当的伦比。这种人格只有在这个新时代才能产生，同时又都是能够给这个时代增加光耀的。"

　　周诒春走后，嗣经清华全体教职员学生联合集资600余元，拟建大钟一具以资纪念，但因款数不敷而未果。后又陆续集资，约足千元欲成其事。周诒春得知，提议将此款存入银行，每年以息金津贴品学兼优之寒苦学生，这就是清华校史上颇具名声的第一个奖学金——"周寄梅奖学金"的由来。

梅贻琦
打退堂鼓

9

　　梅贻琦作为"庚款"第一期留美生，1915年回国未久即到清华学校任教。当时洋人教员住北院"美国地"，每人享有七八个房间的上等小别墅。华人教员地位低下，除薪水比洋教员少一大截，集体暂住在以工字厅为主体的古旧建筑附属院落——古月堂。梅贻琦的安身之地是堂内一间侧室的小平房。

　　梅在美国学的是电机专业，在清华教普通科学。学生上他的课觉得很有意思，讲到爆竹怎么会响，从物理方面作解释，透彻明了。每当深夜万籁俱寂，总是能从窗帘透出的灯光中，看到他专心致志、埋头备课的身影。

　　可能因为经济贫困，或孤寂烦恼，半年之后，梅贻琦寒假从清华回津，产生了打退堂鼓的想法，但被张伯苓阻止。据梅贻琦夫人韩咏华说："半年后放假时，月涵回天津去见张伯苓先生，表示对教书没什么兴趣，愿意换个工作。张先生说：'你才教了半年书就不愿意干了，怎么知道没兴趣？青年人要能忍耐，回去教书！'月涵照老师教导，老老实实回京继续在清华任教。这是他晚年在美闲居时告知我的一段趣闻。我说：'这可倒好，这一忍耐，几十年、一辈子下来了。'"

清华军乐队员
匪窟突围

10

1916年，清华校长周诒春委托李松涛从美国购进管乐器30件，由李仲华与马约翰负责在校内挑选学生进行训练。1917年3月，清华军乐队正式成立。1931年年底，梅贻琦掌校后，面对敌人入侵东北和侵吞华北的险恶局势，军乐队更加勃兴，有的队员毕业后进入军校学习，为抗战效力甚多。

1923年5月6日凌晨，山东省临城县（今枣庄市薛城区）境内，一列由浦口开往天津的中国境内唯一蓝钢皮火车被土匪孙美瑶部千余人以枪炮劫持，上海《密勒氏评论报》主编鲍威尔和另外39名外国人以及200余名中国乘客，被劫往形同一个倒挂葫芦、四壁陡峭的抱犊崮山寨。

"临城劫车案"被视为清王朝庚子年义和团运动后中国最严重的涉外事件。当时，尚有乘车的两位清华学生贾幼慧、郑骏全也被劫往抱犊崮。贾幼慧乃清华学校军乐队队员，以吹小号见长，匪首孙美瑶得知贾的身份，量才录用，令其在山寨以吹军号为业，当起了匪兵司号员。贾不敢违，遂每日按时吹号，无事时则拿着喇叭四处游荡，等到摸清路线与匪营情况，便带郑同学摸黑逃出山寨，一路辗转回到清华园。

1925年，贾幼慧毕业考取"庚款"留美生，1929年毕业于史丹佛炮兵专科学校。1945年年初，任孙立人为军长的陆军新编第一军少将副军长。后孙立人升任台湾第一任陆军总司令，贾幼慧为陆军中将副总司令。

陈寅恪
进清华的隐秘

11

　　清华国学研究院四大导师之一陈寅恪，自13岁即随哥哥陈衡恪，与周豫才（鲁迅）一起赴日本留学。先后在日本、瑞典、美国、德国等国高校留学18年。陈寅恪自认为是"中国文化托命之人"，是少有的读书种子。在哈佛时，与汤用彤、吴宓并称"哈佛三杰"，其风头盖过所有华人留学生。到了30岁，陈寅恪学识渊博，造诣高超，懂20多种外语、10多种文字，享誉海外。

　　1925年，清华创办国学研究院，梁启超向校长曹云祥推荐正在柏林大学研究院研究梵文、巴利文、藏文和佛经的陈寅恪。校长说："他是哪一国博士？"梁答："既不是博士，也不是学士。"曹又问："他有没有著作？"梁答："也没有著作。"校长说："既不是博士、学士，又没有著作，这就叫我为难了。"梁生气地答："我梁某也不是博士，著作算是等身了，可总共还不如陈先生几千字有价值。你不请，就让他在国外吧。"于是，梁启超列举了柏林大学、哈佛大学、牛津大学等正争相聘请陈寅恪当教授的事。

　　曹校长一听，外国人都如此尊崇，证明此人确有真才实学，了不得，那就赶紧请吧。于是乎，没有大学文凭，也没有著作的陈寅恪就这样走进了清华园，很快成为闻名天下的四大导师之一，被誉为"教授的教授"。

陈寅恪的名字
如何读音

12

　　无论是陈寅恪活着还是去世之后，许多人将其"恪"字读为 què（音"雀"），据说陈寅恪先祖原居福建上杭，属客家人，客家人读"恪"作"雀"音。也有考证说，此为粤语"恪"的发音。据陈寅恪助教王钟翰回忆，陈氏所用的英文署名是 Tschen Yinko（ko 亦作 koh）。陈寅恪本人也认为，用普通话时，"恪"当读作 kè（音"客"）。在正式场合，陈寅恪及其兄弟都念 kè 音。抗战时期，陈寅恪有一段时间在成都燕京大学任教，他对学生石泉亲口说过："我的名字念'客'。"

　　又，从陈寅恪于瑞士、美国、德国留学和发表论文的署名，以及 1956 年中山大学《本校专家调查表》上填写的名字拼音看，陈寅恪三字均为 Chen yin ke，或 Chen yin koh。

　　清华同事、比陈寅恪小 10 岁的毕树棠曾问过陈寅恪名字的发音，陈告诉他"恪"应读 kè 音。毕又问："为什么大家都叫你寅 què，你不纠正呢？"陈寅恪笑着反问："有这个必要吗？"

　　但是，亦有不同见地者，如山东诸城一带有名"恪庄"者，乃明洪武年间自南方迁入此地，号称是客家人。他们自己念 què 庄，当地人也叫 què 庄，可见 què 音应有一定的社会渊源，并非空穴来风或一群人胡乱喊起来的。

罗家伦
驱逐"老饭桶"

13

　　清华自建立初期即以洋学、洋风为盛，由美国聘请的教员占全体教员一半以上。洋教员月薪比校内西学部中国籍教员高出一倍左右，比国学部的教员高出两倍甚至四倍。

　　这批美国教员多数是中学教员和刚毕业不久的大学生，教学水平并不高，如英文教员斯密士，被学生讥为"老饭桶"。此"桶"教的是英文和拉丁文，但在教室里丝毫不讲，一进来就叫甲生读一段，乙生读另一段，如此接连读下去，等到下课铃响了，他夹着书本就走。

　　但"老饭桶"一家四口，竟在北院别墅区占有八九间房屋，雇了四个用人伺候，在园内摆足了派头。由于这个"饭桶"与美国驻华公使馆关系密切，尽管学生对其极度厌恶，校方不能把他辞退，并与其签了个终身合同。此"桶"在清华园一竖就是13年。

　　1928年，罗家伦当上国立清华大学校长，一口气革掉了聘约已到期的6位外籍教员，另加一位终身合同的斯密士。这个"老饭桶"倚仗美国公使馆势力拒不离职。罗坚持让他滚蛋，几个回合下来，"老饭桶"只好认输，但临走前又附加了几个条件，其中之一是他来中国单身一人，在清华时期娶妻生子，妻与子回国的路费必须由清华承担。罗断然拒绝。"老饭桶"又谓自己在清华13年，买了不少中国式器具，需清华承担运回美国的费用。罗氏一听，更认为是无理取闹。最终，"老饭桶"缠斗不过，只好走人，清华师生人心大快。

梅贻琦时代的清华 聘任制度

14

1931年梅贻琦执掌国立清华大学后，教师入聘，须由聘任委员会严格筛选鉴别。学生入学，全凭考试成绩。梅氏本人尊重并遵守各会的规定，从不干涉。

除聘任委员会须遵行的严格制度，梅贻琦与秘书约定，遇有教师入聘或学生入学，想走后门或向校长求情者，一律挡在门外。凡是"求情"信件，不必呈阅，也不答复，搁在一边，"专档收藏"了事。除非有特别情况和有才华的师生，才破例或破格对待，但也要经过几道严格的合法手续方能完成录取或聘用，如青年才俊华罗庚，便是一个典型案例。

华罗庚进清华以及破格成为助教与教员、教授，先是由数学系的熊庆来、杨武之等人推荐，再由梅贻琦同意，最后由聘任委员会定夺，经过若干道关口才成正果。然而，所有把关者，为这位天才的数学家大开绿灯，纯出于公心而非私情。

未名湖
是谁命名的

15

大家都知道北京大学是中国的高等学府，校园也漂亮得很。不过，这个校园，原来是美国人创办的教会学校燕京大学校址，1952年，燕大撤销，北大才从城里沙滩红楼搬了过来。

据史学家钱穆说，校园中的建筑和未名湖，是他建议当时的司徒雷登校长命名的。

有一天，司徒校长请客，钱穆作为新来的教授也被邀敬陪末座，钱说："我一入校门即见M楼、S楼，这是何义？所谓中国化者又何在？应该以中国特色命名。"一座默然。

后来，燕大特为此开校务会议，遂改M楼为穆楼、S楼为适楼，其他建筑一律赋以中国名称。园中有一湖，竞相提名，皆不合适，最后钱穆说干脆叫未名湖吧，于是就以此名相称了。

其实，钱穆不知就里，燕大所谓的M楼、S楼，皆是美国捐款人英文字母缩写，以其命名某某楼，不仅是为了纪念捐款人，同样也彰显了一种人道主义的奉献精神。

北大校徽
是谁设计的

16

毛泽东说："鲁迅是中国文化革命的主将，他不但是伟大的文学家，而且是伟大的思想家和伟大的革命家。"其实，鲁迅除"三个伟大"之外，还是一位资深的设计大师。

鲁迅创作的许多著作结集出版，封面装帧设计大都由他自己完成。同时，鲁迅先生还办过许多刊物，这些刊物的主笔是他，插画是他，封面设计是他，装帧还是他。一人身兼数职，可谓样样精通，一个人就是一条生产线。比如鲁迅所著的小说集《呐喊》，以及文学刊物《奔流》《文学研究》《萌芽月刊》等，都是他一手设计完成的。更令人惊奇的是，中华民国北洋政府时代的国徽，就是鲁迅参与设计的。而今天仍在使用的北京大学校徽，设计同样出自鲁迅之手。那么，鲁迅的设计功底与美学造诣从何而来？

这个说来话长，简而言之，鲁迅天性对这方面有一种爱好。他从小就喜欢看图画书，如在《阿长与〈山海经〉》一文中，鲁迅多次提到自己对《山海经》《尔雅音图》《毛诗品物图考》《点石斋丛画》等带有绘图书籍的热爱，这些艺术的种子，在幼年鲁迅心中就埋下了。所谓爱好是最好的老师，大概就是这个意思。

鲁迅青年时代曾赴日本留学，留学期间，他阅读了大量美学书，进一步提升了自己的美学理论素养。回国后，1915至1918年之间，鲁迅来到北京，在教育部任金事兼第一科科长，住在绍兴会馆，一有空闲就在屋里埋头抄录古碑，据《鲁迅辑校石刻手稿》载，总共抄石刻拓本3669页。这个硬功夫，大大提高了鲁迅的书法水平与艺术鉴赏力。后来，鲁迅又爱上了收藏版画，并办过木刻讲习班，培养了一批优秀的画家。

在那个没有电脑的时代，鲁迅靠着自己超凡的艺术想象力与一双巧手，制作出了一大批或传统或先锋的平面设计作品，每一处细节都如此精致而蕴含匠心。不禁令人感叹：迅哥儿，真有你的！

北大、清华
在世界的排名

17

　　北京大学乃中国近代最早的一所国立大学，原为京师大学堂，清光绪二十四年（1898年）创立，为戊戌变法的一大"新政"。中日甲午战争之后，光绪帝有意维新图强，于1898年6月11日颁布《明定国是诏》，宣布举办京师大学堂，"以变法为号令之宗旨，以西学为臣民之讲求，著为国是，以定众向……"此诏不仅表示了光绪皇帝变法的决心，也拉开了"百日维新"的序幕。1912年更名为国立北京大学。

　　关于北京大学在国际高等学府中的座次问题，1960年6月5日，胡适在出席台湾师范大学建校14周年的演讲中，有过这样一段话："一九三六年，我曾代表北京大学参加哈佛大学成立三百周年纪念，有五百多个世界各地的著名学术机构和大学的代表都去道贺。在一次按照代表们所代表学校成立年代为先后的排队游行中，埃及的一个大学排在第一，但在历史上这个大学有一千多年的历史，是可怀疑的。实际可考的，应该是排在第二的意大利佛罗伦斯大学，才真正具有一千多年的历史。北京大学是排到第五百五十几名。"

　　北大如此，晚于北大13年的清华大学排在多少名呢？胡适没有说，恐怕还需要搞世界教育史的学者，以及清华的师生们共同辛劳思考一下了。

民国时代
大学教授的薪水

18

1931年12月，梅贻琦出任清华大学校长，为招聘贤能，清华大学颁布规定：教授月薪300~500元，每位教授可拥有一栋新式住宅。1933年春，清华西院住有陈寅恪、吴宓、闻一多、顾毓琇、周培源、雷海宗、吴有训、杨武之（杨振宁之父）等近50位教授。1935年年初，闻一多、俞平伯、吴有训、周培源、陈岱孙等教授又迁入清华新南院，这是30栋新建的西式砖房，每位教授一栋，其条件比西院更完备，除有一个花木葱茏的小院子外，内有书房、卧室、餐厅、会客室、浴室、储藏室等大小14间，附设的电话、热水等生活用具一应俱全。清华学生的学费每学期10元，不收寄宿费，共有学生1200余人。

20世纪30年代币值与世纪末（2000年）的兑换比率大体如下：1934年月薪500元，约合2000年1.5万元。当时大学教授常有兼职，收入更多，例如在学术界地位和陈寅恪齐名的辅仁大学校长陈垣兼职所得月收入可达上千元，甚至达1500元左右。当时北大文学院院长胡适购置一辆小汽车，耗资500元，相当于一个月的薪水。1936年，顾颉刚因考虑每日往来于城内的北平研究院与西郊燕京大学之间，多有不便，也购小汽车一辆，每月支付司机的薪水是20元。当时的物价波动不大，基本情形为：1角7分可买1斤上等黄酒，1元钱可买8斤猪肉，2元钱可买一袋上等面粉，月租8元可租一个约有20间大房的四合院。当时北平一家四口，每月12元伙食费，即可达到小康水平。

民国时代的稿酬

19

  据周作人回忆，他在九一八事变之前的北平与胡适有过"卖稿的交涉"，所谓交涉其实就是由神通广大的胡适出面推荐给出版商，凡例共有三回，都是翻译稿。最后一回是周作人翻译的一册《希腊拟曲》，共有4万字。译稿由胡适荐给文化基金会的编译委员会，所得稿酬是每千字10元，共得400元。周说，这个价格是他在当时卖稿中所得的最高价格，"于我却有了极大的好处，即是这用了买得一块坟地，在西郊的板井村，只有二亩的地面，因为原来有三间瓦屋在后面，所以花了三百六十元买来，但是后来因为没有人住，所以倒塌了，新种的柏树过了三十多年，已经成林了。那里葬着我们的次女若子，侄儿丰三，最后还有先母鲁老太太，也安息在那里，那地方至今还好好的存在，便是我的力气总算不是白花了"。

  若把周作人的4万字稿子的稿酬放在20世纪后半叶计算，可得如下数字：六七十年代所得稿酬是0元，可能获赠笔记本、钢笔等一两件；80年代为千字5元，约200元；90年代为千字30元，约1200元；20世纪末至21世纪初，千字40~50元，约得1600~2000元。其时中国已连续十年经济增长为7%~8%，物价较稳定，若以所得中间数1800元算，约可购买北京郊区土地0.001亩，甚至买不到；若购猪肉，按每斤7元计，可得257斤；若有好事者想买活猪拉回家自己练练宰杀手艺，顺便弄些肝肠之类的下水换换口味，可得中等偏上的肥猪一头。如此而已。

抗战前大学教授的"三高" 20

    1943年，正在西南联大中文系任教授的语言学家王力在《生活导报》上发表了一篇叫《清苦》的短文，针对当时物价上涨的局面回顾了抗战前清华大学教员们的生活："抗战以前，常听人说大学教授是清高的。'高'字有三种意义，第一是品格高，第二是地位高，第三是薪金高。关于品格高，自不能一概而论，我们也就撇开不提。关于地位高，我们应该感谢达官贵人的尊贤礼士，使一个寒儒也常能与方面之权要乃至更高的官员分庭抗礼。关于薪金高呢？正薪四百至六百元，比国府委员的薪金只差二百元，比各省厅长的薪金高出一二百元不等，比中学教员的薪金高出五倍至十倍，比小学教员的薪金高出二十倍至三十倍。虽然住惯了外国的人对于区区每月四五百元的收入不觉得多，甚至于有'芸阁官微不救贫'之感（自注：芸阁，古代藏书的地方，这里指掌握图书的官），但是，像我们这些'知足'的人看来，每日有人送菜上门，每周有人送米上门，每月有人送煤上门，每隔一二十天有书贾送书上门，每逢春天有花匠送各种花卉上门，也就可以踌躇满志的了。"

    这里说的是清华大学一般教员的情形，比王力高一级的大牌教授其条件还要高得多。

抗战时期的物价

21

　　1942年，联大中文系教授王力应《中央周刊》之约写过一篇《战时物价》的小品文，对抗战时期的物价波动有十分精彩的描述，文中说："这两三年来，因为物价高涨的缘故，朋友一见面就互相报告物价，亲戚通信也互相报告物价。不过这种报告也得有报告的哲学，当你对你的朋友说你在某商店买了一双新皮鞋价值四百元的时候，你应该同时声明这是昨天下午七时三十五分的售价，以免今天他也去买一双的时候硬要依照原价付钱，因而引起纠纷。又当你写信给你的亲戚报告本市物价的时候，别忘了补充一句：'信到时，不知又涨了多少。'"又说："现在有些小地方追赶某一些大都市的物价，恰像小狗背着斜阳追赶自己的影子。但是无论小地方或大都市，人人都在嗟叹物价如春笋，如初日，如脱手的氢气球，只见其高，不见其低。有时候又像小学算术里所叙述的蜗牛爬树，日升三尺，夜降一尺，结果仍是高升……一向不曾学过做生意，现在从北方带来的原值一元的网球竟能卖得九十元，获利九十倍，怎不令人笑逐颜开？"

　　对于物价飞涨而教职员薪水也跟着蹦跳而又始终追不上物价的尴尬现实，穷困中仍不忘舞文弄墨的王教授以调侃的笔法写道："明年的薪水一定比今年增加；明年如果肯把这一枝相依为命的派克自来水笔割爱，获利一定在百倍以上！"

朱门酒肉臭

夜读清华校长梅贻琦全面抗战后的日记，发现这么几条，颇多感慨。

1941年10月13日，梅在日记中写道：

阴雨。晚曾养甫请客在其办公处（太和坊三号），主客为俞部长，外有蒋夫妇、金夫妇及路局数君。菜味有烤乳猪、海参、鱼翅；酒有Brandy，Whisky；烟有State Express。饮食之余，不禁内愧。

曾养甫乃广东平远人，北洋大学毕业后留学美国，归国后曾任广州特别市市长、广东财政厅厅长等职，1934年发起兴建钱塘江大桥，并对主持修建大桥的茅以升助力甚多。时任交通部滇缅铁路督办公署督办。

1943年1月27日，梅贻琦日记载：

晚赴李希尧夫妇饭约，主客为美国各部高级武官，男女客共四五十人，酒肴均甚丰盛，或太费矣。

1945年10月31日，梅贻琦又记：

下午在常委会之前约孟真来谈关于两校复员问题。七点前会散，赴段克昌（晓峰）饭约，因其请帖未书"夫人"，故余自往。他客为卫夫妇、梁华盛夫妇、关太太、邱太太。菜甚好，金钱鱼、北风菌、鹿筋、熊掌等罗列满前，惜太多，不能尽赏耳。

段克昌时为陆军军需监（后为总监），其职属典型的肥差，从菜肴中罕见的鹿筋、熊掌即可见差使之肥。这个宴会也正应了当时流行的一句话"前方吃紧，后方紧吃"，且奢侈得让客人眼花缭乱，以至到了"不能尽赏"的程度。这一情形正应了西南联大教授王力所言："路有冻死骨的反面是朱门酒肉臭。用不着研究经济学，大家都能明白，朱门的酒肉越臭，路上的冻死骨越多。"

日本京都、奈良
为何没有被炸

23

　　1945年，美军对日本本土实施了大规模的轰炸，在临近战争结束的几天里，向东京、大阪、名古屋等城市投下炸弹，被炸城市皆成废墟。几乎所有的日本人都认定，古老的京都、奈良必然面临灭顶之灾。

　　对此，日本作了最坏的打算，除了模仿中国拆迁古物的方式，把两座古城大量的珍贵文物迁移到远处深山秘藏，对极具价值的历史遗迹，特别是地面建筑，全部拆除搬迁，待战后再按原样恢复。由于建筑古迹极多，工程浩大，加之人心惶惶，拆迁工程进展缓慢。

　　然而，让人感到不可思议的是，在美军铺天盖地的轰炸中，唯独京都、奈良这两座古城，奇迹般地始终未遭到真正意义上的空袭。待费尽九牛二虎之力把著名的京都御所整个木构长廊全部拆迁之后，战争即宣告结束，遍布于两城内的宫殿、古寺、古塔等古建筑全部得以幸存，从而完好地保留下了日本民族之根，也为世界人类文化留下了一笔财富。

　　为什么美军没轰炸文物古迹最多最好的京都、奈良？这个谜底直到40年后才得以解开。据梁思成的弟子、中国古建筑学家罗哲文说，1945年，时在重庆的国民政府成立了中国战地文物保护委员会，梁思成被聘为副主任委员，带着罗哲文至重庆编制一套沦陷区文物目录。就在这次编目中，梁思成专门标出了京都、奈良不宜轰炸，后来美军采取了梁思成的建议，在轰炸中绕开了这两座古老的城市。

　　1986年，罗哲文到日本奈良开会，把这一段往事告诉了日本学者，日本人听后既震惊又感激。日本报纸遂以《古都的恩人——中国的梁思成》作了报道。

傅斯年
庆祝抗战胜利

24

　　1945年8月10日下午7时许，正在重庆一个社区居住的傅斯年躺在床上养病，突然从收音机里听到日本投降的消息，先是傻子看景一样目瞪口呆，接着顾不得被高血压整得头晕目眩的病体，忽地从床上坐起，穿起鞋子就往外跑。接着方寸大乱，欣喜若狂。站在门口一看，又疾速退回。因一时着急，忘了穿衣戴帽，几乎光着蹿了出去。在夫人帮助下，快速着装打扮。平时滴酒不沾的他，从一个墙角抓起一瓶不知什么时候存放的泸州大曲，摇晃着高大肥胖的身躯再次冲出门外，加入了奔跑欢跳扬臂高呼的人流之中。

　　许多年后，同在重庆的罗家伦还记得这幕经典场景。罗在回忆文章中第一句话就是——"孟真疯了。"接下来说道："从他聚兴村里住所里拿了一瓶酒，到街上大喝。拿了一根手杖，挑了一顶帽子，到街上乱舞。结果帽子飞掉了，棍子脱手了，他和民众和盟军大鸣大闹了好一会儿。等到叫不动闹不动了，回到原处睡觉，等到第二天下午我去看他，他还爬不起来。连说：'国家出头了，我的帽子掉了，棍子也没有了，买又买不起，晦气，晦气。'"

曾昭抡的军事天才
与种子计划

25

　　抗战时期，迁往西南各地的知识分子，不但谈论战争，还开始撰写战事评论，成为军事战略理论家，傅斯年就是其中一个。当然，这些理论家也有走眼的时候，据时在昆明的研究生任继愈回忆说：西南联大法学院一位教授在昆中北院作世界形势报告，分析德苏两国会不会开战的问题。按这位教授的分析，二者不会开战，理由有四。这位教授先讲了两条，中间休息20分钟。恰好这时街上的报童在门口叫喊："号外，号外，德苏开战了！德苏开战了！"主讲人颇为尴尬，宣布下半段不讲了，夹起包袱一走了之。

　　尽管这位教授预测失败，但知识分子对战争的关注仍保持高度热情。继傅斯年之后，西南联大教授群体中又出一位神人，此人便是曾国藩家族后人、著名化学家曾昭抡。

　　1944年6月，当盟军近300万大军云集欧洲西线战场时，曾昭抡正确预测了盟军将在诺曼底登陆的具体位置，而预测的登陆时间仅比实际相差不到一个昼夜。1945年1月，曾昭抡作为国际军事问题专家，应昆明《正义报》之邀作访问，明确回答：欧洲战事将于"上半年结束"。同年5月，曾氏在谈到盟军何时进攻日本时，认为"最早当在今年八九月间迟至则可延伸至年底。但是攻势一旦展开，战争的结束，也许并不在远"。届时"苏联在远东参战，也开始成为可能"。

　　曾昭抡这一预言，引起军政当局高度关注，战争实际进程很快证实了这一预言，因而曾昭抡成为当时知识分子中最著名的军事问题专家之一，《燕京新闻》对此专门作了评价，谓曾"虽为一个化学家，但对于政局、战局的分析和综合，都可以与任何专家媲美"。

1945年8月，广岛、长崎原子弹爆炸之后，国民政府立即派遣曾昭抡组织吴大猷、华罗庚教授，率领唐敖庆、王瑞駪、朱光亚、李政道、孙本旺、徐贤修等年轻学者共9人赴美，向相关机构学习核反应堆与核裂变等技术并购买器材。这就是中国原子弹制造的先驱——种子计划的由来。

一麻袋
抗战财产损失的铁证

26

中国人民十四年抗日战争打赢了，但国共双方分别代表自己所统领的党派，主动放弃了对日本政府的战争索赔，中国在战争中折合当时计算数额高达1000亿美元以上的经济损失，未得到一分一厘的赔偿。更不可思议的是，几十年后的2004年，一个捡垃圾的老汉在北京某地一个丢弃的废墟中，捡到一麻袋文件，经中国社会科学院近代史研究所李学通等专家鉴定，正是抗战时期，中央研究院社会科学研究所陶孟和等人历时8年调查研究出来的报告，可以说是中国人民财产损失的铁证。

事情的起因是：1985年，一个叫任明忠的退休工人，凑了2万元现金从北京一家废品站买到了一批废料，用几个麻袋装着。其中有一份是陶孟和等人署名的编为17号的秘密文件，该文件末尾附有"本会三十五年（1946年）八月十一日编制全国公私财产损失统计表暨全国人力损失统计表"等字样。文件统计，全国公私财产损失总计318亿美元（1937年7月之美元价值），全国军民死伤失踪近1183万人，其中军队341万，人民842万。但文件里也表示，"因少数省市以情况特殊不允调查，或调查较迟不及报送，致未能如期编制，不无遗憾耳"。

除这份文件外，其他均为抗战调查的表格与数据。经中国社会科学院近代史研究所研究员李学通等专家鉴定，整麻袋材料均为当年中央研究院社会科学研究所的调查报告，但未引起当局的重视。

2010年初，在《中国地理》杂志召开的一个小型座谈会上，我遇到了李学通，问及那一麻袋材料的下落，李先生说他也不知道了。

现在，这一麻袋珍贵资料的命运如何，仍不得而知。

国民党
抢运黄金赴台

27

1948年年底，在国民党军队大举败退台湾之前，根据蒋介石密令，由中央银行为首，把储备的黄金、白银等财宝全部秘密运往台湾。运送渠道有两条主要路线：一是从上海的中央银行直接运至码头，以海关缉私舰悄悄运送到台湾岛；二是其他地区银行的金条、银锭、银圆等，以陆路方式分头运送到厦门鼓浪屿，再以军舰从厦门运送至台湾。其中黄金277.5万余两，银圆1500万元，另有1530万余美元存进美国银行的国民政府账号。

美国前驻法国及苏联大使蒲立德后来在《展望》杂志发表文章指出："台湾面积仅约为波多黎各的4倍，它怎能维持60万的武装部队呢？这完全靠蒋先生将大陆的黄金运台，才安定台湾官员的生活。没有蒋先生由大陆运台价值10亿美元的黄金，台湾的经济将被通货膨胀的洪流所淹没。"

蒋经国亦曾对这批库存黄金的搬运经过有过如下披露："当上海快要撤退的时候，父亲就派我们几个人到上海去，劝中央银行把库存的黄金全部搬运到台湾来。临行的时候，父亲又再三嘱咐我们：'千万要守秘密！'因为早已预料，李宗仁一定要以库存黄金作为'和谈'的条件之一。后来这一批黄金，是很顺利地运到台湾了。政府在搬迁来台的初期，如果没有这批黄金来弥补，财政和经济情形，早已不堪设想了。"又说："库存黄金到达台湾之后，父亲又记起还有一箱国家的珠宝，存放在中央信托局，命令我们再赶到上海去，劝信托局把这一箱珠宝也运到台湾。"

明义士
暗藏甲骨之谜

28

明义士（James Mellon Menzies），加拿大教会中人，20世纪20年代受教会派遣来中国安阳一带传教。他见当地的刻字甲骨具有文物和学术价值，常骑一匹老白马往来于洹水岸边，大量搜求中国古代文物，仅其所藏殷墟甲骨就达5万多片，他认为牛骨、龟骨上的文字是用耗子牙齿刻的。

1932年，明义士携这批甲骨入齐鲁大学任考古教授，并在校中办了一个博物馆存放自己收藏的部分甲骨。

1936年，明义士回加拿大休假，这次休假却是他和中国的永别，此后由于战争等原因，他再也没有回中国。

1937年12月27日济南失陷，齐鲁大学南迁四川成都华西坝，但校务人员准备搬迁甲骨时，才突然发现明义士在齐大所存的近万片甲骨不知去向。截至1949年中华人民共和国成立，这批珍贵的文物仍如泥牛入海，音信全无。

1951年夏，在济南齐鲁大学的柳荫路宿舍区内，突然挖出来一大批文物及甲骨。在这批文物的包装箱上，依稀可见英文标记。这是谁埋藏的？又是怎么发现的？说来还有一段传奇般的经历。

原来，早在明义士回国前，他就将这些藏品存放在他的朋友罗维灵医生的房子里。重要的殷墟出土的甲骨和青铜器等存放在房子的阁楼上，其他陶器则放置在地下室里。1941年12月太平洋战争爆发，很快，日寇占领并关闭齐鲁大学，这时，明义士的同事和朋友刚刚将明氏藏品转移完毕，一箱重要的甲骨藏在齐大金库，其他甲骨和文物分散埋藏在校园内。他们手绘两份英文藏宝草图，一份寄给明义士，另一份由同是来自豫北教会的

传教士安德鲁·托马逊保存。

1952年中国内地撤销一切教会学校，随着"三反"运动开始，将要离开中国内地的齐大代理校长、英国浸礼会传教士林深见大势已去，在巨大政治压力下，被迫交出原由托马逊保存的地下甲骨藏宝图，并"交代"出藏匿在奥古斯丁图书馆地下室的文物，两处文物共有140箱，古物达39457件，其中有甲骨文8080片。

至此，明义士暗藏甲骨的秘密才得以揭开。

大师学问

05

起病"六君子"，
送命"二陈汤"

民国元年（1912）年春，章太炎进京，见到了时任参谋次长的陈宧（yí）。晚年章撰自定年谱，称陈宧"雅多奇策"，深得袁世凯信任，随之话锋一转："人以袁公方孟德，是子则为司马宣王矣。仆袁氏者，必是人也。"

大意是：如果把袁世凯比作曹操，陈宧就是颠覆曹家政权的司马懿。后来章太炎被袁世凯软禁于京，正出于陈宧的设计。

章太炎曰："谄佞之人，事出常情，大事既去，必生反噬。"果不出章太炎所料，袁世凯在"六君子"的蛊惑下登了大宝，成了洪宪皇帝。陈宧呢，被袁派到成都当了四川将军。但不久，反袁声浪起，陈宧便宣布独立，通电让袁世凯即日退位。袁世凯接到陈宧电报，当场气晕，昏厥过去。

袁世凯死后，北京一家中药店曾贴了一副妙联：起病"六君子"，送命"二陈汤"。

于是朝野内外有了"送终二陈汤"这一笑话。

中医行内，"六君子"指的是"人参、甘草、白茯苓、白术、陈皮、半夏"六味中药，此处暗指帝制运动中筹安会的杨度、孙毓筠、严复、刘师培、李燮和、胡瑛六人，他们为袁世凯称帝吹响了号角，使袁世凯成为众矢之的，所以被比作起病的病因。"二陈汤"原本是指"半夏、橘红"两味中药，这里却是指在洪宪帝制后期陆续宣布独立的四川将军陈宧、陕西镇守使陈树藩和湖南将军汤芗铭三人。他们原是袁的心腹，曾出谋划策把袁世凯拥上了"金銮殿"，后来在全国人民一片讨袁声中，三人见大势已去，便倒戈反袁，分别在四川、陕西和湖南宣布独立，终致袁世凯在悲愤与悔恨交织中一命呜呼。

王国维
三种境界说

2

王国维在《人间词话》中说：

古今之成大事业、大学问者，必经过三种之境界：

"昨夜西风凋碧树。独上高楼，望尽天涯路"，此第一境也。

"衣带渐宽终不悔，为伊消得人憔悴"，此第二境也。

"众里寻他千百度。蓦然回首，那人却在，灯火阑珊处"，此第三境也。

这三句描述言情、相思的佳句，王国维巧妙地运用其蕴含的哲理意趣，把诗句由爱情领域推演到治学领域，赋予了深刻的内涵，用以表现"悬思—苦索—顿悟"的治学三重境界。

第一重境界："昨夜西风凋碧树。独上高楼，望尽天涯路。"这段词句出自晏殊的《蝶恋花》，原意是说，"我"上高楼眺望所见的更为萧飒的秋景，西风黄叶，山长水阔，案书何达？在王国维此句中解成，做学问成大事业者，首先要有执着的追求，登高望远，勘察路径，明确目标与方向，了解事物的概貌。

第二重境界，这段诗句出自宋代词人柳永的《蝶恋花》。原词是："伫倚危楼风细细，望极春愁，黯黯生天际。草色烟光残照里，无言谁会凭阑意。　　拟把疏狂图一醉，对酒当歌，强乐还无味。衣带渐宽终不悔，为伊消得人憔悴。"王国维在这里加以借用，意在说明一个人对事业、对理想，要有执着追求、忘我奋斗的精气神，为了达到成功的彼岸，一切都在所不惜。

第三重境界，借用宋代词人辛弃疾《青玉案·元夕》词句："东风夜放花千树，更吹落、星如雨。宝马雕车香满路。凤箫声动，玉壶光转，一夜鱼龙舞。 蛾儿雪柳黄金缕，笑语盈盈暗香去。众里寻他千百度。蓦然回首，那人却在，灯火阑珊处。"王国维旨意在于，人的一生事业学问，经过多次周折、多年磨炼，厚积薄发，就会逐渐成熟，豁然领悟，取得意想不到的大成功。所谓踏破铁鞋无觅处，得来全不费工夫，正是如此。

幽默
与幽默大师

3

　　"幽默"一词，最早出现于屈原《九章·怀沙》中的"眗兮杳杳，孔静幽默"，然而这里的释义是安静，现代词典中的"幽默"则是英文"Humor"的音译，表示有趣或可笑而意味深长之意，据说一个人的幽默能力和其情商成正比关系。

　　据好事者考证，第一个将英文单词"Humor"译成中文的是王国维，译为"欧穆亚"。此后，"Humor"出现了多种译法，如著名翻译家李青崖意译为"语妙"，陈望道译为"油滑"，易培基译为"优骂"，唐桐侯译为"谐稽"，林语堂则译为"幽默"。最终，林氏译法在众多意译、直译中胜出，被学界和大众广泛接受。林语堂也被称为"幽默大师"。

　　这个称号有双重意思，一是指林氏意译或创造了"幽默"一词的新意，二是林本人在著文与生活中皆提倡"幽默"，并在现实的人生里，按"幽默"一词的新意实践创造。如林语堂早年在上海，先后创办了《论语》《人间世》《宇宙风》杂志，公开倡导幽默文学，认为"人生在世，还不是有时笑笑人家，有时给人家笑笑"。在《一夕话》短文中，林语堂说道："没有幽默滋润的国民，其文化必日趋虚伪，生活必日趋欺诈，思想必日趋迂腐，文学必日趋干枯，而人的心灵必日趋顽固。"对于幽默的看法与标准，林语堂强调有雅俗之分，且"愈幽而愈雅，愈露而愈俗。幽默固不必皆幽隽典雅，然以艺术论自是幽隽较显露者为佳"云云。

傅斯年
用物理学打架

4

　　现在说个打架的事。100多年前的五四运动，北大学生傅斯年是北京学生游行总指挥，在傅斯年指挥学生火烧赵家楼，痛殴了卖国贼曹汝霖之后，傅引领学生回到北大校内开会。一个叫胡霹雳的学生可能对傅斯年不满，上来就给了傅一拳，把傅的眼镜打飞了。傅斯年大怒，一脚把胡霹雳踢于台下，然后像武松打虎一样，把胡霹雳几拳打得不省人事。后来有人问傅斯年决胜的绝招儿，傅得意地说：我身子肥胖高大，显得笨拙，这是弱点。但如果快速出击，以体积乘速度，就会爆发出无敌的力量，一下就可把对手打趴在地。

　　当时有人评论说，傅斯年不愧是北大头号才子，打架都能把物理学的技巧活学活用，看来还得好好读书啊。

陈寅恪出对子：
孙行者

5

　　话说1932年，清华大学招生，出的国文题目有一道是对对子，题目是"孙行者"；另外一篇作文，题目是《梦游清华园记》。出题者乃国学大师陈寅恪教授。

　　这个考题既新鲜又简单，理工男多对"祖冲之"，文科女多对"胡适之"，文理兼备的男女生对的是"韩退之"。而陈寅恪预定的标准答案是"胡适之"。

　　后来，陈寅恪对此答案有过解释：苏东坡诗有"前生恐是卢行者，后学过呼韩退之"一联。"韩卢"为犬名。"行"与"退"皆步履进退之动词，"者"与"之"俱为虚字。东坡此联可称极中国对仗文学之能事。寅恪所以以"孙行者"为对子之题者，实欲应试者以"胡适之"对"孙行者"。盖猢狲乃猿猴，而"行者"与"适之"意义音韵皆可相对，此不过一时故作狡猾耳。又正反合之说，当时唯冯友兰君一人能通解者。

　　至于作文题《梦游清华园记》，按陈寅恪的解释，曾游清华园者，可以写实；未游清华园者，可以想象。若应试者不被录取，则成一游园惊梦也。

陈寅恪说杜牧诗 情节离奇

6

诗人杜牧有《过华清宫》绝句三首，其一写道："长安回望绣成堆，山顶千门次第开。一骑红尘妃子笑，无人知是荔枝来。"

陈寅恪认为杜诗所言之事是个悬想中的误会，造成这个误会有两个原因：一是自安史之乱后，皇帝不再去华清宫了。二是道教风行，尤在肃宗和德宗初年为甚。到了德宗贞元年间，与玄宗时代相隔已三四十年，人们已不知道皇帝夏日不去华清宫了，加以道教盛行，白居易乃发挥想象，通过情节的虚构与人物的再现，加入了道教成仙的宇宙观，于是便有了小说体、传奇性的优美文学作品《长恨歌》。

陈寅恪认为杜牧描写的是夏天的情景，杨贵妃小时候是在四川吃过荔枝的。杜牧把杨贵妃吃荔枝的爱好与华清池赐浴连在一起，显然错误。

杜牧是文宗时候的人，那时温泉全做游览用了，因而杜氏认为玄宗时候亦是如此，便有了玄宗夏天临幸温泉，杨贵妃一边洗浴一边吃荔枝的离奇情节。

陈寅恪
妙解“长开眼”

7

> 闲坐悲君亦自悲，百年都是几多时。
>
> 邓攸无子寻知命，潘岳悼亡犹费词。
>
> 同穴窅冥何所望，他生缘会更难期。
>
> 惟将终夜长开眼，报答平生未展眉。

这首《遣悲怀三首》之三是中唐诗人元稹为怀念去世的原配妻子而作的。元稹的原配妻子韦丛是太子少保韦夏卿最小的女儿，元稹夫妇婚后生活比较贫困，但韦丛很贤惠，毫无怨言，夫妻感情很好。元稹任监察御史时，韦丛就病死了，年仅27岁。元稹悲痛万分，陆续写了不少情真意切的悼亡诗，其中最有名的就是《遣悲怀三首》。据考证，元稹24岁时娶韦氏，30岁时韦氏卒，二人共同相处六年时光。三诗约作于公元811年（元和六年），时元稹在监察御史分务东台任上；一说这组诗作于公元822年（长庆二年）。而其中的“惟将终夜长开眼，报答平生未展眉”一句，最震撼人心，成为千古绝唱。

“长开眼”就是睡不着，但“长开眼”还有更深的含义，却为千百年来的文人和元白诗研究者所忽略。只是到了20世纪中晚期，有一高人于故纸堆中钩沉稽古，发微抉隐，始得正解，这位高人就是清华四大导师之一、国学大师陈寅恪先生。陈先生在所著《元白诗笺证稿》中说：“所谓长开眼者，自比鳏鱼，即自誓终鳏之义。”何以“长开眼”就是自比鳏鱼呢？因为“鳏鱼眼长开”，据《释名·释亲属》说：“无妻曰鳏。鳏，昆也；昆，明也。愁悒不寐，目恒鳏鳏然也。故其字从鱼，鱼目恒不闭者也。"唐李商隐《宿晋昌亭闻惊禽》诗："羁绪鳏鳏夜景侵，高窗不掩见惊禽。""惟将终夜长开眼，报答平生未展眉"二句，可以理解为：我只有睁着双眼，整夜把你思念，来报答你生前曾经为我做出的牺牲和经历过的忧患苦难。表示作者立志终身不娶，以报答亡妻生前恩义的誓言。

前有与崔莺莺、薛涛的情爱弦断，后在韦夫人去世不过两年，元稹在江陵贬所纳妾安仙嫔，36岁时又续娶大家闺秀裴淑。对这一系列的情爱纠葛与世间流言，陈寅恪谓元稹："其后娶继配裴淑，已违一时情感之语，亦可不论。唯韦氏亡后未久，裴氏未娶以前，已纳妾安氏。""夫唐世士大夫之不可一日无妾媵之侍，乃关于时代之习俗，自不可以今日之标准为苛刻之评论。但微之（作者按：元稹）本人与韦氏情感之关系，决不拟其自言之永久笃挚，则可以推知。然则其与韦氏，亦如其与双文（作者按：崔莺莺），两者俱受一时情感之激动，言行必不能始终相符，则无疑也。"

最后，陈寅恪评价道："虽然，微之绝世之才士也。人品虽不足取，而文采有足多者焉。"

鲁迅
点评萧红的裙子

8

　　20世纪二三十年代，一个东北女作家得到了鲁迅先生的关照，这个作家就是萧红。萧红一生坎坷，爱好文学，但谋生能力很差，21岁时住在哈尔滨一家小旅馆里，因长期拖欠旅馆的食宿费，险被旅馆老板卖入娼门成为妓女。后来经人介绍，与她的男友萧军来到上海，结识了鲁迅先生。从此，在鲁迅的帮助提携下，萧红写了一批小说，成为民国一流的女作家。

　　据萧红在《回忆鲁迅先生》一文中说，有一天，她穿了一件新裙子去见鲁迅先生，进门后，萧红说："周先生，我的衣裳漂亮不漂亮？"

　　鲁迅先生从上往下看了一眼，说："不大漂亮。"过了一会儿又接着说："你的裙子配的颜色不对，并不是红上衣不好看，各种颜色都是好看的，红上衣要配红裙子，不然就是黑裙子，咖啡色的就不行了；这两种颜色放在一起很浑浊……你没看到外国人在街上走的吗？绝没有下边穿一件绿裙子，上边穿一件紫上衣，也没有穿一件红裙子而后穿一件白上衣的……"

　　鲁迅先生沉默了一会儿，又说："你这裙子是咖啡色的，还带格子，颜色浑浊得很，所以把红色衣裳也弄得不漂亮了。"

　　最后，鲁迅就男女穿衣打扮、如何匹配的规律，指点道："……人瘦不要穿黑衣裳，人胖不要穿白衣裳；脚长的女人一定要穿黑鞋子，脚短就一定要穿白鞋子；方格子的衣裳胖人不能穿，但比横格子的还好；横格子的胖人穿上，就把胖子更往两边裂着，更横宽了，胖子要穿竖条子的，竖的把人显得长，横的把人显得宽……"

　　鲁迅提出的穿搭法堪称教科书，直到今天仍很适用。特别是今天的女生，穿衣打扮前，一定要好好体会一下先生所讲的道理。

李济
最早提出古物国有

9

　　李济是清华杰出校友，也是中国考古学之父。1922 年哈佛大学毕业后回国，受聘于清华大学、南开大学，任国学研究院讲师，后长期在"中央研究院"历史语言研究所任职，1979 年病逝于台北。

　　李济除了考古学和人类学研究的巨大成就，更多的是体现在他的胸襟、学术眼光与对整个人类文明过去与未来的清醒认识。20 世纪 20 年代中期，李济初出茅庐，像"刚出笼的包子"满身热气腾腾地走入田野进行考古调查的时候，便极富创见性地提出了如下主张：

　　一、古物国有，任何私人不得私藏；

　　二、设立国家博物院，奖励科学发掘，并有系统地整理地下史料；

　　三、设立考古学系，训练考古人才。

　　为实践这三项主张，李济在清华国学院第一次田野考察发掘西阴村时，就做出了"古物国有"的示范性表率。从他涉足古物那一天始，直到去世，据他的同事、亲友及弟子们说，家中没有一件古物，晚年书房里只有五只木雕的猴子，这是因为李济属猴，在台北参加了一个猴属同乡会而特别制作的。生前藏有近两万册图书，死后分别捐赠给北京和台湾的科学、教育机构。

龙山文化
是谁发现的

10

　　1901年出生于山东安丘县（今安丘市）万戈庄的吴金鼎，青年时代就读于山东齐鲁大学文理学院历史政治系，1926年考入清华研究院，有幸成为第二届36名学生之一，并追随导师李济学习人类学与考古学。

　　1927年夏季，吴金鼎离开清华园，返回母校齐鲁大学做了一名助教。

　　1928年，吴金鼎前往山东平陵进行考古调查，注意到城子崖一台地有异于寻常的堆积——这是发现伟大的龙山文化一个高亢嘹亮的前奏。后来经过多次探查试掘，城子崖遗址埋藏着以黑陶为代表的龙山文化得以正式出现在中国考古学的序列中，并在世界范围内产生广泛而巨大的影响。

　　不能说没有吴金鼎就一定没有龙山文化的发现，但至少这个发现要晚一段岁月，而晚些岁月发现、发掘的城子崖遗址，在中国乃至世界考古史上是否还占有如此重要的地位，并具有如此广泛的影响，则是无法想象的。对此，李济说得十分清楚："殷墟出土的实物分析出来，显然地呈现着极复杂的混合状态，相比的材料必须多方追求。在这类材料实现以前，殷墟出土物之意义，就不能十分明了。故史言所发掘殷墟以来即从事于类似之搜求……有了城子崖的发现，我们不但替殷墟一部分文化的来源找到一个老家，对于中国黎明期文化的认识我们也得了一个新阶段。"

　　由这段记述可以看出，龙山文化的发现适逢其时，吴金鼎功莫大焉。

梁启超
对儿子的比喻

11

　　梁启超的两个儿子梁思成、梁思永清华毕业后留美，一个在宾夕法尼亚大学攻读古建筑专业，一个在哈佛大学攻读考古专业。这两个专业都是冷门，国人知之甚少，梁家兄弟也有些困惑。

　　1927年2月，梁思成由美国致信父亲梁启超，对自己和弟弟所学专业于国家民族进步，提出了到底是"有用"还是"无用"的询问。对此，梁启超斩钉截铁地回答道："这个问题很容易解答，试问唐开元天宝间李白、杜甫与姚崇、宋璟比较，其贡献于国家者孰多？为中国文化史及全人类文化史起见，姚、宋之有无，算不得什么事，若没有了李、杜，试问历史减色多少呢？"又说："思成所当自策厉者，惧不能为我国美术界作李、杜耳。如其能之，则开元、天宝间时局之小小安危，算什么呢？"

　　后来的事实证明，梁思成与梁思永兄弟的确没有做成近代的李、杜，却用自己的辛劳和智慧构筑起前无古人的名山大业，成为近现代建筑史学和田野考古学这道星河中最灿烂的明星，其对中国乃至世界文化史的贡献比同时代那些大官巨贾要大得多。

　　李白在《江上吟》中写道："屈平词赋悬日月，楚王台榭空山丘。"当年梁启超对儿子们所作的比喻和期待，正是李白文化思想的继承和光大。

梁思成、林徽因的
旷世发现

12

　　一提起梁思成、林徽因，大家就想到他们的浪漫爱情故事。其实，他们对学术的贡献才是我们更应该关注的。比如说，中国古代建筑大多是木结构的，很容易被火烧掉，抗战前日本人断言中国已经没有唐代木构建筑存在了。但是梁思成、林徽因夫妇不服气，他们从敦煌藏经洞出土的一份卷子上找到线索，在五台山豆村附近的山中发现了著名的晚唐建筑佛光寺。

　　这座古老庙宇的大殿建成于晚唐的公元857年。这个年代，不但比此前梁思成等人发现的最古老的木结构建筑——独乐寺早127年，而且是当时中国大地上已搜寻到的年代最为久远、唯一的一座唐代木构建筑。

　　顺便说一句，当梁思成、林徽因结束对佛光寺的考察，骑着毛驴来到附近豆村一家鸡毛小店住下时，当天夜里，远在北平的卢沟桥响起了枪声，抗日战争全面爆发，梁家开始了流亡西南的人生之旅。

金钱如粪土

13

生活与说话都要讲逻辑，但是有些习惯语言不认真琢磨还以为正常，比如说金钱如粪土这句话，是不是有逻辑问题呢？听听清华的哲学教授金岳霖怎么说。

与金同在哲学系的冯友兰曾有过这样的话："金先生还有一种天赋的逻辑感。中国有一个谚语：'金钱如粪土，朋友值千金。'金先生说，他在十几岁的时候，就觉得这个谚语有问题。如果把这两句话作为前提，得出的逻辑结论应该是'朋友如粪土'。这和这个谚语的本意是正相反的。"

当年上课的学生做了教师之后，经常把老金举的这一事例作为逻辑的辅助知识传授给自己的学生，只是说得更通俗易懂罢了。如说"钱财如粪土，仁义值千金"这话不合逻辑，既然钱财是粪土，仁义又值钱财（千金），那么仁义也就等于粪土。

逻辑学的一个功用就是训练人的头脑，养成缜密思维的习惯，一步步与真理接近。对于这门深奥的学问，外行只能瞧个热闹，真正的奥妙是难得一窥的。

七十三字奇文

14

　　胡适一生拿了 36 个博士学位，堪称人中龙凤、学霸中的学霸、天才之中的天才。但当有人问胡适："在先生这一辈人中，先生恐怕是最聪明、天才最高的吧？"胡适摇摇头，道："不然，赵元任先生就比我聪明。"这个赵元任，就是与胡适同期以庚子赔款留美的语言学家，被誉为"中国现代语言学之父"。

　　赵元任是一位语言天才，他写过一篇《季姬击鸡记》的文章，全篇共计 73 个字，所有汉字的读音都一样，令鲁迅都为之汗颜。文曰：

　　季姬寂，集鸡，鸡即棘鸡。棘鸡饥叽，季姬及箕稷济鸡。鸡既济，跻姬笈，季姬忌，急咭鸡，鸡急，继圾几，季姬急，即籍箕击鸡，箕疾击几伎，伎即齑，鸡叽集几基，季姬急极屐击鸡，鸡既殛，季姬激，即记《季姬击鸡记》。

　　文章大意很好懂，故事也很精彩，只不过朗读起来有些拗口，特别是山东等地区的"咬舌子"，一边抓狂到崩溃，一边感叹世间竟有这种鬼才，真令人佩服！

陈独秀
研究不了太平天国

15

　　1934 年夏天，被国民党关在南京监狱的陈独秀（字仲甫），想做太平天国史研究，便请给他送衣物的好友汪原放搜罗了几部坊间出版的太平天国史，内含罗尔纲放在亚东图书馆的《太平天国广西起义史》未刊稿。

　　罗尔纲是胡适的门徒，当年他把初版的《太平天国史纲》拿给胡适过目，胡适大为光火，严厉痛责，认为罗表扬太平天国，没有看到中国近代自太平天国之乱，几十年来不曾恢复元气的事实。

　　在胡适的思想观念里，太平天国之乱，固然有其革命意义和进步的一面，但对国人生命财产造成的危害是巨大的，必须客观公正地评价，不能一味地抬捧奉迎以误导国人再接再厉，重新弄出几个太平天国和洪秀全、杨秀清之类的乱世枭雄出来，置人民于倒悬。

　　想不到陈独秀对罗尔纲稿本中的观点却大为欣赏，便请汪原放写信给胡，让罗到南京与自己共同探讨、研究太平天国。

　　胡适得信，说："仲甫也要研究太平天国，他对原放说想请尔纲去南京和他谈谈。仲甫是有政治偏见的，他研究不得太平天国，还是让尔纲努力研究吧。"

　　在胡适的心中，陈独秀属于激进的革命者，对造反起事倍感兴趣，不管是农民造反，还是工人暴动，抑或商人罢市、屠夫耍刀、流氓火并，凡此类闹腾之事陈独秀闻听必血脉偾张，高声赞美，至于太平天国闹腾得"几十年来不曾恢复元气"的事实，却是很少看到或放在心上的。因而胡适仍期望罗尔纲能以客观的研究态度，还太平天国真相于天下。

　　许多年后，罗尔纲成了公认的太平天国史研究权威。

胡适授给吴健雄的
治学秘籍

16

 1936 年 10 月 30 日，时为北京大学文学院院长的胡适给原中国公学的学生、刚到美国进修的吴健雄写了一封信，授以治学的秘籍："凡治学问，功力之外，还需要天才。龟兔之喻，是勉励中人以下之语，也是警惕天才之语。有兔子的天才，加上乌龟的功力，定可无敌于一世。仅有功力，可无大过，而未必有大成功。你是很聪明的人，千万珍重自爱，将来成就未可限量。这还不是我要对你说的话，我要对你说的是希望你能利用你在海外驻留期间，多留意此邦文物，多读文史的书，多读其他科学，使胸襟阔大，使见解高明……做一个博学的人。"又说："凡第一流的科学家，都是极渊博的人，取精而用弘，由博而反约，故能有大成功。"年轻的才女吴健雄正是遵照胡适当年的要求与期望去做了，故有后来成为一个伟大学人的成功，被誉为世界物理学皇后。

 1943 年 5 月 10 日，胡适写信对吴健雄说："我曾说，'无心插柳，尚可成荫；有意栽花，当然要发。'我一生到处撒花种子，即使绝大多数都撒在石头上了，其中一粒撒在膏腴的土地里，长出了一个吴健雄，我也可以百分快慰了。"

胡适的
兔子与乌龟论

17

胡适有写日记的习惯，许多陈年旧事都能在他的日记中看到，如1958年1月16日的日记中载："潜山余协中来访。他是用 Refugee Act（难民法案）来美国居留的，现住 Cambridge（剑桥）。他说起他的儿子余英时，说 Harvard（哈佛）的朋友都说他了不得的聪明，说他的前途未可限量。我对协中说：我常常为我的青年朋友讲那个乌龟和兔子赛跑的寓言，我常说：凡在历史上有学术上大贡献的人，都是有兔子的天才，加上乌龟的功力。如朱子，如顾亭林，如戴东原，如钱大昕，皆是这样的，单靠天才，是不够的。"

1958年12月24日，胡适在一个会议的午餐上，当着陈诚等人的面再次旧话重提，说："凡是历史上有大成就的人，都是有兔子的天才，加上乌龟的功夫的。能够如此，无论是做什么学问，做什么事情，就都可以无敌于天下。我曾告诉我的学生们，如果没有兔子的天才，就应该学习乌龟的功夫。万不得已学乌龟的功夫，总比学睡觉的兔子好得多。绝顶聪明的人，多数都是走乌龟的路。"

从胡适1月16日的日记推理，余英时的父亲足以代表多数中国人的思维：投机钻营，得过且过，小富即安，有一小成就即沾沾自喜、自吹自擂、目空一切等等。而这一切恰是胡适所鄙视和深恶痛绝的。胡在日记中把余的来路用 Refugee Act（难民法案）特别标出，可见此用意和对余氏的不屑一顾的态度。

同济大学教授
降伏了麻脚瘟

18

  全面抗战爆发后，上海同济大学奉命南迁，经浙江金华，江西赣州、吉安，广西贺县（今贺州市）八步镇，后又借道越南至昆明，最后于1940年10月第6次迁校，辗转千里来到了四川宜宾李庄。

  在同济大学迁来李庄之前，川南一带流行一种当地人称为"麻脚瘟"的疾病，患者一旦染上该病，即从脚部开始发麻，伴有呕吐、腹泻等症状，当麻的感觉蔓延至胸部以上，人即死亡。当地百姓因不知为何犯病，以致谈"麻"色变。同济医学院迁来李庄不久，一天晚上，宜宾中学37名师生在聚餐之后突然发病，校方震动，特邀同济医学院唐哲教授前去诊治。经初步会诊，唐教授认为是一种钡或磷的化学物质中毒。后经同院的杜公振教授与邓瑞麟助教通过对动物反复实验和研究，终于查清"麻脚瘟"是由于食用盐中含有氯化钡化学成分造成慢性中毒所致。病因找到了，病魔很快被降伏。李庄居民奔走相告，拍手庆贺。唐、杜两位教授和邓瑞麟助教的研究成果《痹病之研究》，荣获国民政府教育部1943年全国应用科学类发明一等奖。一项研究成果挽救了成千上万人的生命，整个川南的民众对此甚为感佩，宜宾专署参议会专门组织乡民舞动狮子龙灯前往同济大学致贺，大红的旌表上书写着：

    成绩斐然，人民受益匪浅；

    颂声载道，同济令誉日隆。

梁思成子女
考清华落榜

19

1946年，梁思成、林徽因夫妇唯一的女儿梁再冰报考清华大学，未被录取。林徽因曾怀疑清华判分有误，当通过有关人员调看女儿的试卷后，认可无误，遂让梁再冰改投北大，后被西语系录取。

1950年，梁、林夫妇的唯一儿子梁从诫投考父亲梁思成当系主任的清华建筑系，因2分之差未被录取，不得已改入历史系就读。

对于再冰与从诫报考事，后世有多人表示不解，认为凭梁思成夫妇的地位和权力，遂两个孩子的心愿是件并不太难办的事，但梁思成夫妇没有这样做，此举令人感到不可思议。对此，有文章称梁思成、林徽因在此事上深明大义，人格特别不得了，思想特别高尚，云云。

梁、林夫妇的人格与思想高尚是当然的，但就当时的情形而言，清华乃至整个教育界的风气尚属清廉，还没有太大的歪风邪气，教授们的思想差不多都是这个样子，特殊的例子倒是少见。

李济的小球说

20

　　许倬云说，台大历史系规定考古人类学导论是必修课，他在大二时，选了这门功课，上学期是考古学，由济之（李济，字济之）师主讲，下学期是人类学，由凌纯声师主讲。第一堂课，济之师就提出一个问题："在一片草坪上，如何寻找一颗小球?"同学们谁也不敢出声。他老人家慢条斯理地自己回答："在草坪上，画上一条一条的平行直线，沿线一条一条地走过，低头仔细看，走完整个草坪，一定会找到这个小球。"他的这一段话，无疑为学生指示了学术研究与处世治事的基本原则：按照最笨最累的办法，却是最有把握找到问题的症结所在。许倬云说自己读书做事，深受老师的影响，一步一个脚印，宁可多费些气力与时间，不敢天马行空。李霖灿先生曾是济之师在"中央博物院"的部属，后来在台北的"故宫博物院"工作，用了济之师找小球的方法，真的在《溪山行旅图》的繁枝密叶里，找到范宽的签名，在中国艺术史上添了一段佳话!

由秋郎到梁翁

21

梁实秋自20世纪30年代开始翻译莎士比亚作品，持续了近40年，到70年代才完成莎翁全集的翻译，计剧本37册，诗3册。

遥想抗战前，胡适曾物色五人翻译《莎士比亚全集》，分别是梁实秋、闻一多、徐志摩、陈西滢、叶公超。最后只有梁氏坚持下来。在朋友们为他举行的庆祝酒会上，梁说完成这项工作，得益于三个人：

"第一是胡适之先生的倡导。他说俟全部译完他将为我举行盛大酒会以为庆祝。可惜的是译未完而先生遽归道山。第二是我父亲的期许。抗战胜利后我回北平，有一天父亲拄着拐杖走到我的书房，问我莎剧译成多少？我很惭愧这八年中缴了白卷。父亲勉励我说：'无论如何要译完它。'我闻命，不敢忘。最后但非最小的支持来自我的故妻程季淑，若非她40多年和我安贫守素，我不可能完成此一工作。"

梁实秋说，除了三个人还有三个条件，这便是：

"第一，他必须没有学问。如果有学问，他就去做研究、考证的工作了。第二，他必须没有天才。如果有天才，他就去做研究、写小说、诗和戏剧等创作性工作了。第三，他必须能活得相当久，否则就无法译完。很侥幸，这三个条件我都具备，所以我才完成了这部巨著的翻译工作。"

梁的学生、诗人余光中在《梁翁传莎翁》一文中说："莎士比亚只写了二十年，梁实秋先生却译了三十六年，不过我们不要忘了，莎翁是连续地写，在太平盛世的伦敦连续地写，而梁翁是时作时辍地译，在多难的中国时作时辍地译，从二次大战之前译到二次大战之后，从严寒的北国译到溽暑的南海，且把昔之秋郎译成了今之梁翁。"

继《莎士比亚全集》之后，又开始翻译长达百万言的《英国文学史》，每天伏案，笔耕不辍，以致痔疮出血，竟不自知。每一站起，坐垫上常留有一摊鲜红的血迹。

1987年11月3日，梁实秋于台北病逝，享年84岁。

06

联大往事

抗战时期
三个联合大学的结局

1

　　抗日战争全面爆发，为保存文化的火种，国民政府把北京大学、清华大学、南开大学三所学校集中起来，在昆明成立了国立西南联合大学。大家可能不知道，这样的学校同时还有两所，这就是由北平大学、北平师范大学、北洋工学院三所院校成立的西北联合大学，先在西安，后到汉中的城固。另一个是由上海的暨南大学与五个专科学校成立的东南联合大学，地点在福建建阳。

　　可惜的是，西北联大与东南联大都半途而废，只有昆明的西南联大一直到1946年5月4日才宣布解散。就是这所为期9年的西南联合大学，在8000多名毕业生中，产生了2位诺贝尔奖得主、174位中国两院院士、100多位人文学者，成为中国教育史上的喜马拉雅山和珠穆朗玛峰，至今仍令人敬仰。

西南联大的结构

2

　　现在，一提起西南联合大学，大家都认为培养了那么多人才，很了不起，但对联大的内部结构并不清楚。这个联大其实是个既联合又独立的实体，除了联大的总部，三校各有自己的办事处，自己设立一些机构，与联大无关。清华的办事处最大，自己设立的机构也比较多，主要是那些原来办的研究所，有农业、航空、无线电、金属和国情普查等研究所，这些所都不招学生，与联大毫无关系。清华还有研究院，招收研究生，他们虽然也去联大听课，可是不算联大的学生。北大办有文科研究所，招收研究生，也与联大无关。

　　正如当时联大文学院院长冯友兰所说："当时的联大，好像是一个旧社会中的大家庭，上边有老爷爷、老奶奶作为家长，下边又分成几个房头。每个房头都有自己的'私房'。他们的一般生活靠大家庭，但各房又各有自己的经营的事业。'官中''私房'，并行不悖，互不干涉，各不相妨，真是像《中庸》所说的'小德川流，大德敦化，此天地之所以为大也'。"

赵忠尧
虎口夺镭

3

1937年卢沟桥事变爆发，日本人很快占领了北平并进入了清华大学校园。这时，从外地回北平的清华大学物理系教授赵忠尧，想起还有50毫克放射性镭，放在清华园物理系实验室的保险柜中，这可是制造原子弹的绝密材料啊，一旦落入日本人之手，后果不堪设想。于是，赵忠尧冒着被日本人打劫枪杀的危险，与住在城里的清华好友梁思成开车，设法躲过鬼子的盘查，借着夜幕悄悄来到清华园的实验室，把那个盛放射性镭的铅筒带了出来。

之后，清华大学奉命向长沙撤退，赵忠尧把这个装镭的铅筒插在一个咸菜坛子里，夹杂在逃难人群中向长沙进发。为躲避日本军人与伪军的盘查，他绞尽脑汁，昼伏夜行，一路风餐露宿，几乎丢掉了所有的行李，只有手中的咸菜坛子与他形影不离，双手磨出了道道血痕。

当破衣烂履、蓬头垢面的赵忠尧，在离开北平一个多月后，拄着一根木棍，手提咸菜坛子，晃晃悠悠地来到长沙临时大学办事处报到时，工作人员以为是一个乞丐未加理睬。待这个"乞丐"将坛子慢慢放下，声称要找梅校长单独说话时，梅贻琦正从内室出来送客。赵忠尧一声低沉沙哑的"梅校长"，梅贻琦先是一惊，继而泪水涌出了眼眶……

联大教授的另一面

4

  清华教授沈有鼎一生有许多稀奇古怪兼黑色幽默的惊人之举，吴宓日记里多有所录，有的举动离奇荒唐得令人喷饭，但有的也令人肃然起敬。

  抗战时期，清华、北大、南开三校南渡组成长沙临时大学，文法学院在南岳成立分校，文学院的钱穆、吴宓、闻一多三教授与沈有鼎合住一室。据钱穆回忆："室中一长桌，入夜，一多自燃一灯置其座位前。时一多方勤读《诗经》《楚辞》，遇新见解，分撰成篇。一人在灯下默坐撰写。雨生（作者按：吴宓）则为预备明日上课抄笔记写纲要，逐条书之，又有合并，有增加，写定则于逐条下加以红笔勾勒。……沈有鼎则喃喃自语：'如此良夜，尽可闲谈，各自埋头，所为何来。'雨生加以申斥：'汝喜闲谈，不妨去别室自找谈友。否则早自上床，可勿在此妨碍人。'有鼎只得默然。雨生又言：'限十时熄灯，勿得逾时，妨他人之睡眠。'"

  在吴宓眼中，沈有鼎虽为略不世出的人才兼天才人物，然其为人极可鄙。毫无情感，不讲礼貌。衣污且破，如车间工人。与大家搭伙吃饭，则急食抢菜，丑态毕现。又置父与妻于不顾，而唯事积钱。银行所储而外，小箱中存七八百元，一文不肯动用，而唯恐遗失。又或深夜扃户启箱，将银币一再清数，排列展览以为乐。种种怪诞行为，成为同人笑谑之资。宓有时不能忍，或且面斥沈君之非。沈君则怡然自适，不怒不慊。几不知人间有羞耻事，噫，此又聪明自私之另一格耳。

土匪
不袭扰联大师生

5

抗日战争全面爆发后，不只是全国军民被调动起来共同参加了这场伟大的抗日卫国战争，有良心的土匪也受感召，以民族大义为重了。

武汉会战之后，当时由北大、清华、南开三校组成的联合大学，要从长沙迁往昆明，有一批师生穿越湖南、贵州、云南很多地方才能到达。当时湖南省主席为防止意外发生，就给湘西土匪头目写了一封信，大意是有一帮穷学生，为了保存抗日的文化火种，要借道去昆明读书，不要打扰他们。

结果，土匪们真听了，这一路师生在三省之地步行了3500里，没有受到土匪骚扰，唯一一次走到一个离土匪窝点很近的地方，半夜传来了枪声，师生极度惊恐，但直到天亮未见土匪来临。一打听，是土匪火并，并不是针对师生打劫的。

就这样，三校师生步行68天，平安到达昆明。

黄师岳将军
婉拒礼物

6

　　1937年抗日战争全面爆发后，北大、清华、南开迁至长沙，成立国立长沙临时大学（后迁至昆明，改名国立西南联合大学），随着战争局势恶化，长沙已不适合办学，长沙临时大学决定迁往形势较安定的昆明。教师、女生和部分体弱男生乘火车经香港、越南赴滇，身体强健的男同学则徒步入滇，沿途作抗日宣传，行程3000多里，湖南省政府主席张治中派黄师岳中将带几名军官担负护送任务。这支师生组成的步行团昼行夜宿，跋涉两个月零八天，于4月28日上午，带着满身风尘和疲惫，抵达昆明东郊贤园。西南联大常委蒋梦麟、梅贻琦，以及南开的杨石先，清华的潘光旦、马约翰等教授，另有部分从海道来昆明的学生伫立欢迎。队伍的前锋一到，众人立即端茶送水递毛巾，向师生献花。欢迎的人群还为这支历尽风霜磨难的队伍献歌一曲，这是著名语言学家兼音乐家赵元任特地为师生们连夜创作而成的，词曰：

> 遥遥长路，到联合大学，
> 遥遥长路，徒步。
> 遥遥长路，到联合大学，
> 不怕危险和辛苦。
> 再见岳麓山下，
> 再会贵阳城。
> 遥遥长路走罢三千余里，
> 今天到了昆明。

1938年6月1日，回到长沙复命的黄师岳给蒋梦麟、梅贻琦寄发一信，婉拒了西南联大赠送的金表一只及川资500元。信中说："虽云跋涉辛苦，为民族为国家服务，与数百青年同行三千里，自觉精神上痛快与光荣。到滇承招待慰劳，反使内心感愧，并所赐纪念簿，谨什袭珍藏，永远存念，以纪念此行。至捐送金表一只，川资五百元，在公等为诚意，在师岳实无受法，均完璧交来人带回矣。"

观之今日之世风，黄师岳中将当年之人格风范，令人不胜感慨。

手撕英汉词典的穆旦

7

　　1937年抗战全面爆发，清华外文系学生穆旦，也就是查良铮，于这年10月，随学校师生长途跋涉到长沙临时大学暂设于衡山的文学院继续就读。这时的清华外文系师生都很厉害，可以说是清华的鼎盛时期。老师有叶公超、吴宓、陈福田等，还有一位专门讲"当代英诗"的英籍讲师威廉·燕卜荪。学生如查良铮、周珏良、王佐良、赵瑞蕻、李赋宁、许国璋等人，都是一时才俊。

　　长沙临时大学开课不久，师生又要向昆明迁徙。穆旦打点行装走出萧条冷寂的衡山，跟随闻一多、曾昭抡等师生组成的"湘黔滇步行团"，开始了"世界教育史上艰辛而具有伟大意义的长征"。在贯穿湘、黔、滇三省，跋涉三千里到达云南昆明西南联合大学的沿途，当时立志做诗人的穆旦，怀揣一本小型英汉词典，一边行军一边背单词及例句，到晚上背熟了，便别出心裁地仿照据说是一位外国诗人的样子，把背过的一页页撕去丢掉，为行走过的土地留下一份富有诗意的浪漫纪念。而当到达目的地昆明的时候，那本词典几乎撕光了。

　　后来，穆旦成了著名的诗人兼翻译家。

张伯苓：
我的表他戴着

8

西南联大在昆明组建后，其体制是一个混合物，而不是化合物，三校既联合又各自独立。张伯苓遂将西南联大管理权全部交付蒋、梅二人，自己则常驻重庆南开中学，兼领多职并遥领西南联大事务。不了解内情的外界人士产生误解，并有蒋、张二校长失和，且已不能合作的传闻散布，甚至在师生间亦有西南联大三校即将分家单干的流言传出。

一天，张伯苓到昆明召集西南联大师生发表讲话。据学生彭令占回忆：我去参加朝会，主席是梅校委，他的旁边站着一位又高又大的大汉，穿了一件大褂，还戴着一副墨晶眼镜，有同学悄声说，他就是南开的张伯苓校长。梅校委讲完，便介绍张校长跟大家见面。张校长一口浓重的北方话，说自己"是搞体育的，在运动场上，以裁判最有权威，裁判凭以计算时间的，是他袋中的表。我是南开的校长，我已经将袋中的表交给梅校委，我的表他戴着，大家要听他的话，有人说联大的负责人不能合作，这是绝对没有的事"。又说，左边站的梅先生是他的学生，右边站的蒋先生是他的朋友，他虽然不常在昆明，有他的学生和朋友在昆明，他就安心了。

张伯苓乃一耿直君子，此次借西南联大朝会，以幽默的语言公开表态，在驱散流言的同时，也对梅贻琦寄予高度信任和厚望。张伯苓此次抬梅，并非对蒋不信任或故意压制。实际情形是，蒋梦麟此时也已常驻重庆，代表学校向中央政府接洽一切，同时兼领中国红十字会会长等职，西南联大的校务，实际只有常驻昆明的常委会主席梅贻琦一人主持。

正是有了张、蒋二位常委对梅贻琦的信任和支持，才有了西南联大于抗战烽火中有始有终的密切合作，从而创造了学术的辉煌和人才的繁盛。

西南联大的考试制度

9

西南联大虽仅存在短短的9年时间，却出了2位诺贝尔奖获得者、174位院士和100多人文学者，这与学校严格的制度有很大关系。

学生所选的学分，有最低和最高界限，选什么课由系主任签字决定，考试成绩59.5分与0分相同，没有补考。二分之一课业不及格即勒令退学，三分之一不及格留级，连续两次三分之一，按二分之一计。

联大学生周明道说：学生考试时监考非常严格，稍微移动一下身子，便可吸引老师疑虑的眼光。教授经常给不及格，甚至像陈福田先生那样还要给负分，从下次所得分数中扣除。有位物理教授给某同学59.5分，学生向老师抱怨只差0.5分，如果多给个半分，就可以在工学院念下去了。老师说："你就只值那么多，虽为半分之微，无法多给。"

当然，除了制度，还与强大的教授阵容有关。据一位研究者统计，先后在西南联大任教的179名教授（含副教授）当中，有97人留美，38人留欧洲大陆，18人留英，3人留日，留学的总计156人，占总数的87%。在26名系主任中，除中国文学系外，皆为留学归来的教授，5位院长皆为留美博士。

或许，这样的阵容，就是梅贻琦所倡导的"所谓大学者，非谓有大楼之谓也，有大师之谓也"的具体体现吧。

西南联大的淘汰率

10

　　大家都知道西南联大选课、授课与考试制度之严，现在说说联大学生的淘汰率。

　　比如说，在联大工学院早期的三系中，以电机工程系淘汰率最高。1932 年度招收学生 31 人，至 1936 年毕业时仅剩 10 人，淘汰率为 67.8%；1933 年度一年级新生 36 人，至 1937 年毕业人数只有 13 人，淘汰率达到了 63.9%。而到了西南联大时代，淘汰率亦相差无几。如此高标准要求与高比例的淘汰率，在世界诸地一流大学中亦属罕见。

　　又比如说，1944 年航空系共有 30 多人，经过 4 年的淘汰，到毕业时，只剩 2 人。另有 8 个人一起毕业，其中有 4 人读了 5 年，有 3 人读了 6 年，有 1 人读了 11 年——这位学生姓梁，是 1937 年即卢沟桥枪响的那一年入学的，直到 1948 年内战即将结束时才毕业。

西南联大的体育

11

清华的体育课很严格，不达标者，早年是不准留洋的，后来成为清华国学研究院主任的吴宓，就是因为游泳一课不过关，被体育教授马约翰扣了一年，过关才放洋。

后来是不过关，即使学业成绩再佳也不发毕业证。这个规矩到了西南联大时代也是一样。

据联大校花王远定回忆说：当时系中一男同学，就是跑跳上去用双手攀住高牌翻越而过的功夫，练不到家不能过关，一气之下说这张"纸"不要了。

对学校和主持校务的梅贻琦而言，这张"纸"能否得到，决定权在学生自己手中，要与不要，悉听尊便。规章制度所在，势难对某人给予特殊照顾或网开一面。此之为清华之清，联大之大也。

陈寅恪
书箱被窃贼换成砖头

12

　　抗战全面爆发，清华大学教授陈寅恪随校南迁云南蒙自县。一路由天津、青岛、济南、长沙经香港，再由越南赴滇。抵达越南海防时，陈寅恪把随身携带的文稿、拓本以及经年批注的多册《蒙古源流注》《五代史记注》等，装入两只木箱交于铁路部门托运。这是他几十年心血凝聚并视之为生命的珍贵财富。

　　待陈寅恪赶到蒙自，雇人力车夫将运来木箱打开校点，发现箱内只有砖头数块，书籍等物踪迹绝无。面对如此惨状，陈寅恪当场昏厥。吴宓等几位教授见状，急忙上前掐人中、按胸部、撬嘴灌水等一阵折腾，陈才缓过气来。

　　据几位教授推断，木箱应在越南海防换滇越火车时发生了变故，而盗窃者可能就是铁路内部不法分子，他们见书箱沉重，误以为内塞金银珠宝，或其他贵重物品，遂想法窃走，因多数书籍由包袱或其他物品包藏，窃贼即使发现书，也并不以为全部皆书，仍存以书掩金的幻想，遂全部盗走。

　　为防盗事过早暴露，易砖头数块入箱内，以此蒙混过关。

　　此劫发生 17 年之后的 1955 年，栖身岭南中山大学的陈寅恪突然收到越南华侨彭禹铭一封信，言其家居西贡，曾到海防搜买旧书，偶得陈氏当年遗失《新五代史》批注本两册，寄存家中。陈寅恪闻讯大喜，急欲见到实物，惜越南政府禁书出口，法令甚严，一时无法携出，只好等待时机。未久，越南战火突起，兵火所及，将西贡数万家变成瓦砾之场，彭禹铭家不幸亦在其内，家藏数千卷古籍尽付一炬，陈寅恪批注本《新五代史》一并化为灰烬。

南湖短歌

　　抗战全面爆发后的1938年1月中旬，根据战时形势和国民政府指令，由北大、清华、南开三校在长沙组成的临时大学迁往昆明，另行组建国立西南联合大学。因昆明校舍不敷应用，西南联大文法学院师生组成蒙自分校赶赴该地上课。

　　蒙自位于云南省南部边陲，原是一个偏僻的县级小城，城南有一个湖泊，学生们自发成立了"南湖诗社"，并创办了一所平民夜校。"南湖诗社"社员周定一特作《南湖短歌》一首：

我远来是为的这一园花，
你问我的家吗？
我的家在辽远的蓝天下。
我远来是为的这一湖水，
我走得有点累，
让我枕着湖水睡一睡。

让湖风吹散我的梦，
让落花堆满我的胸，
让梦里听一声故国的钟。
…………

　　故国的钟声悠扬，催人奋发，催人向上。赋予联大师生欢声笑语和精

神慰藉的南湖，连同一幢幢镌刻着青春烙印的优美建筑，构成一道永恒的风景，长久地留在了师生的记忆之中。

蒙自的"何妨一下楼" 14

今天，云南蒙自市哥胪士洋行已成为西南联大蒙自分校纪念馆，这座楼的名字也不再是歌胪士洋行，而是改为"何妨一下楼"。为何要叫这么个古怪的名字，其中有个典故。

当年，联大师生流亡到蒙自后，多数师生住在这座楼上，当时闻一多教授专事《楚辞》和神话研究，除授课外，埋头于这座楼的二层，轻易不踏出房门，每到课休或饭后，教授们结伴到南湖堤上散步闲游，患有眼疾的陈寅恪也经常参加，唯闻一多不肯"入伙"。据郑天挺回忆："在哥胪士洋行住宿时我和闻一多是邻屋。他非常用功，除上课外从不出门。饭后大家散步，闻总不去。我劝他说，何妨一下楼呢？大家都笑了起来，于是成了闻的一个典故，也是一个雅号，即'何妨一下楼主人'。"

闻一多为何总是不下楼呢？这里面有刻苦用功的成分，而更多的则是个人情绪。据浦薛凤教授回忆，在蒙自时，抗战打得正酣，联大分校教授一时分成了主战派与主和派阵营。两方观点不同，论断自异。主战派讥主和派怯懦悲观，主和派斥主战派为鲁莽糊涂。两派不但在共桌吃饭时争论，即使散步游湖时也经常争论不休。自以为真理在握的双方，时常争得面红耳赤，不欢而散，心中形成芥蒂亦不可避免。

被同人戏称为"何妨一下楼主人"的闻一多，当时是主战派主将，面对主和派人多势众的压力，他不甘屈服于对方的观点，憋着闷气不能倾吐，又不便抡拳当场把对方打趴桌旁，只好强按怒火，饭后"躲进小楼成一统，管它冬夏与春秋"，索性来个耳不闻，心不烦，也算是一个精神解脱的办法——这便是闻氏不愿下楼的真正原因。

刘文典
怒扇农夫耳光

15

　　西南联大刚在昆明组建，因校舍紧张，把文法商学院设在了西南边陲的蒙自县，号称蒙自分校。中文系教授刘文典逃出北平赶来分校后，上课之余，经常与陈寅恪、吴宓等人结伴到郊外散步。一日几人至南湖岸边，见一满身泥巴的当地农夫在暴打老婆。刘文典平时最恨信奉男尊女卑、不把女人当人看待的男人。见那汉子打得凶狠，激愤不已，走上前去质问为何如此凶悍殴打一弱女子。那汉子并不解释，气势汹汹地回道："你管不着！"言毕继续挥拳飞脚殴打已倒在地上杀猪般号叫的女人。

　　见对方如此刁蛮，刘文典大怒，挺身上前手指那汉子鼻尖骂道："蒙自这地盘上还有我管不着的事！"言毕拉开架势，抡圆了胳膊，狠狠地抽了对方一记耳光。农夫遭此重击，捂脸抬头望着刘文典刚正威严的神态，很像个有来头的绅士，听对方说着北平官话，又自称在蒙自地盘上没他管不着的事，心生怯意，遂低头弓背溜之乎也。

　　大家欲转身之际，只见倒在地上披头散发、鼻青脸肿的女人如得神助，忽地立起，张牙舞爪地蹿将上来，一把拽住刘文典衣袖，质问为什么打她男人，一只手向刘氏的脖子和脸抓挠起来。刘文典顿时被弄得目瞪口呆，幸得吴宓和几个游湖的男生一齐围上前来，连拉带拖将那女人擒住，狼狈不堪的刘文典才趁机灰溜溜地逃脱。

蒙自的蛇与蟒

16

1938年春，西南联大师生陆续来到云南西南部中越边界的蒙自县办学。师生大多数为内陆人，而蒙自地理环境与内陆省份很有些不同，春天北方是刮大风，而这里就进入雨季了，暴雨连旬滂沱不止，搞得人不能出户，城中店铺多数关闭，而最堪忧惧者，乃时有巨蛇进入室中，师生惊惶逃避，不可言状。

当时师生居住的地方为法国人留下的海关、领事馆、银行、洋行等破旧房舍，以久雨之故，凡居住在平房或楼房一层的教授，室中积水淹及床脚，除了蚊蝇乱飞，还有花花绿绿的大小群蛇窜入室内，沿床缠绕，对着主人摇头摆尾，瞪眼吐舌，做啮人状。教授们一见，便惊呼奔逃，久久不敢回宿舍就寝。

有一位清华来的青年讲师，晚上看见海关院内墙上有条黑乎乎的大裂缝，颇觉奇怪，拿灯盏一照，只见一条碗口粗的大蟒从房顶倒挂下来，讲师大惊，喊了声："我的娘！"手中的灯盏"砰"的一声摔出丈余，后退两步，一仰身，倒地不起，口吐白沫，昏厥过去。

俄籍教授葛邦福
蒙自昏厥

17

　　1938 年 7 月 7 日，是抗日战争全面爆发一周年纪念日。当天，蒋介石发表《告全国军民书》《告世界友邦书》和《告日本国民书》。在《告全国军民书》中，蒋介石要求全国军民以"军事第一，胜利第一"为目标，全力促成武汉会战的胜利。

　　就在这一天，西南联大蒙自分校全体师生在旧海关院内旷地上举行全面抗战周年纪念礼。由樊际昌教授任主席并致辞，文学院院长冯友兰演讲。冯氏语气平和，谓"一年来中国之胜而非败，语极乐观"云云。想不到演讲中突有一意外插曲，把会场搅乱。

　　一个全面抗战前受聘于清华历史系、中文名字叫葛邦福的俄籍老教授，亦随校南迁并参加了本次活动。当冯友兰演讲到一半时，只见这位白须飘动的俄国教授号叫一声仆地不起。身边的师生见状，以为是这位俄国人因高呼口号未能呼出憋气倒地，或者是故意耍什么布袋戏，以活跃演讲的气氛。待细看之后，只见这位教授脸色发青，热泪横流，满面呈悲凄之状，方感另有隐情。众人手忙脚乱将葛邦福抬出会场请医生急救，半个小时后他方缓过神来。

　　原来这葛邦福当教授前曾做过俄国军官并参加了第一次世界大战。在西线战役中，作为下级指挥官的葛邦福奉命率部冲锋，突遭敌机枪扫射，乃紧急下令卧避。当枪声停止，葛邦福挥枪喝令前进，起来的只有他一个人，其他官兵全部阵亡。此段惨烈往事随着冯友兰抗战演讲再度被忆起，遂有这位葛教授突发悲声、昏厥倒地的一幕。众师生闻知内情，受其感染，无不凄然，几个女生掩面而泣。

蒙自听风楼的联大女生

18

抗战全面爆发后，北大、清华、南开三校组成长沙临时大学在长沙开课，随着武汉沦陷，学校开始向云南迁徙，组成国立西南联合大学。由于房舍限制，联大的理工科类专业师生在昆明开课，文法科类师生则在离昆明八百里的中越边境蒙自县城开课。

1938年4月12日至20日，经粤、港来滇的男女学生，分批抵达蒙自。由长沙步行来滇的学生，也于4月底到达，如此多的外乡人突然拥入，当地乡民与士绅纷纷前来观望，整个县城为之轰动。

5月4日，联大分校宣布开学，寂寞的蒙自小城又重新热闹起来。全体女生借住城内早街周伯斋宅第一幢被学生们号曰"听风楼"的三层小楼。因蒙自地处边陲，社会成分混杂，打家劫舍的匪徒不时前往光顾。有一天晚上，一个女生忙于作业回去晚了些，在湖边树林突然出来一个小伙子，说要与女生交个朋友。女生一听是当地口音，有些害怕，转头就走，想不到这小伙追上来，亮出一把刀子要钱。女生一个趔趄，挣脱了对方的手，边跑边从包里掏出几个钱扔在地上，同时呼喊救命。正好前方来了一个挎篮子的老太婆，听到呼声，上前一把把女生拉到身边护起来，说"孩子莫怕"，后面小伙一看这情形，也就不再追，转身钻入了湖边的树林不见踪影。

这件事，对西南联大蒙自分校是一个震动，校领导郑天挺等找当地政府协商，为防不测，由县里派保安队40名队员驻扎在"听风楼"附近的三元宫道观，对女生实施保护，每当晚自习散后，女生们集体行动，由校警护送进城，直到周家大院住宿。

从此之后，再也没有类似事件发生。

联大学生的学生

19

  1938年暑期开始，西南联大本部在昆明的校舍基本完工，处于西南边陲，交通生活等诸方面均不便的联大蒙自分校师生，根据校最高层指示，结束学业，开始向昆明迁移。

  学生们背着行囊，告别师友，自碧色寨上火车。

  在送行的队伍中，除了联大蒙自分校的中文系朱自清等教授，还夹杂着50多名当地青少年，即联大学生的学生。

  在蒙自半年多的时间里，联大学生埋头读书，成立"南湖诗社"，还创办了一所平民夜校，从当地招收失学的青少年学生50多人，为其补习文化知识，讲解时事，教唱抗日歌曲，等等。夜校设在哥胪士洋行，学生们热情高涨，当地群众极其满意，与联大师生感情得到了进一步沟通和升华，也播下了进步思想的种子，时间虽短，影响至深。

  当这50多名夜校学员闻听他们的老师——联大学生赴昆明的消息后，自发组织起来到车站送行。有的为联大学生提包，有的握着对方的双手久久不愿放下，依依惜别之情催人泪下。据"南湖诗社"社员周定一说，学员中有一位年龄较大的跛子，只见他在车窗跑前跑后，脑袋一点一点地，满脸汗水为联大学生们递行李，和学生们一一握手告别，脸上淌着泪水。望着他那真诚、憨厚和恋恋不舍的样子，联大学生也流下了热泪。

  后来，这个腿有点跛的青年学员率领几个代表，专门由蒙自到昆明看过他们的老师。走时，联大学生把他们一行送到昆明火车站，再度洒泪相别。

沈有鼎
占卜问吉凶

20

    1938年秋季，流亡西南边陲的西南联大蒙自分校师生，全部迁往昆明本部上课。最后撤退的汤用彤、钱穆、吴宓、沈有鼎等七位教授，于冷清寂寞中搬到城郊一个叫"天南精舍"的二层小楼抱团取暖。

    未久，移驻蒙自的空军基地人员传出音信，说是日军很可能要来空袭基地，七教授住的"天南精舍"与空军基地很近，一旦敌机投弹，难免会发生基地起火、精舍难保的命运。

    正在众人焦虑而又不知如何应对之时，沈有鼎发挥了他的特长，谓自己是《周易》研究专家，甚得卜筮之道，可以用八卦之占以卜吉凶。众教授一听甚是欢喜，乃于月黑风清之夜请其占卜。沈有鼎挽起衣袖，施展法术，一番神秘兮兮的摆弄，得节之九二，验之以书，竟是"不出门庭凶"五字。众大骇，遂决定自次日起，每日早餐后，携带干粮、水壶与所读之书，立即出门，到蒙自郊外荒野偏僻之处各自读书，下午四点之后归宿。为了做到言而有信，行之有效，会议决定推选吴宓为本次行动的前敌总指挥。每至清晨，由吴宓逐室叩门呼唤督促，迟到者则遭批评。早餐后由吴宓率队至郊外躲避空袭，一连数日皆由吴总指挥发号施令，其状"俨如在军遇敌，众莫敢违"。

    如此这般度过数日，接文学院院长冯友兰从昆明发来电报，令其七人提前赴昆明开课。于是，"天南精舍"七位教授收拾行囊，告别了战火即将燃烧的蒙自。

联大教授风雨无阻

21

　　抗日战争全面爆发后，平津沦陷，北大、清华、南开三校组成了西南联合大学，在昆明继续开课。

　　初到昆明的联大工学院，上课教室系由附近的一个会馆旧址改建，一切因陋就简。有个大班教室，系利用会馆中的一个正殿改建，并无隔墙，倒也通风凉快。某日上课，是刘仙洲教授讲授机械学，那时风雨交加，冷不防雨水侵入，淋了刘教授一身，班上同学对此突发情况尚在发呆之际，刘教授却自我解嘲笑着说："前不久重庆友人来信问以此间上课情形，我回信告以一切满意，风雨无阻。这就是我们在联大读书了不起的地方，你们看是不是'风雨无阻'？"此语引得全班一片笑声。

梁思成
为盖联大宿舍发火

22

1939年，在昆明的西南联大向当地政府要了一块荒丘坟地，自己盖宿舍。

校长梅贻琦找梁思成、林徽因夫妇设计校舍。梁、林夫妇开始设计的是多层小楼，但联大经费紧张，教职工薪水都无法发出，学生更是吃带沙子的米饭度日，生活极度困难。这样，小楼改成了三层木结构楼房，校领导一算，没钱盖。又改成二层，款项还不够。又改成平房，砖墙变成了土墙。最后，平房又变成了铁皮顶和茅草顶。

梁思成一听火了，冲进梅贻琦校长的办公室，把设计图一拍，说：改，改，改，从高楼到平房，又成茅草房，还要怎么改？不如在露天上课生活算了。

梅贻琦和颜悦色地说：思成啊，现在是抗战时期，大家都在共赴国难，请再原谅我们一次，等抗战胜利回到北平，一定请你为清华园设计世界一流的建筑物，行吗？

梁思成听罢，想起时局的艰难，流下了眼泪。

校长的争执

23

　　面对西南联大在荒地野坟中新建成的简陋宿舍，有学生开玩笑道："蒋校长大概认为住宿条件不错，可以把他的孩子送到这宿舍里住了。"

　　此话暗含了一个不太为人所知的典故。在长沙临时大学，学生们住在一个清朝时期留下的四十九标破旧营房内。某日上午，张伯苓、蒋梦麟、梅贻琦三常委，由秘书主任杨振声陪同巡视宿舍。蒋看到宿舍破败不堪，一派风雨飘摇的样子，大为不满，认为此处会影响学生的身心健康，不宜居住。三常委之首、在长沙临大负责设备采购的张伯苓则认为国难方殷，政府在极度困难中仍能顾及青年学生的学业，已属难能可贵，而且学生正应该接受锻炼，有这样的宿舍安身就很不错了，于是二人争执起来。

　　梅贻琦作为张伯苓的学生，生性寡言，此时不便表明态度。争执中，蒋梦麟突然有点赌气地说："倘若是我的孩子，我就不要他住在这个宿舍里！"张伯苓听罢，脸一沉，不甘示弱地反击道："倘若是我的孩子，我一定要他住在这里！"见二人皆面露愠色，梅贻琦不得不出面打圆场，说："如果有条件住大楼自然要住，不必放弃大楼去住破房；如果没有条件那就该适应环境，因为大学并不是有大楼，而是有大师的学校。"梅氏一语双关的劝说，使一场争执得以平息。

　　想不到学生们的一句戏言，竟真的成为事实。西南联大新校舍建成不久，蒋梦麟的儿子真的由内地越过数道敌人布设的铁丝网和岗哨，经过九死一生，辗转来到昆明，进入西南联大求学并在茅屋居住下来。而张伯苓的孩子没有来，其中第四子永远不能来了。

　　1937年8月15日，张伯苓的第四子、中央航校毕业的空军飞行员张锡祜，奉命于江西吉安驾轰炸机赴上海参战，不幸飞机在大雾中撞山失事，张锡祜殉难。

在南京的蒋介石通过下面情报，最早知道了张锡祜殉职之事，便把消息电告当时正在重庆南开中学居住的张伯苓。张伯苓看过之后，递给正在身边养病的三子张锡祚，说："你看看，老四殉国了。"沉默了一会儿，张伯苓又道："你看和你娘说吗？我看不必了，免得她太伤心。"言毕，满脸红涨，涨得发紫，两眼湿润，但是竭力压抑着，不让一滴泪水流出来。接着又慢慢地说道："我早就把他许给国家了，今日的事，早在意中，可惜他未能给国家立大功，这是遗憾！"

四子殉国之痛，张伯苓一直默默埋在心底，未曾在人前背后提起。直到抗战结束，他的夫人才得知真相，时锡祜殉国已八年余，墓有宿草了。

投奔西南联大的学生

24

　　北大校长、联大常委蒋梦麟有个儿子，原在上海交通大学读书，抗战全面爆发后他到昆明西南联大求学，在途中就曾遭遇到好几次意外。有一次，他和一群朋友坐一条小船，企图在黑夜中偷渡一座由敌人把守的桥梁，结果被敌人发现而遭射击。另一次，一群走在他们前头的学生被敌人发现，其中一人被捕，日本人还砍了他的头悬挂在树上示众。

　　尽管如此凶险，沦陷区的学生还是怀揣各自的理想，想方设法向大后方学校挣扎挺进，路上各显神通。中文系学生汪曾祺回忆：有一位历史系的同学，此人姓刘，河南人，农家子弟，到昆明来考大学是自己从河南挑了一担行李走来的。另外，物理系有个姓应的学生，是自己买了一头毛驴，从西康骑到昆明来的。

　　山东威海一位叫梁维纶的学生，途经上海、汉口、常德，一路或乘火车，或步行，跋涉千山万水终于来到昆明准备报考西南联大。为了省钱，曾有一段时间住在昆明西山的华庭寺，那里有免费房间可以寄宿，也不难填饱肚子。寺中和尚每晚都打坐，打坐过后且有可口的豆浆稀饭消夜，于是每晚参加打坐（一两个小时），为的是享用豆浆稀饭，解决民生问题。

　　当年暑期，教育部统一考试发榜，梁维纶考入当时最为时髦的西南联大航空工程系，算是流亡学生中有志者事竟成之一例。

停课赏雨

25

西南联大的教室是铁皮顶做的矮平房，一旦遇到刮风下雨，铁皮便开始在屋顶发疯似的抖动摇晃起来，并伴有稀里咣当、叮叮咚咚的声音。其声之大、之刺耳，早已压过了面呈菜色的教授的讲课声。有苦中求乐者，抄写明朝顾宪成的对联在校园贴出：

> 风声、雨声、读书声，声声入耳；
>
> 家事、国事、天下事，事事关心。

这话既是自嘲，也借以激励联大师生。

有时雨声经久不停，老师干脆在黑板上写下"停课赏雨"四个字。

当时在西南联大就读的杨振宁回忆说："那时联大的教室是铁皮顶的房子，下雨的时候，叮当之响不停。地面是泥土压成的，几年以后，满是泥坑。窗户没有玻璃，风吹时必须要用东西把纸张压住，否则就会被吹掉。"

这位后来的诺贝尔奖得主，连同与他一道获奖的李政道等世界一流学者，就是在这样的环境中成长起来的。

西南联大学生
抓小偷

26

全面抗战中期，西南联大学生与教职员工人数迅猛增加，校舍内外显得杂乱，一些师生开始丢失衣物之类的东西。

贼娃子光临寒舍，不仅偷物，连学生平时穿的衣裤也顺手偷走。学生胡兆炘回忆道："某晨同室刘善治兄醒来，发现放在桌上的衣服全不见了，还以为是我和他开玩笑，便连说：'别开玩笑了！'这一来连起床都成了问题。所以抓小偷是大家最起劲而兴奋的事。"

有一天小偷复来，入室后被埋伏在外的同学当场按倒，把小偷五花大绑吊起来，用刮胡刀在小偷眉毛处左右削刮，剃掉一条眉毛，最后用红药水于脸部写上"小偷"二字，领到校园展示之后放其走开。

此事被梅贻琦闻知，专门派训导长查良钊向学生训话，略谓小偷固然可恨，但学生如此做法也是不妥当的，抓住小偷要送警队处理，不要殴打，更不要以刮胡刀乱剃眉毛污辱人格。

听了训话，大家默然，认为梅校长心胸与境界就是不一样。

西南联大学生 打工

27

现今，大学生课外打工已是常态，但对所在城市或整个社会来说，影响并不大。

在抗战时期的西南联大学生的打工就不同了。联大一位姓李的同学回忆：想起联大，大家都有一个共同的感觉，联大真大，而这个大，不是说校舍如何之大，教室如何之大，而是说无形比有形更大，联大同学一旦不高兴而罢工，那所有的中学势必放假，甚而有一两所中学，将没有一位老师（包括校长），报纸必将一部分停刊。所有杂志没有联大同学，不仅失去读者，也将失去作者。当时比较著名的，如《今日评论》《当代评论》《战国策》……无一无联大师生。不仅此也，法院如何发薪？邮政局里谁卖那邮票？盖法院会计主任，邮局售票员皆联大同学也。电影院中文字幕何处来，有些舶来化妆品也将缺货而致物价上涨。银行存放款又将由何人管理？

每天中午或午夜十二时，都听到大西门上一声炮响，那位炮手，正是联大同学。……联大同学一旦不管，警报不响，其损失殆将如何？电报局拍不出电报，电台也播不出消息，没有联大同学，昆明成何世界？

一个火柴盒的价值

28

　　抗战时的西南联大教学设备的陈旧与落后，所需物资特别是实验物品的紧缺等，渐为现代读书人所知，但是到底紧缺到什么程度，仍然不为多数读者所知。

　　据化学系学生吴大观在一篇回忆杨石先教授的文章中说："二年级第一学期上化学实验课，每两个同学一组，火柴盒里仅装三根火柴，做完实验，按规定要把火柴盒连同借用的仪器一起还回去。我做完实验，把火柴盒一摇，空了，便将空盒毫不介意地丢到靠门的垃圾堆里。当保管员问我火柴盒，我却回答：'一个破火柴盒还要它干吗！'第二天下午，杨先生（作者按：杨石先，留美博士，原为南开大学教授，时任西南联大化学系主任）把我叫到办公室，我一眼就看到了放在桌上的火柴盒，心里一怔，知道坏事了。杨先生真的生气了，紧锁眉头，眼睛冒火，毫不原谅地指责我不知国家在抗战中的困难，办学不易，一口气给我讲了许多做人的道理。有一句话我至今不忘：'你要什么大爷脾气，我要停止你的化学实验。'仔细想想，在抗战的岁月里，一根火柴都十分珍贵，何况一个空火柴盒！通过一个火柴盒，我悟出了一个中国人生活的真谛：爱惜公物，勤俭节约。"

大铁桶内的
物理仪器

29

　　1940年，昆明空袭频仍，西南联大物理系与其他系一样，时刻受到敌机威胁并频繁地跑警报。师生生活十分艰苦，经常是食不果腹、衣不蔽体，仪器设备更是极为缺少。为了保证教学质量，当时的物理系主任饶毓泰规定坚持正常实习，每周一次，风雨无阻。为避免日军空袭，饶毓泰带领师生把贵重仪器搬到离昆明城十多里地的大普吉农村，需要实习时再搬到昆明，用完后再搬回去。有的仪器放在大铁桶内，埋在地下，用的时候取出来，用完后再放入大铁桶埋起来，这样可避免日机轰炸造成损失。

　　至于系主任饶毓泰本人，平时则避居城外约五公里的岗头村，由北大临时搭建的一间茅草顶、泥墙、纸窗的房中。他的夫人在全面抗战后不久不幸病逝，饶一个人生活，因食宿极不正常，不久就患了重度胃溃疡，此疾之特性是，患者心情忧虑或烦躁不安时，胃酸就会增加导致剧烈疼痛。饶毓泰一方忧国，一方丧偶，胃病时发，心情低劣而疾病更加厉害。每当这样的时候来临，饶毓泰就找一堆物理典籍埋首阅读，以消解身心痛苦。这样的生活，直到抗战胜利返回北平才算告一段落。

闭眼上课的
陈寅恪

30

　　抗战全面爆发，陈寅恪来到昆明西南联大，由于兼职的关系，住进了中央研究院史语所在昆明租赁的靛花巷青园学舍楼上——这是他自北平与史语所同人分别四年多来再次相聚。

　　陈寅恪居住的靛花巷青园学舍邻近昆明城北门，联大教室则位于昆明文林街，每逢上课，陈寅恪都需步行一里多路到校。此时他的右眼视网膜剥离，仅剩左眼视力勉强看书授课，但他仍像当年在清华园一样，每次上课都用一块花布或黑布，包着一大包书向教室匆匆走来，至时满头是汗，却从不迟到。有学生不忍见一只眼睛已盲的史学大师如此辛苦劳累，主动提议每到上课时前去迎接，并帮助拿书，遭到婉拒。

　　据一位学生回忆："陈先生上课一丝不苟，多数时候先抄了满满两黑板资料，然后再闭上眼睛讲。他讲课总是进入自我营造的学术语境或历史语境，似乎把世事都忘得一干二净。某日，第一只脚甫踏入门，距离黑板尚远，陈师即开始讲述，谓上次讲的……随即走近桌旁，放置包书之包袱，就座于面对黑板、背朝学生之扶手椅上。讲述久之，似发觉座位方向不对，始站起身搬转坐椅，而做微笑状。有时瞑目闭眼而谈，滔滔不绝。"

　　时在北大文科研究所任助教的邓广铭慕陈寅恪才学与声名，经常跑到联大教室旁听，获益颇丰。对此，邓氏回忆说："虽然因为我的根柢太差，对陈先生所讲授的未必能有深切的体会，但反思在那一年多的时间之内，我在治学的方法方面所受到的教益，较之在北大读书四年之所得，或许可以说是有过之而无不及的。"

华罗庚的豁达豪气

31

华罗庚身患残疾，但天生心胸豁达，富有一种豪气和洒脱。在西南联大任教的八年艰难岁月里，总是面带微笑，与师生们一道从容地跑警报，即使被日机炸起的土层埋入地下，被人救出后口吐鲜血也不在乎。

此点从联大外文系学生赵瑞蕻的回忆中可窥其一斑，赵说："一九三九年秋，有一天上午，我在联大租借的农校二楼一间教室里静静地看书，忽然有七八个人推门进来，我一看就是算学系教授华罗庚先生和几位年轻助教与学生（我认得是徐贤修和钟开莱，这两位学长后来都在美国大学当教授，成了著名的学者专家）。他们在黑板前几把椅子上坐下来，一个人拿起粉笔就在黑板上演算起来，写了许多我根本看不懂的方程式。他边写边喊，说：'你们看，是不是这样？……'我看见徐贤修（清华大学算学系毕业留校任助教的温州老乡，当时教微分方程等课）站起来大叫：'你错了！听我的！……'他就上去边讲边在黑板上飞快地写算式。跟着，华先生拄着拐杖一瘸一瘸地走过去说：'诸位，这不行，不是这样的！……'后来他们越吵越有劲，我看着挺有趣，当然我不懂他们吵什么。最后，大约又吵了半个多钟头，我听见华先生说：'快十二点了，走，饿了，先去吃点东西吧，一块儿，我请客！……'"

布东考古布西算

32

　　1940年年底，为躲避日机的轰炸，在昆明西南联大的许多教授被迫移住乡下。中文系教授闻一多一家迁入郊区大普吉陈家营村，租住杨家宅院的一处土坯垒成的偏房，此房原是房东用来堆苞谷和柴草所用，异常简陋。

　　翌年初，西南联大数学系教授华罗庚在昆华农校的住所突遭敌机炸毁，险些送命，一家六口在城里转了一天也没找到安身之所，闻一多闻讯，专程邀请华氏携家眷暂到自己住处栖身。于是，两家14口人（闻家8口，华家6口），竟在不到16平方米的小黑屋里隔帘而居。

　　环境逼仄，但闻、华二教授仍笔耕不辍。闻一多完成了著名神话专论《伏羲考》。华罗庚则推出饮誉数学界的《堆垒素数论》——对苏联数学大师维诺格拉多夫的方法作了改进和简化，向世人展示了中国数学家的超人才华。书稿完成后寄交重庆，由教育部组织一流的数学家进行审阅。老一辈数学家何鲁冒着酷暑挥汗审阅，几度拍案叫绝。稍后，华罗庚因此荣获教育部1941年（第一届）自然科学类一等奖。同年，华把手稿寄给维诺格拉多夫亲自审阅，对方惊喜之余电复："我们收到了你的优秀专著，待战争结束后，立即付印。"1947年，苏联科学院以斯捷克洛夫数学研究所名义出版了华氏的著作，整个世界数学界为之震动。

　　许多年后，当华罗庚回忆在昆明陈家营村与闻家同室居住的往事时，不禁唏嘘感叹，赋诗一首：

挂布分屋共容膝，
岂止两家共坎坷。
布东考古布西算，
专业不同心同仇。

闻一多
卖书换米

33

　　1941年秋，闻一多搬到昆明北郊一个不大的叫司家营的村子居住，这是闻家在昆明住得最久的一个地方，也是生活最艰难的时期。为了养家糊口，闻家除了借贷就是变卖衣物，生活几近陷入绝境。

　　这年的冬天，为了买米下锅，闻一多把自己身上穿的一件皮大衣送进了当铺。寒风凛冽，他只得以长衫和一件破旧的羊毛衫御寒，不到一个星期就得了感冒病倒在床，妻子高孝贞只好含泪向其他教授借了一点儿钱，把那件大衣赎了回来。有西南联大同事看见，寒冬腊月，在微明的晨曦中，闻一多率子女们到陈家营村南边的一条小河用冰冷的河水洗脸，处境十分凄凉。

　　第二年春天，闻家生活实在难以为继，在所有衣物全部当尽卖空的困境中，闻一咬牙，决定把自己从北平带来的几本线装书卖给西南联大图书馆，以换钱买米。一个学者，变卖自己心爱的书，不啻挖割心头之肉。当他把几本书捧送到西南联大图书馆时，满面凄楚地叮嘱管理人员："一定要把书看好管好，等将来回北平，我一定要把它们赎回来。"话毕，眼里闪着泪光。

　　闻一多没有料到的是，未能回到北平，他就被国民党军警特务枪杀了。

潘光旦
吃老鼠肉

34

　　抗战时期的西南联大，师生们的穷困已到了极点，闻一多刻章的事大家都知道了，可是潘光旦吃老鼠肉的事知道的人不多。

　　潘光旦教授想吃点荤，沾一点儿腥味，但又无钱购买，于是根据昆明当地耗子又肥又大且无处不在的特点，支起铁夹子抓耗子。每抓到一鼠，便"剥皮去内脏，收拾得很干净，切块红烧"，全家人分而食之。

　　一时间，潘光旦吃耗子肉的故事在昆明和更大范围传开并上了重庆《大公报》。当时潘光旦有个弟弟在香港主持交通器材采购事宜，得悉兄长吃老鼠肉，认为生活一定非常清苦，随即汇寄港币以济兄长之急。

　　事后，潘先生幽默地说，我倒在无意中发了一笔"横财"，此乃《大公报》之赐也。

梅贻琦一家
吃"辣椒面"

35

抗日战争全面爆发后，平津沦陷，北大、清华、南开三校组成了西南联合大学，在昆明继续开课。学生住的是梁思成设计的茅草房，而作为一校之长的梅贻琦，全家在城内龙院村一幢年久失修的小土楼租房居住，梅家住一层，联大图书馆职员唐冠芳一家住楼上。

有一天中午吃完饭，唐太太收拾桌椅、扫地。只听见楼下的梅家三姑娘高声喊道："唐太太，你别扫了，我们在吃饭！"原来，土碴与灰尘随着扫帚起伏从楼板的裂缝撒了下去，成为梅家饭菜的"辣椒面"了。

时穷节乃见，
岁寒梅更香

36

　　1939 年春，中国东南地区面临日机轰炸与进击，形势危急，广州的中山大学迁往云南澄江。清华校友、时任中山大学史学系教授的罗香林，于 4 月 6 日抵达昆明，借短暂休整空隙，前往西南联大拜谒老校长梅贻琦。

　　梅以乐观态度对罗说："教书，诚然辛苦，但也还有喜乐。只要我们忍耐下去，环境总会好转的。"

　　第二天上午，罗将起程去澄江，梅贻琦亲自前往旅店回访罗香林这位老学生。当时梅身上带了一包冬天的衣服，说要顺便去典当，因为西南联大最近的薪水还没有发领，只好先自典当周转。罗香林当时感动到几乎流泪。

　　后来罗香林回忆说，梅先生主持这么庞大的学校，还要以典当周转，这一方面固然显示时局的艰难，一方面更显示梅先生的高风亮节。

校长夫人
与定胜糕的故事

37

　　西南联大校长梅贻琦太太制售定胜糕的故事，知道的人越来越多了，但是到底为何制作定胜糕，却不见得都明白。

　　1941年之后，抗日战争进入最艰苦的时候。西南联大教授月薪只够半个月吃饭，剩下的半个月只好另想办法，且多靠夫人们操劳。教授夫人来自五湖四海，为了吃饭，开始八仙过海，各显神通。有的绣围巾，有的做帽子，也有的做一些小食品拿到街上叫卖，梅贻琦夫人韩咏华就做定胜糕。

　　当时韩咏华的年岁比别的太太大一些，视力也不是很好，只能帮助做做围巾穗子。后来庶务赵世昌介绍做糕点卖。赵是上海人，教韩咏华做上海式的米粉碗糕，由潘光旦太太在乡下磨好七成大米、三成糯米的米粉，加上白糖和好面，用一个银锭形的木模子做成糕，两三分钟蒸一块，取名"定胜糕"，即抗战一定胜利之意。

　　梅贻琦校长不同意他们在清华办事处操作，只好到地质系教授袁复礼太太家去做。糕点做成，由韩咏华挎着篮子，步行四十五分钟到冠生园寄卖。卖糕时，韩咏华穿蓝布褂子，自称姓韩而不说姓梅。尽管如此，还是有人知道了梅校长夫人挎篮卖定胜糕的事。由于路走得多，鞋袜又不合脚，有一次把脚磨破，感染了，小腿全肿起来。

　　尽管如此，生活还是捉襟见肘，按照韩咏华的说法："经常吃的是白饭拌辣椒，没有青菜，有时吃菠菜豆腐汤，大家就很高兴了。"

梅贻琦子女
参军抗日

38

抗日战争全面爆发后，西南联大掀起三次从军潮，先后有830余名学生投笔从戎。若加上长沙临时大学时期参加抗战离校的300多名学生，共有1100多人参加了抗日战争，约占学生总数的14%，其中有14人血洒疆场，为国捐躯。面对如此众多的学生参军，执掌校务的梅贻琦是什么态度呢？

政府几次征召入伍，梅贻琦积极响应、配合，但不曾主动要求教师或研究生弃学从军，整个西南联大从军者，大都是本科学生。即使在这类学生中，梅贻琦尽可能地保留下一批最有希望的读书种子，如文科方面的王浩、何炳棣、丁则良，理科方面的杨振宁、黄昆、唐敖庆、郝诒纯等一批经过严格筛选的优秀学子，均被保留于校内或清华研究生院中。而李政道、邓稼先等稍年轻的学术苗子，也无一例外地被保留了下来，陆续取得公费放洋深造的机会。

当然，若有教师与研究生主动请求从军，梅贻琦亦不加阻拦，他自己的一儿一女就先后从西南联大应征入伍。女儿梅祖彤加入国际救护组织。梅贻琦的独子，当时就读于西南联大水利工程系二年级的梅祖彦，于1943年11月决定弃学从军。梅贻琦希望儿子把学业完成再做决定，但儿子去意已决，梅未阻拦。许多人认为，梅祖彦会投奔他的姨父——国民党名将卫立煌担任总司令的滇西远征军任职，并依靠卫的关系得到照顾和升迁。然而，梅祖彦却投奔了并没有人际关系的空军，当了一名普通翻译员，直到战争结束后，译员工作结束，才遵照美国军方的安排到美国麻州WPI（伍斯特理工学院）复学，插入机械系二年级继续学业。

校长
为闻一多做广告

39

　　抗战中后期，西南联大闻一多教授因家中贫困，开始学刻图章赚钱。先拿石头试刻，居然行，再刻象牙，费了一整天，右手食指被磨烂，几次灰心绝望，还是咬着牙干下去，居然刻成了。以后他就靠这手艺吃饭，今天有图章保证明天有饭吃。图章来得少的时候，他着急，因为要挨饿。图章来得多的时候，更着急，因为会耽误他的读书研究工作。

　　一天没有生意，不是借贷，就是由太太和老女佣去摆地摊，卖旧衣旧鞋。有一天，吴晗教授问闻太太卖了多少，她苦笑一声说："三十多件破衬衫，卖了三千多元，反正够明天一天了。"

　　1944年5月，闻一多决定公开挂牌刻章，当时的清华校长梅贻琦、北大校长蒋梦麟、云南大学校长熊庆来，以及冯友兰、杨振声、姜寅清、朱自清、罗常培、唐兰、潘光旦、陈雪屏、沈从文等共12位联大、云大名流出面推介，浦江清教授还拟了一个招揽顾客的广告语：

　　秦玺汉印，雕金刻玉之流长；殷契周铭，古文奇字之源远……浠水闻一多先生，文坛先进，经学名家，辨文字于毫芒，几人知己；谈风雅之源始，海内推崇……

　　广告牌挂出，生意比以前红火多了，闻家吃饭有了保障，但闻一多的脊背弯了，手指破了，内心闷积一股怨气，再加上各种各样环境的因素，以至于最后成了"千古文章未尽才"的悲剧英雄。

金岳霖论真理

40

西南联大时代，有一个学生乃宣传鼓动家殷福生，后来到台湾，改为殷海光。此人爱好哲学，经常与同学辩论，大谈真理、实践、主义等等，其滔滔不绝状把同学唬得一愣一愣的。就是这个殷福生，深受金岳霖的喜爱，而殷福生也十分佩服老金的逻辑学与逻辑符号讲课。

有一年的秋天，在西南联大散步的时候，殷福生与金岳霖有下面一段对话：

殷：现在是各种主义相争雄的时候，请问老师哪一派才是真理？

金：凡属所谓"时代精神"，掀起一个时代的人兴奋的，都未必可靠，也未必能持久。

殷：什么才是比较持久而可靠的思想呢？

金：经过自己长久努力思考出来的东西，比如说，休谟、康德、罗素等人的思想……

吴宓
欲砸潇湘馆

41

1940年至1942年期间，西南联大校内掀起了一股《红楼梦》热潮，此热潮最早由吴宓的学生、联大外文系教授陈铨发起，吴宓帮着张罗。陈铨的演讲，反应强烈，"听者极众，充塞门户。其盛夙所未有也"。

面对此一盛况，吴宓极其兴奋，很快在联大成立了一个"以研究《石头记》为职志"的"石社"，以吴宓、陈铨、黄维等欧美派教授为核心人物，开始于不同时间、场合演讲《红楼梦》，热潮随之掀起，渐渐从联大校园内蔓延至整个昆明城。吴宓作为核心人物，还受昆明电台之邀，专门演讲了20分钟的《〈红楼梦〉之文学价值》，得酬金80元。

当时昆明一碗面的价格是2元，吴一次演讲所得相当于40碗面，其数量不算太多，但对穷困的教授来说，也算是一笔相当可观的"灰色收入"了。

有一天，吴宓发现有个饭馆叫"潇湘馆"，他进去一看，里面是喝酒划拳乱哄哄的场面与粗鲁人物，于是吴宓大怒，喝令伙计把老板叫来。老板说："先生有何指教？"吴宓压着火道："你看这样行不行？我给你一些钱，你把这个名字给我改了，别叫潇湘馆。"老板问原因，吴宓回答："潇湘馆是你这个场子能叫的吗？假如让林妹妹知道，她会难受死的。若不改名，我把这牌子给你砸了。"

汪曾祺醉酒

42

汪曾祺是西南联大中文系学生，酷爱写作，与老师沈从文过从甚密。汪的许多习作，先交沈从文阅看、提出意见，汪修改后，再由沈从文寄给某报纸杂志发表。

一天晚上，汪曾祺因某件不愉快的事喝得烂醉如泥，半躺在路边。沈从文经过，以为是一个生病的难民或无家可归的乞丐，待走近前喊一声，传出哼哼唧唧的声音。沈发现有点不对，上前细察，才发现是汪。于是招呼了几个学生，把汪抬到沈家，灌了好多所谓解酒的酽茶，汪才醒过来。

又一次，汪曾祺前去拜访沈从文，当时正患牙疼，腮帮子肿得老高。沈从文开门一看，吓了一跳。待问明原因，二话不说，急忙出去买了几个大柚子抱回来给汪"消火"。

正副所长的误会 43

　　抗战时期，流亡到昆明的北京大学在北郊龙头村办了一个文科研究所，由傅斯年任所长，郑天挺为副所长。

　　每当有人来文科所访问，守门的那位老司阍就一定会问："您是找正所长，还是找副所长？"接着解释说："正所长是傅（副）所长，副所长是郑（正）所长。"

　　有一天，一位少壮军官模样的人来到昆明拜访傅斯年，却被守门老司阍挡住去路，开始用昆明土话没完没了地解释起正所长与副所长的关系来。时正值盛暑溽热，来人以为眼前这个老家伙装疯卖傻，故意与自己为难，不耐烦地用山东话道："你就不要给我瞎扯淡了，我要见的是傅所长，你装什么孙子？"言毕，顺手赏给了对方一个响亮的嘴巴。

　　老司阍不敢再多言，急忙跑到所内一间小黑屋，把郑天挺叫了出来，结果双方大眼瞪小眼，并不认识。因了这次尴尬事件，北大研究生们在窃笑的同时，又戏编一副对联，曰：

　　　　郑所长是副所长，傅所长是正所长，郑、傅所长掌研所；
　　　　甄宝玉是假宝玉，贾宝玉是真宝玉，甄、贾宝玉共红楼。

二房东吴晗

44

钱锺书、夏鼐、吴晗被誉为"清华三杰"，至于前后排列的座次则有多种说法。无论如何，吴晗是个聪明人，也是个很好的读书人。然而，聪明的好读书人不见得面面皆好，比如吴晗在西南联大的表现，就令有些学生不服或感到不满。曾就读于西南联大土木、历史、中文、外文等四个系的何兆武，在后来口述的《上学记》一书中提及了吴晗，并明确表示不喜欢吴晗的讲课，原因是吴不是对历史作综合的观察，而是分成许多条条框框，如中国的官制、中国的经济等，把历史分割成许多专史，缺乏综合的整体观点。

在生活中，吴晗有几件事给何兆武留下了很不快的印象。何氏说："我的姐姐是38级经济系的，毕业以后不能住在学校，得找个房子住，吴晗那时候是二房东，租了一所很大的房子，然后分租给各家，我姐姐就租了他一间小房。'二房东'在旧社会是一个很不好听的名词，被认为是从中剥削，吃差价。吴晗经常赶人搬家，说是有亲戚要来住，要把房子收回去。不知道他是不是真有亲戚要来，不过在旧时代，二房东要涨房租的时候总是这样赶你走。吴晗轰过我们几次，给我留下了深刻的印象。"

中国教育史上的奇峰 45

清华大学的建立可追溯到1911年。

抗日战争时期，清华与北大、南开三校合组了国立西南联合大学，在昆明开课。

1941年4月最后一个星期日，清华大学在昆明举办校庆会，按惯例向全世界各大学发邀请函，美国拍来的贺电是："东土三十载，西方一千年。"

什么意思呢，就是中国的清华大学用了三十年的时间，就达到西方一千年大学的水平。换句话说，中国这个时候的清华大学，就是世界一流的大学，可以与美国的哈佛、耶鲁、斯坦福、哥伦比亚、宾夕法尼亚大学，或已与德国的柏林，英国的剑桥、牛津，法国的巴黎等世界顶尖大学分庭抗礼了。

美国人也不是瞎吹，说得确实有点道理。包括清华在内的西南联大，很快就出了杨振宁、李政道这样获诺贝尔奖的人物，产生了一大批自然科学家、文学艺术家等等在世界上赫赫有名的人物。

可以说，抗战中的西南联大，就是中国教育史上的珠穆朗玛峰，几乎是空前绝后，无法超越了。

西南联大的三个秘诀

46

　　蒙自分校迁往昆明本部之后，中文系教授唐兰（字立庵）在联大开课较多，有六国铜器、甲骨文字、古文字学、尔雅、战国策、词选等等。唐氏讲课不带讲稿，像平时聊天，如此一来，师生之间的距离无形中拉近了不少，时间越长越觉亲切。

　　当时就读的学生朱德熙说："听先生的课不但可以了解先生的学术见解，而且还可以看出先生治学的方法、态度和风格，所以很多同学爱听先生的课。当年在联大听先生课的，除了中文系同学，还有两位教授，一位是物理系的王竹溪先生，另一位是哲学系的沈有鼎先生。我记得王先生听的是说文，沈先生听的什么课我不记得了。不过沈先生是联大有名的不修边幅的人，他那满脸胡子茬儿，光脚穿一双又旧又破的布鞋走进教室的样子至今犹历历在目。当时昆明物价飞涨，教授生活十分清苦；加上日本飞机轰炸，三天两头跑警报。就在这样的环境里，王、沈两位先生居然有闲情逸致跑到中文系来听立庵先生讲古文字学，这事很能说明当时联大学术空气之浓厚。"

　　联大前后办了9年，师生颠沛流离，生活十分艰苦。可在茅草棚的教室里却培养出不少国内外知名的学者。究其原因，朱德熙认为至少由三个方面所决定："第一是外来的干扰少，第二是教授阵营强，第三就是有浓厚的学术空气。"

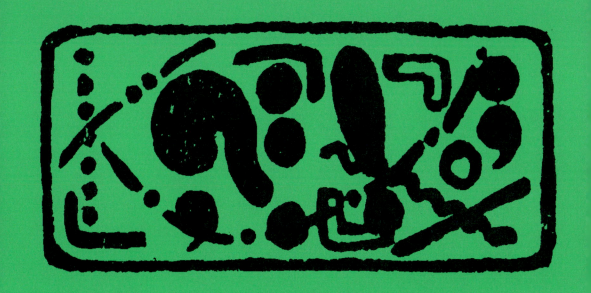

跑警报

07

梁思成一家
遭遇炸弹

1

　　说起梁思成、林徽因这对夫妇，大家就会想起浪漫的爱情故事，其实，梁、林的一生，更多是在苦难中度过，在学术研究中终了一生。

　　抗战时期，梁、林一家随清华大学流亡到了长沙。有一天，梁思成站在二楼阳台上向外看，发现有几架飞机向长沙城移动，仔细一看，是标有日本徽记的飞机，只见几个亮晶晶的家伙从飞机肚子里嗖嗖地钻出来，朝着梁家楼顶而来。

　　不好，快跑！梁思成急忙跑回屋里高呼家人向外跑。刚跑到门口，炸弹就在楼上爆炸了，一家五口被炸弹气浪掀到了门外。

　　轰炸结束，房屋被炸了个稀巴烂。一只穿着女人丝袜的断肢挂在树干上飘荡。另一块残壁上，有一个人形的清晰血印，据目击者对梁思成说，此人被炸弹冲击波抛起后又重重地掼在墙上，成了一个血肉模糊的肉饼。

　　梁思成倒吸一口冷气，如果当时晚跑一秒钟，一家五口也许就是这种惨象了。

林徽因母子
跑警报

2

　　林徽因在昆明的时候，与西南联大教授一起跑警报，但是各跑各的，不见得都堆在一个山沟或坟圹子里。此等情形，在林徽因给她的好友、美国人费慰梅的信中可以看到。林说："日本鬼子的轰炸或歼击机的扫射都像是一阵暴雨，你只能咬紧牙关挺过去，在头顶还是在远处都一个样，有一种让人呕吐的感觉。可怜的老金每天早晨在城里有课，常常要在早上五点半从这个村子出发，而还没来得及上课空袭就开始了，然后就得跟着一群人奔向另一个方向的另一座城门、另一座小山，直到下午五点半，再绕许多路走回这个村子，一整天没吃、没喝、没工作、没休息，什么都没有！这就是生活。"

　　梁思成、林徽因的儿子梁从诫在童年的记忆里，曾留下了这样的画面："有一次，日本飞机飞到了龙头村上空。低到几乎能擦到树梢，声音震耳欲聋。父亲把我们姐弟死死地按在地上不让动。我清楚地看见了敞式座舱里戴着风镜的鬼子飞行员，我很怕他会看见我，并对我们开枪。"

昆明的警报等级

3

抗战初期，位于西南的昆明是安全的。但到了1938年9月之后，日机开始轰炸昆明，大家都往城外跑。从此，昆明各阶层都开始跑警报了。

警报的等级是这样的。防空部门在昆明五华山铁塔瞭望台旗杆上悬挂灯笼，整个过程分为三级，即预行—空袭—紧急。所谓"预行"警报，即在旗杆上悬一个红灯笼。"空袭"警报悬两个红灯笼，并且鸣警报器，这就意味着日军飞机已飞过河口，进入云南境内；如果还往北飞，昆明就响起空袭警报，五华山瞭望台旗杆就挂红球，警笛"昂——昂——昂——"响10分钟。

如果日军飞机已经飞临开远县境，意味着百分之百要炸昆明，观察人员传来信号，昆明就要响"紧急"警报，警笛"昂、昂、昂——"响5分钟，两个红灯笼下掉（落下）。5分钟响过之后，人不管在哪个位置都不能再移动，更不能站着跑跳或做什么动作，因为一走动就是流动目标，就有引导日军飞机轰炸重要目标的汉奸或间谍嫌疑。同时，跑警报期间不管是停是留，手中不能携带或高举带柄的可疑物品，这种物品会被认为是给敌机发引导信号，仍属重大奸细与特务嫌疑，必被宪警擒获侦讯问罪。

被当作间谍看待的学生

4

抗战时期，昆明跑警报是有严格规定和规矩的，如果不懂或乱了规矩，就是自找麻烦。现在举一例。

据西南联大学生梁维纶回忆，工学院学生视为贵重财产的是不可或缺的计算尺，当时尚无电子计算工具，所用计算尺均系进口货，被读工科的穷学生视为至宝。故跑警报时必随手携带与其共存亡，在郊外枯坐时间太长，有时也会利用时间做习题。某次一位同学使用计算尺做习题时，适有巡逻警员路过发现，认为系用以向敌机打信号，有汉奸嫌疑，要带回局里问话。该同学解释系用以计算数字，更认为是计算飞机高度，带走之意愈坚。虽有其他同学闻争吵声前来帮助解释，警员亦不加理睬，唯因见人多势众，亦无可奈何，离去时仍面有怒容，自言自语道："云南这个地方可不是好玩儿的。"自此次风波以后，同学们跑警报随身所带之计算尺，多深藏书袋中，不敢轻易"露白"矣。

跑警报
跑进了棺材

5

　　1941 级西南联大学生翟国瑾说，跑警报也被称为"烟筒响"，因为警笛"昂、昂"的声音类似烟筒的响声。

　　话说某日，陈岱孙教授在昆中北院大教室上财政学，临时宣布举行小考。大家登时紧张起来，要求改期又未果，某女同学乃气愤地说："烟筒响就好啦！"不料天下事竟有如此巧合者，一言未毕，而"烟筒"果然响矣！

　　大家闻听一阵欢呼，纷纷夺门而逃，秩序为之大乱。只有陈教授仍含着烟斗，不慌不忙地说："不必跑，不必跑！如果来不及……已经来不及啦！"同学们一想，果然有理，乃秩序井然地缓步追随陈教授之后，从容出西便门而去。

　　校舍后门外是一大片坟场，荒冢累累，少见树木，一位男同学，还没有找到地方，敌机已临空，急忙找了个坑往下一跳，却跳进了一口棺材，扑腾一下就趴到腐烂的尸骨上去了。

华罗庚
被埋入土中

6

据说重庆一拉警报大家就躲进山洞里，可是昆明没有山洞，幸亏西南联大就在城边，一拉警报师生就往郊外跑，十来分钟就能翻两个山头。

有一次，华罗庚教授和教西洋史的皮名举教授躲在一起，不知怎么日本人在那山沟里撂下两颗炸弹，石头土块把他们埋了起来。皮先生爬出来，晕头转向地往外走，没走几步忽然想起华罗庚还在里边，赶紧又回去找人，这时华罗庚已被炸弹掀起的土埋住，大家将这一代大数学家从土堆中拖出来，华教授于半昏迷中当场吐了数口血。

金岳霖
带情书跑警报

7

抗战时期，西南联大教授金岳霖，每逢日机轰炸昆明的警报响起，他就左右手提两个箱子向郊外跑，一个箱子放着他视若生命的《知识论》手稿，一个箱子装着他视为自己灵魂的林徽因写给他的情书。

当时昆明人跑警报，大都要把一点值钱的东西带在身边。最方便的是金子，最普遍的是金戒指。老金提着林徽因的情书跑了几次警报后，忽然灵感迸发，非同常人的头脑立即意识到这样一个常识性问题：既然有人带金子逃跑，必有人会丢掉金子；有人丢金子，就会有人捡到金子；我是人，故我可以捡到金子。有了这个逻辑推理之后，便把这个发财的门道悄悄告诉了几个学生，让其如法试行。

跑警报时，特别是解除警报以后，几个学生每次回归都很留心巡视路面。果真有同学两次捡到过金戒指，老金闻讯甚为得意。逻辑推理有此妙用，是教这门课的金岳霖此前未曾料到的。

后来老金说，嗨，想不到学好无用的逻辑也能发一笔横财。

金岳霖
跑警报丢书稿

8

金岳霖跑警报，既能指导学生捡金戒指，也有自己丢书稿的倒霉事。

却说有一次敌机突至，警报响起，老金同往常一样提起藏有林徽因情书与《知识论》手稿的箱子向郊外奔逃。当赶到城北蛇山安全地带后，日机在城内轰炸，他坐在山中一块石头上，打开箱子取出书稿埋头修改。

这次日机轰炸的时间比往日长了许多，疲惫不堪的老金以书稿当枕头，竟一下睡过去了。醒来时，天已经黑了。老金坐起身，提起箱子就走。等回到宿舍一看，书稿忘拿了，急忙提了灯笼赶回去寻找，怎么也找不到那块石头。待第二天再去找，但只有白天躺着的几块石头和飘荡的野草在林中闪现，书稿却踪迹绝无。

回到宿舍，老金从巨大的懊丧与悲苦中逐渐恢复平静，痛下决心从头再来。这部后来在学术界影响巨大的哲学巨著，直到七年之后的1948年年底才完成。

由于在昆明发生的这件离奇事件，书还没出版就传遍了学术界。

陈寅恪
"入土为安"

9

    1940年，为避免敌机空袭，中央研究院史语所所长傅斯年，命人在居住的昆明靛花巷青园学舍楼前挖了一个大土坑，上盖木板以作防空洞。但坑里经常水深盈尺，住在三楼的陈寅恪一遇到警报，只有带着椅子坐在水里，一直等到警报解除。为此，陈寅恪曾专门拟过一副带有调侃意味的对联："闻机而坐，入土为安。""机"，是指日本的飞机；"入土"者，入防空洞也。每次警报一鸣，众学者争先恐后向防空洞奔跑，尽快"入土为安"。

    当时，身体虚弱的陈寅恪不但右眼已经失明，左眼也开始患疾，视力模糊，行动极其不便。又由于有睡早觉和午觉的习惯，傅斯年怕陈氏听不到警报或听到警报而因视力不济遭遇危险，每当警报响起，众人大呼小叫地纷纷向楼下奔跑，傅斯年则摇晃着肥胖的身躯，不顾自己极其严重的高血压和心脏病，喘着粗气，大汗淋漓地向楼上急奔，待跑到三楼把陈寅恪小心地搀扶下来，送进防空洞，才算了却了一件心事。

跑警报
与三角恋爱

10

西南联大校园之后有座土山，沿山边古驿道北走四五里，驿道右侧较高的土山上有一横断的山沟，据说是某年某月由于地震造成。沟深约三丈，沟口有二丈多宽，沟底也宽有六七尺，是一处极佳的天然防空沟，日机若是投弹，只要不是直接命中落在沟里，即便是在沟顶上爆炸，弹片也不易崩进来。机枪扫射也不可怕，因为沟的两壁是死角，子弹是难以拐弯的。

此沟之大可容数百人，年轻的师生常到这里躲避，无聊之时就在沟壁上修了一些私人专用的防空洞，大小不等，形式不一。这些防空洞不仅表面光洁，有的还用碎石子或碎瓷片嵌出图案，缀成对联。西南联大学生汪曾祺回忆说，至今还记得两副，一副是"人生几何，恋爱三角"；一副是"见机而作，入土为安"。

后一副显然是抄袭了陈寅恪的诗句，是一种对眼前场景的纪实。前一副如汪曾祺所言，表面看来是一种泛泛的感慨，但也是有现实意义的。因为跑警报的时间与次数多了，在西南联大就出现了一个特别的情形：同学跑警报，成双成对者越来越多。跑警报说不上是同生死，共患难，但隐隐约约有那么一点儿危险感，和看电影、遛翠湖不同。这一点儿危险感使双方的关系更加亲近了。女同学乐于有人伺候，男同学也正好殷勤照顾，表现一点儿骑士风度。正如孙悟空在高老庄所说："一来医得眼好，二来又照顾了郎中，这是凑四合六的买卖。"

按照老金所教的逻辑课中的逻辑推理，有恋爱，就有三角，有三角，就有失恋者。当时西南联大跑警报的"对儿"并非总是固定的，有时一方被另一方"甩"了，两人"吹"了，"对儿"就要重新组合。据汪曾祺猜测，在防空洞写下那副"恋爱三角"对联的，大概就是一位被"甩"的男同学。

吴宓
警报声中遇情敌

11

吴宓在1940年10月30日的日记中曾这样记载："逃避空袭出郊野终日，实为少年男女缔造爱情绝佳之机会。"由此可见，吴教授对跑警报中所见所闻的男女恋爱逸事，是格外关注并充满幻想的，只是这种幻想落到现实之中又往往生出一种尴尬，而这尴尬一旦落到吴宓身上，又是一场揪心扯肺的心灵之痛。

吴宓自早年与夫人陈心一离婚，一直不间断地狂追死缠"三洲人士共惊闻"的梦中老情人，时在上海、重庆等地居住的毛彦文，同时又感觉追逐毛彦文前景渺茫，远水不解近渴，乃在追毛的同时，又坐地追求西南联大生物系女助教B（英文名蓓拉），但这位B小姐却与本校一位姓赵的体育教员相好，这个"三角"令吴十分苦恼。

某次跑警报，B小姐与赵青年跑至苏家塘东山之下并肩坐地歇息，忽见吴宓气喘吁吁地跑来，二人"见宓，低伞以自障"。吴宓见状，只好紧急"刹车"，眼珠乱转一通，识趣地喘着粗气转道跑开。数日后，警报又响，但见B小姐"装扮完整，服红灰色夹大衣"，而赵某人"衣航空裌，草绿军裤。手持照相机。身貌甚魁伟健壮"，二人"相伴同行"。宓见之，大为尴尬，只好"缓行，遥尾之"。

我们下课

12

抗战中期的昆明人跑警报，恐惧中不乏中国式的幽默。警报一响，不管男女老少，都得往外跑。

为了说明昆明警报之多，当时的西南联大中文系学生汪曾祺还以他特有的幽默风趣举例说，西南联大有一位历史系的教授——听说是雷海宗先生，他开的一门课因为讲授多年，已经背得很熟，上课前无须准备。下课了，讲到哪里算哪里，他自己也不记得。每回上课，都要先问学生："我上次讲到哪里了？"然后就滔滔不绝地接着讲下去。班上有个女同学，笔记记得最详细，一句不落。雷先生有一次问她："我上一课最后说的是什么？"这位女同学打开笔记夹，看了看，说："您上次最后说：'现在已经有空袭警报，我们下课。'"

梅贻琦跑警报

13

梅贻琦作为常川住校的常委会主席，无一例外地要随师生一起跑警报，且在奔跑途中还要尽掩护督促之责，飞机来时，跟学生一样趴在地上。

西南联大女生王远定在海外漂泊许多年后仍记得当时的场景："有一次在紧急警报后，来不及走避的同学，便集中在南院防空洞前，看见梅校长到来，当然请校长先行，而敌机已在空中机枪扫射，在这样危急的情况下，校长仍坚持让我们一个个先进去，自己殿后。长者风范，真令人钦仰。"

梅贻琦与吴晗
跑警报

14

吴晗在西南联大任教时，给学生何兆武留下了极其恶劣的印象，这一点是毋庸置疑的。

许多年后，在谈到昆明遭日机轰炸的情形时，何兆武有自己独特的观察并对吴晗有所评价。每当警报来临，大家往郊外奔跑，二十来岁的青年学生十分钟就能翻过两个山头，但老师们因年纪较大，又在书斋里静坐惯了，翻山越岭就费劲多了，而正是这样的反差，给事件的亲身经历者提供了观察各色人物的机会。

何兆武说："大凡在危急的情况下，很能看出一个人的修养。比如梅校长，那时候五十好几了，可是极有绅士风度，平时总穿得很整齐，永远拿一把张伯伦式的弯把雨伞，走起路来非常稳重，甚至于跑警报的时候，周围人群乱哄哄，他还是不失仪容，安步当车，同时疏导学生。可是吴晗不这样，有一次拉紧急警报，我看见他连滚带爬地在山坡上跑，一副惊慌失措的样子，面色都变了，让我觉得太有失一个学者的气度。"

校长防空洞写书
赚稿费

15

　　北大校长蒋梦麟率师生抵达昆明后，成为国立西南联合大学校委会常委兼北大校长。随着抗战持续，中国军民生活越来越艰苦，流亡西南地区的公教人员包括学生，吃饭都成了问题。在这种严峻情况下，蒋梦麟利用跑警报、钻防空洞的时间，以英文写成了自传体回忆录《西潮》。

　　蒋校长以英文写作，目的有二：表面的理由是在防空洞光线不足的情况下，使用英文写出的字较易辨识，但内在的动机是为了方便在美国出版。此时蒋的5个子女都在学校读书，开销颇大，一切全靠自己微薄的收入艰难支撑，因而写作间隙，他把稿子陆续寄给驻美大使胡适，希望胡能校正一下其中的错误，同时设法在美国寻找出版商出版，以便"能赚点稿费养家糊口"。蒋校长认为在当时的贫困处境下，"如能摸几文钱，使我全家的灵魂不与体魄分离，已是意外的收获了"。

　　作为国立北京大学校长、国立西南联合大学常委，竟困窘至此，实在令人扼腕叹息。

　　最后补充一句，此书于1945年在美国出版后，立即受到学术界高度重视，被哈佛大学远东研究所定为重要参考书之一。12年后的1957年，蒋梦麟把此书译成中文，在台湾由《中华日报》出版发行，立即风靡一时，佳评潮涌，尤其是台湾青年，几乎人手一册。在台湾20世纪50年代的"文化沙漠"里，这部书被当时的年轻人视为"人生教科书"。此乃一意外收获。

名士风骨

以袁世凯为反面典型

　　南开校长张伯苓以诚信精神教导学生，并把传统的道德基因和严正的社会规则注入学校文化，培育学生的公德心和公民意识，可谓用心良苦。如1916年6月28日，张伯苓在南开中学第8次毕业仪式上，以给予过南开学校支持并捐过1万多大洋，时刚去世22天的民国大总统、"洪宪皇帝"袁世凯为典型案例，谆谆告诫诸生"我所望于诸君牢记而守之终身焉者无它，'诚'之一字而已"，并说："袁前总统办事富于魄力，因应机警，即外人亦啧啧称道，然而一败涂地。其终也，纵极相亲相善之僚友亦皆不能相信，不诚焉耳。以袁一世之雄，不诚且不能善其后，况不如袁者。此吾少年最宜猛省者也。"最后，张伯苓强调："是故诚之一字，为一切道德事业之本源，吾人前途进取应一以是为标准。"

　　1931年2月，一个长久没有联系的前南开某生，自日本致函张伯苓，请老校长为其举荐一个职位。张伯苓在复函中谓："仆生平最重诚实，对于吾弟造诣情形如何，目前非所得知。往日已成过去，虚言之既非所愿，实言之亦于弟无补，最好请吾弟别觅相当介绍，或不致误。"

　　之后，另一位已工作的南开中学毕业生，亦致函张伯苓，请为其出具一个南开大学毕业的证明。张伯苓阅后，心中极不痛快甚至厌恶已是必然，从回函中即可见出："吾弟本系中学毕业，今竟托为大学毕业，殊属非是。委代发证明文件一节，事之本无，委实不知从何证记。我校对人尚不取乎虚假，为吾弟所深知。苓之未能如命，想必蒙鉴谅于格外也。"

　　正是由于张伯苓对社会守信、至公至诚的人格魅力，才为南开创造一光荣历史地位，才使南开师生得到社会各界的普遍尊重与赞扬。

张伯苓训学生：
你们讨厌

2

1934年10月，第十八届华北运动会在天津召开。此时日军已形成对平津包围态势，全面侵华战争一触即发。平津地区的北大、清华、南开等高校，成为抗敌救国最顽强、激进的中坚力量。

10月10日，运动会在新修建的天津体育场隆重开幕。受邀的中方大员及军政要人、天津士绅200余人。外方人士有英、美、意、日、德等国驻天津领事和随员。来自察哈尔、陕西、山东、山西、辽宁、吉林、黑龙江、热河、绥远、河南、河北等十一省，以及北平、青岛两市以及哈尔滨特别区的一千名运动员齐聚一场。各位大员与总裁判、南开校长张伯苓登台演讲。词毕，入场式开始。

南开体育教练董守义手持小旗前导，全体运动员于音乐声中缓缓入场，并招手向观众致意。正在这时，台下一声哨响，素有"海怪"之称的南开体育名将严仁颖，指挥正对主席台的南开学校500名由男女学生组成的啦啦队员，突然用黑白两面布幔做成的手旗，连缀出"欢迎十八届大会""勿忘东北，勿忘国耻"等大字。主席台各路大员与前来观赛的3万多名观众，被南开学生出其不意的爱国行为震惊。等大家缓过神来，报以热烈的掌声。

掌声未息，严仁颖又一吹口哨，啦啦队员又变换手势，用布幔打出"收复失地""中华民国万岁"等字样，场下爆发出震耳欲聋的欢呼声。紧接着，啦啦队员齐声合唱《努力奋斗之歌》："众青年，精神焕发，时时不忘山河碎。北方健儿齐努力，收复失地靠自己……"

3万多名观众纷纷站起，群情激昂，精神振奋，手举拳头，高呼口号，跟随啦啦队员一起歌唱。时正值东北运动员入场，顿时增添了悲壮气氛，许多人流下了眼泪。

南开啦啦队的一连串表演，激怒了受邀出席运动会并坐在台上的日本驻天津最高长官梅津美治郎，他当即起身，吹胡子瞪眼向张伯苓提出抗议。张伯苓则平静地应对道："中国人在自己的国土上进行爱国活动，这是学生们的自由，外国人无权干涉。"

梅津见对方既不服软，更不道歉，愤然退席表示态度。日本领事馆一干人员一看梅津退席，也纷纷退席并向国民政府官员提出"强烈抗议"。最后的结果是，国民政府饬令南开校方要对学生严加管束，禁止类似事件再次发生。

当天下午，张伯苓把严仁颖等几个学生领袖找来加以"训斥"，第一句话是："你们讨厌！"第二句话是："你们讨厌得好！"第三句话是："下回还这么讨厌！要更巧妙地讨厌！"言毕，哈哈一笑，转身离去。

扬帆
教曹禺唱《国际歌》

3

20世纪五六十年代，因受"潘汉年、扬帆案"牵连的扬帆坐了几十年牢，80年代平反昭雪。此一大案牵涉了好多无辜的人，包括当年的国立戏剧专科学校校长、著名戏剧家、无党派人士余上沅先生。只是当余先生平反昭雪的时候，人已死去多年了。

1935年，国民党中央宣传部与国民政府教育部在南京联合创办国立戏剧专科学校，余上沅任校长，北大毕业的石蕴华（后取名殷扬、扬帆）任事务主任，陈治策、马彦祥、王家齐任导师。

1936年9月，以《雷雨》和《日出》闻名于世的曹禺被聘为国立剧专导师。国立剧专开学的第一天，曹禺给学生开课，站在校门口迎接他的教职员工与学生代表中就有石蕴华，这应是二人首次或较早的见面。随着时间的推移和交往渐多，二人关系越来越密切，心灵越来越靠近，最后成为无话不谈的密友。许多年后，曹禺对前往访问的田本相说："1936年，我到南京国立剧专工作，认识了张道藩的一位秘书。他常跟我说：'现在常谈社会主义，可是你要分清不同的社会主义，德国的纳粹党也讲'社会主义'，你要分清楚。'他还说：'你现在写东西不讲明阶级，至少也要讲明阶层啊。'"这是曹禺排演《争强》时石蕴华对他说的话。对于这个剧的结局，劳资双方以妥协达成和解，石蕴华是有不同意见的，他认为资产阶级与无产阶级永远是对立的，有血海深仇的，你死我活的，中间没有调和妥协的余地，结局只能是无产者以革命和暴力的方式推翻资本家，并像苏维埃政权十月革命一样，把统治者代表老沙皇全家老小全部弄死，不留一个活口，同时把剥削压迫劳苦大众的资本家全部消灭干净，再在坟头上踏上一只脚，防止他们的灵魂在九泉之下集结力量，于某个月黑风高的晚上悄悄钻出墓穴，重返世界反攻倒算，夺取政权并占有资源、资产，让劳动者吃二遍苦、受二茬罪云云。

为进一步往书生曹禺的脑中浇灌无产者造反的红色基因和洗掉原来脑中的污垢灰尘，石蕴华还利用一切可以利用的时间接触曹禺，并给予多方思想与政治观念、造反兼革命理论的灌输。一个黄昏，石与曹二人散步于国立剧专操场，见活动的师生渐少，二人便来到一个树木较多的地方停下来，石蕴华望着空旷的操场唱起歌来："起来，饥寒交迫的奴隶，起来，全世界受苦的人。满腔的热血已经沸腾，要为真理而斗争。旧世界打个落花流水，奴隶们起来、起来！……"

唱毕，石蕴华面呈庄严、肃穆之色，对曹曰："你觉得好听不好听？"

曹禺面呈慷慨激昂之色，点头答道："好听！好听！"

石的脸上现出一副自豪的表情，告之曰："此乃《国际歌》，是全世界无产阶级的歌，我教你唱好不好？"

"好！"曹禺点头称是。

于是，石、曹二人在操场上用低沉有力的声音唱了起来："旧世界打个落花流水，奴隶们起来、起来！……"夜幕降临了，周边的房舍亮起了橘红色的灯光，歌声依然在星光照耀下的夜空回荡，久久不息……

此一情景，深深地镌刻在曹禺的心中，使其终生难忘。许多年后，当他回忆南京国立剧专生活时，曾说："那时，南京白色恐怖比较厉害，他常到我家里来，骂张道藩，据说他是个地下党员。这些人对我都是有影响的。"又说："在中学时代，我只是在事后知道我的同学管亚强、郭中鉴是共产党人；而像石蕴华这样直接给我帮助并产生过影响的共产党人，他是第一个。"

陈寅恪父亲
绝食而死

4

陈寅恪出身名门，祖父陈宝箴被誉为晚清"清流派"中流砥柱，受朝廷重臣、兵部尚书荣禄荐举，于光绪二十一年（1895年）以直隶布政使诏受湖南巡抚，一跃而成为独当一面的封疆大吏。

其父陈三立于光绪十二年（1886年）进士及第，先后出任京师吏部行走、主事。陈宝箴入主长沙巡抚衙门后，陈三立辞官回湘襄助其父招贤纳士，讲文论学，声名顿起。"一时贤哲，如朱昌琳、黄遵宪、张祖同、杨锐、刘光第辈，或试之以事，或荐之于朝。又延谭嗣同、熊希龄、梁启超等儒林名宿，创立时务学堂、算学堂、湘报馆、南学会之属，风气所激励，有志意者，莫不慷慨奋发，迭起相应和。于是湖南士习为之丕变，当时谈新政者，辄以湘为首倡，治称天下最。凡此为政求贤，皆先生所赞勷而罗致之者也。"

1937年，自号"神州袖手人"的陈三立已是85岁高龄，随做清华教授的儿子陈寅恪进京住于城中。卢沟桥事变发生后，面对山河破碎，日本军队咄咄逼人的凶妄气焰，三立老人忧愤不已，情绪低沉，终致一病不起。当中国军队败退，有悲观者言称中国非日本人之对手，必弃平津而亡全国时，三立老人于病榻上圆睁二目，怒斥曰："中国人岂狗彘不若，将终帖然任人屠割耶？"

言毕遂不再服药进食，欲以死明志。平津沦陷后，老人伤心欲绝，大放悲声，曰："苍天何以如此对中国邪！"延至9月14日，一代诗文宗师溘然长逝。

陈寅恪
被困香港

5

　　太平洋战争爆发后，正在香港准备赴英国牛津大学讲学的陈寅恪与家人被锁困。时学校关门，粮库封锁，钱粮来源皆已断绝，只靠一点儿存粮维持一家人生命。

　　未久，驻港日本宪兵首领得知陈寅恪乃世界闻名学者，欲令其为日本谋事。遂令宪兵拉两袋陈家急需的大米以示恩赐。陈寅恪夫妇见状并得知来意，竭尽力气把已放于室内的米袋拽了出去，宪兵呜里哇啦说着鬼话又搬回，陈氏夫妇再度拽出。如此往复多次，最后陈寅恪面带怒容用日语高声斥责宪兵，告知宁肯一家饿死也不要大米，宪兵见状，将米袋拉走。

　　春节过后，忽有一人自称陈寅恪旧日学生来访，谓奉命请其到沦陷区广州或上海任教，并拨一笔巨款让陈老师筹建文化学院。陈寅恪听罢，愤而说"你不是我的学生"，将对方赶出家门。

　　此后，陈寅恪两个月之久未脱鞋睡觉，又被日本宪兵迫迁四次。

　　忽一日，汪精卫老婆陈璧君携伪中山大学校长找上门来，请其为汪伪政府服务。陈寅恪躺在床上，说自己生病不能动，陈璧君即加以恫吓，而伪校长反说不要为难病人，二人遂去。未久，原清华大学教授，时为沦陷区日伪北京大学校长的钱稻孙，以伪币千元月薪诱陈寅恪离港出任伪北京大学教职，仍被陈氏所拒。稍后，倭督及汉奸以20万军票（港币40万），托陈寅恪出面主办东亚文化会及审查教科书等，均遭陈寅恪严词拒绝。

　　眼见形势越发紧迫，陈寅恪欲冒死突围，经过一番筹划与化装打扮，陈氏全家于1942年5月5日，乘一艘运粮的小商船，在夜幕掩护下悄悄逃离了坟墓般的孤岛，辗转抵达桂林。

刘文典
以发夷声为耻

6

　　清华教授刘文典蛰伏在北平拒与日伪组织合作的举动，激怒了日本人，遂祭出逼其就范的阴招，直接派日本宪兵持枪闯入刘宅强行搜查。

　　面对翻箱倒柜、气势汹汹的日本宪兵，刘文典以他的倔强、狷介性格，不知从哪里翻出一套袈裟穿在身上，做空门高僧状，端坐椅上昂首抽烟，任凭日本宪兵队长摇晃着翻出的信函呜里哇啦地质问，刘氏始终以鄙夷讥诮的神态，一言不发。一油头粉面的汉奸翻译官见状，用标准的北京油子腔儿喝道："你是留日学生，精通日语，太君问话，为何不答？"刘文典白了对方一眼，冷冷地道："我以发夷声为耻，只有你们这些皇城根下太监们生就的孙子，才甘当日本人的奴才与胯下走狗！"翻译官闻听恼羞成怒，猛地蹦将起来，拉开架势欲扇刘氏的耳光，却意外地被日本宪兵队长一脚踹了个趔趄。

　　面对越来越险恶的环境，刘文典深知北平不能再留，乃决计尽快设法逃脱，到西南边陲与清华同事会合。行前，他庄重地写下了"臣心一片磁针石，不指南方不肯休"的诗句以自励。第二天星夜，刘文典逃出北平，向云南方向奔去。

叶公超
舍命保护毛公鼎

1937年上海沦陷，做过北洋政府总长的大佬叶恭绰，携带重金与看得上的几个婆姨乘船移居香港。临行前，秘密将珍藏的7箱贵重文物放于一个地下室中，其中一箱是他收藏的国之重宝毛公鼎。由于是仓皇出逃，一位刚娶过家门不久的潘姓小妾没有随行。

叶恭绰一走就是三年，潘小妾耐不住寂寞，在高人指点下，决定弄到一批财产后远走高飞。叶恭绰闻听消息，决定让侄子叶公超赴沪把这个小妾制服。

此时叶公超38岁，正是英俊的盛年。叶恭绰在密室向叶公超交代，此次回沪，最重要的是保护毛公鼎，毛公鼎是国之重宝，日本人垂涎三尺，搜索几年但迟迟得不到手。这次千万不能落入日本人之手，有朝一日，献给国家。

叶公超潜回上海老家，想出手制服小潘，但这个小潘受上海滩一个类似西门庆式的土豪指点，径直进入了上海日本宪兵司令部，声称家中来了一位间谍，并把叶家秘藏的国之重器毛公鼎一并供出，只是不知具体秘藏地点。日军听罢立即采取行动，宪兵在叶府搜出一些字画和两支自卫手枪，以间谍罪将叶逮捕关入大牢。

日军除了让叶公超交代身份，更重要的是审讯毛公鼎的秘藏地点，在49天的囹圄之中，叶先后7次受审讯、2次受鞭刑、水刑，但他始终不承认自己是间谍，更不吐露毛公鼎秘藏地点。为了尽快脱身，叶公超暗中传出一纸条，密嘱家人请铸工假造一个毛公鼎式样的古铜器交出。时在上海的叶公超之兄叶崇勋除了找制假的文物贩子日夜打造铜器，还通过赵叔

雅、陈公博、汪精卫等人与日本宪兵司令部交涉，花了一大笔重金具结作保，被折磨得三分像人、七分像鬼的叶公超总算于10月下旬出狱。

在一个月黑风高的深夜，叶公超指挥几人悄悄把毛公鼎从秘藏的地下室弄出运往上海码头，秘密乘船逃往香港。国之重器毛公鼎最终没有落入日本人之手，现藏于台北"故宫博物院"。

张恨水
智斗土肥原贤二

8

　　1926年，张恨水创作完成了百余万字的长篇言情小说《金粉世家》，在《世界晚报》连载后，再度引起轰动。而稍后创作完成的同类题材小说《啼笑因缘》，把张恨水的声望推上了巅峰，戏剧与戏曲界争相改编演出，使张恨水的声名如日中天，不但中国庙堂江湖妇幼皆知，连日本特务也成了张氏的粉丝。

　　1935年，日本关东军头目土肥原贤二，请人携带《春明外史》《金粉世家》两部小说和亲笔信去张恨水家，请张"赐予题签，藉（借）留纪念，以慰景仰大家之忱"。张恨水看完信，思索片刻，把送来的两部书留下，另外取出一本宣传抗战的《啼笑因缘续集》，在扉页上写下："土肥原先生嘱赠，作者时旅燕京。"

　　张恨水之所以写"嘱赠"二字，暗喻自己并不想赠书，只是土肥原派狗腿子上门索要，无法推辞。而只写"作者"不题"张恨水"三字，暗示张不愿与狼共舞。来者看出了张恨水的用心，劝张不要触怒这个杀人不眨眼的日本特务头目，免得自己与家人遭殃。张不以为然地笑道："土肥原有来恳我题签之雅量，即有任我题何签、赠何书之雅量。否则，王莽谦恭下士之状未成，而反为天下读书人笑也。"

　　土肥原拿到书后，翻看题签，自是懂得张氏所思，但又不便发火，遂做大度状向张恨水致谢，赞曰："描写生动如画，真神笔也！"

傅斯年
给母亲下跪

　　傅斯年才华横溢，一生霸气十足，目空天下士，但对母亲十分孝顺，偶遇老母发脾气，乃立即长跪不起，听任母亲斥责，直到老太太发完脾气，让他起来方才站起，或是对母亲解释，或是好言安慰。因傅母患高血压病，忌吃猪肉，作为儿媳的俞大彩为照顾婆母身体，不敢给她食肉，而傅母却偏喜好这一口，且极爱好吃肥肉，于是矛盾不可避免。

　　晚年的俞大彩曾回忆说：孟真侍母至孝，对子侄辈，也无不爱护备至。太夫人体胖，因患高血压症，不宜吃肥肉，记得有几次因我不敢进肥肉触怒阿姑，太夫人发怒时，孟真辄长跪不起。他窃语我云："以后你给母亲吃少许肥肉好了。你要知道，对患高血压症的人，控制情绪，比忌饮食更重要，母亲年纪大了，别无嗜好，只爱吃肉，让她吃少许，不比惹她生气好吗？我不是责备你，但念及母亲，含辛茹苦，抚育我兄弟二人，我只是想让老人家高兴，尽孝道而已。"

　　抗日战争全面爆发后，南京空袭日频，危在旦夕。傅斯年由于领导中央研究院各所的搬迁事宜，无暇顾及家庭，更无力陪侍老太太避难同行，特委托一位下属和两个侄儿负责保护母亲转移至安徽和县暂住。南京沦陷，傅氏辗转来到重庆后不久，两个侄儿来见，傅斯年以为家人顺利脱险，十分高兴，当侄儿述说祖母没有逃出来时，傅斯年大怒，当场打了侄儿两个耳光，又各自踹了两脚。随后，千方百计令人把母亲于战祸连绵的安徽接了出来。

傅斯年
给儿子取名有学问

10

　　1935年，日本策动"华北特殊化"。时任冀察政务委员的萧振瀛招待北平教育界名人，企图劝说就范。出席的傅斯年闻言拍案而起，斥责萧氏卖国求荣。据参与此事的陶希圣回忆："孟真在萧振瀛的招待会上，悲愤地壮烈地反对华北特殊化，这一号召，震动了北平的教育界，发起了'一二·九'的示威运动。北京大学同人在激昂慷慨的气氛中，开了大会，共同宣誓不南迁，不屈服；只要在北平一天，仍然作二十年的打算，坚持到最后一分钟。"自此，整个北平的混沌空气为之一变。

　　也就在这一年，有一天，傅斯年对同学兼好友罗家伦说："我的太太快要生孩子了，若生的是一个男孩，我要叫他作仁轨。"

　　罗氏听罢，一时脑筋转不过来，便问道："为什么？"

　　傅斯年仰天吐一口气，做不屑一顾状："你枉费学历史，你忘了中国第一个能在朝鲜对日本兵打歼灭战的，就是唐朝的刘仁轨吗？"

　　罗家伦"噢"了一声，深为感动。

　　1944年夏秋，日军围困湘中重镇衡阳，中国军队精锐方先觉第十军全军覆没，其他战场的中国军队也连连失利。消息传出，傅斯年心情异常沉重，在流亡李庄的泥墙土屋孤灯下，为9岁的儿子傅仁轨书写南宋爱国英雄文天祥《正气歌》《衣带赞》诸诗，并题跋曰："其日习数行，期以成诵，今所不解，稍长必求其解。念兹在兹，做人之道，发轨于是，立基于是。若不能看破生死，则必为生死所困，所以异于禽兽者几希矣。"

傅斯年
参会证明自己没死

11

　　1941年春，傅斯年在重庆遭遇了丧母之痛，加之感时忧国，为公务奔波忙碌，多年的高血压症暴发，头昏眩，眼底血管破裂，情形严重。不得已，在重庆郊区山中借屋暂居，借以养病。

　　有一次，三五好友不顾路途遥远，上山探疾。傅斯年嘱夫人俞大彩留客便餐，但厨房中除存半缸米外，只有一把空心菜。夫人急忙下楼，向水利会并不太熟悉的韩先生借到一百元，沽肴待客。俞大彩是兵工署长俞大维的胞妹，出身名门世家，那是她平生唯一一次向人借钱。

　　事隔一月，俞大彩已还清债务，漫不经心地将此事说与傅斯年。不料傅长叹一声说："这真所谓贫贱夫妻百事哀了。等我病愈，要拼命写文章，多赚些稿费，决不让你再觍颜向人借钱了。我好惭愧！"

　　第二天，傅斯年拖着病体，坚持出席了于重庆召开的国民参政会议，但仅出席一半就因体力不支回到山中继续养病。

　　此时，傅斯年对所谓的"参政"早已没了兴趣，只因为他的老对头、国之巨贪孔祥熙到处散布流言，谓："听说傅斯年病得要不行了！"言外之意是马上就要断气死掉了。

　　傅斯年闻知怒不可遏，大骂孔氏是乱臣贼子、混账王八蛋，人人得而诛之等。此次带病出场亮相，完全是为了反击幸灾乐祸的孔祥熙，"盖证明我未死也"！

傅斯年
等稿费做棉裤

12

　　1950年12月19日晚，一个寒冷的冬夜，台湾大学校长傅斯年穿着一件厚棉袍在书房伏案写作，妻子俞大彩把炭盆生起后坐在对面缝补傅的衣袜。突然，傅搁下笔抬头对妻说，他正在为董作宾刊行的《大陆杂志》赶写文章，想急于拿到稿费，做一条棉裤。又说："你不对我哭穷，我也深知你的困苦，稿费到手后，你快去买几尺粗布，一捆棉花，为我缝一条棉裤，我的腿怕冷，西装裤太薄，不足以御寒。"

　　俞大彩听罢，一阵心碎，欲哭无泪。尽管当时台湾的经济状况极度混乱糟糕，但比抗战时期在昆明和李庄总要好一些，傅斯年作为当时台湾岛内唯——所大学校长兼"中央研究院"史语所所长，一般人也许觉得他不该再像李庄时代那样闹穷了，殊不知当时傅领的只是台大的一份薪水，时儿子傅仁轨仍在美国读书，他和时任台大英语系副教授的夫人俞大彩两个人的收入，仅能维持最低限度的生活。此前傅斯年拿到一笔稿费，想托"卫生署"的官员刘瑞恒出差到香港时买一套现成的西服，但把稿费和家里的存款加起来一算，只能买一件上衣。傅斯年只好说："幸亏我还有没破的裤子，那就只买件上衣吧。"

　　不几日，当董作宾含泪把稿费送到傅家时，俞大彩双手捧着装钱的信封，悲恸欲绝，泣不成声。用心血换取的稿费到来了，但此时的傅斯年已命归黄泉，不再需要为自己的双腿做御寒的棉裤了。

　　1950年12月20日上午，傅斯年列席台湾省"参议会"的一次会议，突发脑溢血去世。

胡适的投资与买卖

13

1947 年，胡适通过广播作了题为《眼前文化的动向》的演说，明确提出用科学的成绩来解除人类的痛苦，用社会化的经济制度来提高生活水平，用民主的政治制度来解放思想、造成独立人格云云。

当时，天津北洋大学电机系一个叫陈之藩的学生，听了胡适的演说既激动又兴奋，立即给胡写了一封万言长信，倾诉"心幕中的影子"，并对胡适说的世界民主大趋势提出疑问。胡适接信阅毕，专门写了《我们必须选择我们的方向》一文作为答复。文中，胡适重申、强化了他的"基本立场"。文章刊出后被 40 多家报纸转载，轰动一时。

随后一年左右的时间里，陈之藩给胡适写了 10 封长信，胡适去世后，他把这些信结集出版《大学时代给胡适的信》一书。

1948 年陈之藩从北洋大学毕业后，受学校派遣前往台湾高雄碱业公司工作。1954 年，胡适从美国第二次回台湾参加"国民大会二次会议"，陈之藩从高雄去看他，两人有如下对话——

胡适问："什么时候回来的？"

陈之藩反问："从哪里回来？"

胡适答："从美国。"

陈之藩说："从台北到高雄我都买不起车票，怎么去美国？我做梦也没有到那里去。"

胡适回美国后，给陈之藩寄来了一张 400 美元的支票，是留学的保证金。陈之藩收到支票后却因为没有钱买机票，又不好意思再向胡适开口，隔年才赴宾夕法尼亚大学攻读硕士学位。陈之藩毕业后，应聘到曼斐斯城的一所大学任教。得到工资后，向胡适偿还了当年的钱，此时已是三年后的1957年10月15日，胡适给陈之藩写了一封回信，说："之藩兄，谢谢你的来信和支票，其实你不应该这样急于还此四百元，我借出去的钱，从来不盼望收回，因为我知道我借出的钱总是'一本万利'，永远有利息在人间。"

陈之藩接信，大为感动。胡适去世后，陈氏公开了这封信，并专门写了一文："这是胡先生给我的最短的一信，但却是使我最感动的一信。如同乍登千仞之冈，你要振衣；忽临万里之流，你要濯足。在这样一位圣者的面前，我自然而然地感到自己的污浊。他借出的钱，从来不盼望收回，原因是，永远有利息在人间。……我从来没有过这样澄明的见解与这样广阔的心胸。"

梅贻琦的皮包

14

1962年2月24日，胡适在台北出席台湾"中央研究院"会议时突然发病撒手归天，消息传到台大附属医院，正患重病住院的台湾"清华大学"校长梅贻琦深感悲痛。经此刺激，梅贻琦病情加重，几度昏迷不醒。

4月29日，梅贻琦在病榻上发表了最后一次对"清华"校友的讲话，诚朴谦逊一如往常，只是言语稍有错乱。5月4日，由微热到高烧不退，咳嗽转剧，任何抗生素都不能控制。19日，梅贻琦陷入昏迷状态，体温升至41℃。如此病况，国民党高层为之震动，蒋介石闻讯，指示陈诚、蒋经国等组织台大医务人员全力抢救，延至上午10时50分，终告不治。梅贻琦溘然长逝，享年73岁。

梅贻琦生前有一个随身携带的手提皮包，入住台大医院时放在床下一个较隐秘的地方，包里装的什么珍贵东西没有人知道。梅去世后，秘书在料理后事的同时迅速将手提包封存，后来在有各方人士参加的场合下启封。当包打开，所有人都目瞪口呆，里边装的全是"清华"基金账目，一笔笔清清楚楚地列着。睹物思人，在场者无不为之感动，热泪盈眶。

几个月前，胡适与几位"清华"资深校友委婉地劝梅贻琦留个遗嘱，以为将来后继者遵循办理，但梅贻琦直到临终都没有照办。此时，面对眼前这个皮包，韩咏华顿悟，梅贻琦没有任何财产，所有的话都在病床上讲完了，所以也就无须写什么遗嘱了。

恩怨纷争

09

严复痛斥
康有为、梁启超误国害友 1

严复，字几道，福建侯官县（今闽侯县）人，清末民初极具影响力的资产阶级启蒙思想家，著名翻译家、教育家，新法家代表人物，中国近代史上向西方国家寻找真理的"先进的中国人"之一。对国人影响既大且深的巨著，如亚当·斯密《原富》、孟德斯鸠《法意》、赫胥黎《天演论》等最早译本，就出自严复之手。

严复的学问大，人格高，且有十足的中国读书人怪脾气，老而倔强，其性格硬度与决断力，比之患得患失、畏首畏尾的后生小子强悍干脆得多。当康有为、梁启超等辈，在京城弄出一个"公车上书"暴得大名之后，世人如饮狂药，纷纷恭维康有为无所不能，乃再生的圣人、不世出的救世主。梁氏则是麒麟送给大地的最后一个儿子，先知先觉，全知全觉，颜回再生，孟轲复活，大清名士第一，云云。

严复得闻，颇不以为然，摇头晃脑，厉声斥责道："误清室者，乃此二人；误苍生者，亦此二人。"而后举例言之，略谓，慈禧垂暮之年，倘康、梁不采取急进态度，则光绪终可畅行变法，乃康热衷过甚，卒演成卖君、卖友惨剧。康最后只身远窜，施施然以忠臣志士自命，堪云无耻之尤。则梁出风头之念太甚，救国之心不足，不惜以昨我与今我宣战，致使自身无所依傍，国人无所适从，戊戌变法一败涂地，不可收拾，云云。

章太炎、梁启超
互殴

2

1897年，章太炎到上海梁启超、汪康年等人筹办的维新派刊物《时务报》任主笔，思想倾向革命且日益激进，对康有为倡言建立孔教，自称"教主"等一套说教很是不满，每与梁启超等康门弟子相遇，"论及学派，辄如冰炭"。章氏除对"康圣人"加以嘲讽，对康门弟子也经常谩骂，谓："康门弟子好比一群屎壳郎在推滚粪球！"并作对联一副骂康："国之将亡必有，老而不死是为。"上下联分别集《中庸》"国家将亡，必有妖孽"和《论语》"老而不死，是为贼"两句，删改而嵌入"有为"二字，意指康有为乃亡国之"妖孽"，老而不死之"贼寇"。

康门弟子对章太炎的谩骂怒不可遏，遂于当年4月14日，由梁启超纠集一群康氏党徒打进报馆，"攘臂大哄"，抓住章太炎和与其立场一致的麦仲华举手便打。梁启超弟子梁作霖边打边放出狠话："昔在粤中，有某孝廉诋谟康氏，于广坐殴之，今复殴彼二人者，足以自信其学矣。"

章太炎见势并不示弱，奋起反击，先是一拳将梁作霖放倒，继之照准一旁指挥的梁启超一记耳光，梁身子一斜，差点倒地。被打的麦仲华（康有为弟子、长婿，与康氏保皇思想相背，主张革命造反）举起一把椅子向对方砸去。双方战斗正酣之际，旁边的经理汪康年听到喊打、叫骂与桌椅碰撞之声，急忙跑出来拉架，一场风波才告平息。

经此事变，章太炎愤而离沪返杭。此后与较为稳健的"中体西用"派王文俊、宋恕、陈虬等人相往来，创办"兴浙会"，为《实学报》和《译书公会报》撰稿，继续鼓吹革命。

章太炎
誓不进清华

3

　　清华组建国学研究院，校长曹云祥本打算请胡适做主任，即院长，但胡适坚辞，并说："你去找王国维、梁启超、章太炎等大师，方可把研究院办好。"于是，曹云祥便按胡适之言，令筹备主任吴宓给王、梁、章分别致以聘书。王、梁二人先后答应就聘，但章太炎却表示誓死不踏进清华园大门。

　　经了解，章氏拒绝的原因是，自己与梁的思想、学术观点相左，且年轻时曾与梁启超打过一架，关系不睦。另对王国维研究甲骨文表示不满，认为甲骨文乃一群古董商与妄人联合造假，不足为证。王国维被妄人所惑，执迷不悟，不但误己，更是误人子弟。因而，不愿与梁、王二人同堂共事。

　　不仅如此，为表示自己决绝的态度，章太炎接到清华聘书后，当场将其摔于地上，并踏上一只脚，以示与梁、王二人势不两立。

　　国学大师章太炎号称革命家，可到后来却不能与时俱进，变得僵化死板，毫无进取的生气。如当年在安阳出土的甲骨文，这是探寻研究商代王朝极为重要的史料，但章太炎不相信，认为这种文字不见于传统文献，乌龟壳乃是速朽之物，埋在地下不可能长久，哪有存在4000多年还不腐烂的道理？不但不相信，还反对任何学术方面的甲骨研究。如此一来，就逼得他的弟子造起反来。有一次，章太炎过生日，他的得意弟子黄侃送了一份礼物，是用红纸包扎着的长方形的东西，像一盒子点心。过后，章打开一看，原来是一部甲骨文研究家罗振玉撰写的《殷墟书契前编》。

　　章太炎大为恼火，当场把书摔于地上，大骂了黄侃一顿"娘西匹"

"不是东西"之类，然后又把书拾起来放到床头上，连看几夜，但最后仍认定罗氏收藏的甲骨片是假古董、伪学问、不值一提的臭狗屎。直到死，章太炎对甲骨文的态度仍未改变，可谓带着花岗岩脑袋去见上帝了。

黄侃大战胡适之

4

100多年前，五四新文化运动兴起的时候，北大老派教授对搞文学革命、主张白话文写作的新派教授恨之入骨，章太炎的大弟子黄侃，对胡适搞的一套文学主张极不顺眼。有一次，他对年轻的胡适公开戏谑道："你口口声声要推广白话文，未必出于真心。"胡适问为何，黄说："如果你身体力行的话，名字就不应该叫胡适，应该叫'往哪里去'才对。"

胡适并不理他，仍然鼓吹用白话文写文章，说是"既明了又痛快"，黄侃怒曰："胡适之说做白话文痛快，世界上哪里有痛快的事？金圣叹说过世界上最痛的事，莫过于砍头；世界上最快的事，莫过于饮酒。胡适之如果要痛快，可以去喝了酒，再仰起颈子来给人砍掉。"

为证明文言文较白话文优秀，黄侃在课堂上公然讲道："胡适之口口声声说白话文好，我看未必，比如说胡适的老婆死了，要发电报通知胡博士回家奔丧，若用文言文，'妻丧速归'即可；若用白话文，就要写'你的太太死了，赶快回来呀！'11个字，其电报费要比用文言文贵两倍多。既费钱又啰唆，多糟糕！"此言一出，引得哄堂大笑。

对于黄侃的挑衅、讥讽和谩骂，胡适的回击仍是温文尔雅，并不进行人身攻击。一天，胡上课时对学生们说，前几天，行政院有位朋友给他发信，邀他去行政院做秘书，他拒绝了。同学们如有兴趣，可用文言代他拟一则电文。学生写完后，胡适选了一则字数最少的："才学疏浅，恐难胜任，恕不从命。"仅12个字，可谓言简意赅。

胡适阅罢，说："我的白话文电文就5个字：'干不了，谢谢！'"

学生们听毕，皆点头叹服。

黄侃与二疯

5

黄侃和钱玄同曾同受业于章太炎门下，但黄侃素来轻视钱玄同，常戏呼钱玄同为"钱二疯子"。

1926年，钱玄同因妻子患病请假，临时请黄侃来北京师范大学国文系任教授。当时系主任是吴承仕，后吴、黄二人因小事发生龃龉，黄写了一首讽刺诗，其中有"芳湖联蜀党，浙派起钱疯"之句，无端迁怒钱玄同。

据说，有一次黄侃与钱玄同相遇于章太炎住处，与其他人一起在客厅等章太炎出来。黄侃忽然大呼："二疯！"钱玄同一贯尊重黄侃，但在大庭广众之下被黄侃如此戏弄，先已不悦。黄侃继续说："二疯！你来前！我告你！你可怜啊！先生也来了，你近来怎么不把音韵学的书好好地读，要弄什么注音字母，什么白话文……"钱玄同忍无可忍，拍案厉声道："我就是要弄注音字母！要弄白话文！混账！"两人就大吵起来，章太炎闻声赶快出来，调解一番，两人才算作罢。

对这件事，钱玄同后来在文章中是这样写的："与季刚自己酉订交，至今已廿有六载。平时因性情不合，时有违言……一年之春于余杭师座中一言不合，竟至斗口。"

周作人说："黄侃攻击异己者的方法完全利用谩骂，便是在讲堂上的骂街。"此言甚是。黄氏不但平时骂钱玄同"二疯"，在北大课堂上也经常大骂钱玄同不人道，还骂钱窃其学问，是窃贼云云。

黄侃的骂词大体是，他一夜之间发现为钱玄同赚了一辈子生活。早年他在上海穷一夜之力，发现古音二十八部，而这成果竟被钱玄同窃走，钱在北大所讲授之文字就是他一夜所发现的东西。

当时的北大学生王昆仑在回忆文章里曾对此事有所记载："教文字学的有两位老师，一位是新派钱玄同，一位是老派黄侃。我选的是钱玄同的课。一天，我正在课堂听钱老师讲课，不料对面教室里正在讲课的黄侃大声地骂起钱玄同来了。钱听了也满不在乎，照样讲课。后来，我就既听听钱玄同的课，也听听黄侃的课，以便两相对照。"

黄侃、吴梅失和

6

　　黄侃在南京中央大学任教时，一度与同校任教的曲学家吴梅友善。一日，黄侃邀请吴梅赴蟹宴，酒酣耳热之际，二人谈起学问。黄认为吴搞的戏曲是"小道末技"，自己弄的那一套才是正统大道。吴自是不服，于是二人争执起来。黄侃借着酒劲儿，一个巴掌抡过去，把吴打了个趔趄。吴自是不甘落下风，起身照黄侃头部就是两个横勾拳，黄侃应声而倒。于是，二人打在一起，滚成一团，幸未闹出人命，被人拉开。自此，黄吴二人失和，每次见面，皆如斗红了眼的公牛，欲再来一轮决战。

　　一日，黄侃讲完课，来到休息室，发现吴梅已坐在教授专用的沙发上悠然自得地享受，胸中火起，上前怒而问道："你凭什么坐在这里？"吴梅高声答道："我凭元曲的学问，就该坐这里。"当日，吴梅在日记中愤然写道："彼去我留，彼不去我从此逝矣。"

　　为缓和二人矛盾，也防止二人冲突闹出人命，学校教务处专门研究，吴的课程排在一三五，黄的课程排在二四六，使彼此不相见面，冲突也就自然避免了。

石瑛怒打黄季刚

7

石瑛坐上武昌国立中山大学校长的椅子后，被撸掉的黄侃（字季刚）如芒在背，极不自在，遂无事找事，时常给石瑛难看。

一日，石瑛与黄侃相遇，黄横在路中间做低头哈腰状，戏谑地称石为"校长阁下"。石不甘示弱，怒斥道："你少来这一套虚伪的做派和腐败的称呼。"黄立即板起面孔，躬身上前，歪着脖子，呈咄咄逼人状，挑衅道："称你为王八蛋，成吗？"

石瑛身材魁梧，孔武有力，革命党人出身，发起脾气，天王老子皆不放在眼里，不惜施以拳脚甚至动用刀枪，以摆平前来挑衅者。闻罢，抡拳便打，黄侃一个趔趄被打翻在地，摔出三四米远，怀抱的书散落一地。

有了这个教训，黄侃对石瑛开始敬畏甚至惧怕起来。石瑛对黄侃讲课不用大纲，也不写讲稿，只在台上骂骂咧咧、即兴演讲的作风很不以为然，便找到黄侃严肃地说："季刚，你读了一肚子书，为什么不好好地用以济世呢？还装癫装魔，发什么狂呢？"黄侃听罢，唯唯称是。

同人闻此事，感到好笑，问黄侃："你怎么转了性呢？"

黄侃苦笑着摇摇头说："秀才遇上兵，有理说不清。咱打不过人家，有什么办法呢！"

胡适与梁漱溟
兵戎相见

8

胡适与梁漱溟同时任教于北京大学，皆属一流学者和思想家。1922年，梁漱溟根据他的讲义内容，出版了成名之作《东西文化及其哲学》，引起学界关注并产生广泛影响。梁氏抽一册寄与胡，请其评述，希望得到认可。

然而，胡适直到一年后的1923年，才在他创办的《读书杂志》上发表长达12000余言的《读梁漱溟先生的〈东西文化及其哲学〉》长文。内中多引梁氏之言，毫不留情地加以批评甚至指责。如梁漱溟认为："中国人的思想是安分知足，寡欲摄生，而绝没有提倡要求物质享乐的，却亦没有印度的禁欲思想。不论境遇如何，他都可以满足安受，并不一定要求改造一个局面。"

胡适驳斥道："梁先生难道不睁眼看看古往今来的多妻制度，娼妓制度，整千整万的提倡醉酒的诗，整千整万恭维婊子的诗，《金瓶梅》与《品花宝鉴》，壮阳酒与春宫秘戏图？这种东西是不是代表一个知足安分寡欲摄生的民族的文化？只看见了陶潜、白居易，而不看见无数的西门庆与奚十一；只看见了陶潜、白居易诗里的乐天安命，而不看见他们诗里提倡酒为圣物而醉为乐境……这是我们不能不责备梁先生的。"

最后，胡适指斥梁漱溟整个的"荒谬不通"，"只是闭眼的笼统话，全无'真知灼见'"。

胡适的言辞大出梁漱溟意外，愤而提笔给胡适一信："往者此书出版曾奉一册请正，未见诲答。兹承批评，敢不拜嘉？……至尊文间或语近刻薄，颇失雅度；原无嫌怨，曷为如此？愿复省之。"

胡适得信，深知自己过激且不留情面的批评激怒了对方，遂在回函中坦然承认："至于刻薄之教，则深中适作文之病。然亦非有意为刻薄也。适每谓吾国散文中最缺乏诙谐风味，而最多板板面孔说规矩话。因此，适作文往往喜欢在极庄重的题目上说一两句滑稽话，有时不觉流为轻薄，有时流为刻薄。"

最后，胡适表示："承先生不弃，恳切相规，故敢以此为报，亦他山之错，朋友之谊应尔耳。先生想不以为罪乎？"

梁漱溟读罢此函，觉得胡言亦有其道理，遂在复信中说："承教甚愧！早在涵容，犹未自知也。溟迩来服膺阳明，往时态度，深悔之矣。复谢。顺候起居。"一场即将兵戎相见的文坛纷争就此落下帷幕。

月亮嫁给了黑夜

9

　　1924年，山西青年高长虹因创办《狂飙》月刊受到鲁迅注意，二人由此结识，高给鲁迅留下了既有才华又肯吃苦能干的印象。后来《狂飙》停刊，鲁迅决定与高长虹、韦素园等联手合办文学刊物《莽原》，高长虹作为主力，在刊物上发表文章，声名鹊起，成为文坛一颗耀眼的新星。

　　1925年8月，高长虹突然发文，声称他对鲁迅感到"瘟臭"，甚至为之"呕吐"。当时鲁迅认为高长虹犯神经质，搞过河拆桥的把戏，直到1926年高长虹发表两首爱情诗《给——》，鲁迅才如梦方醒。诗中有这样四句："夜是阴冷黑暗，他嫉妒那太阳，太阳丢开他走了，从此再未相见。"

　　韦素园写信告诉已在厦门大学任教的鲁迅，说高长虹诗中的太阳是自喻，鲁迅代表黑夜，许广平是月亮。得知这个消息，鲁迅才知道高长虹是患了单相思，爱上了许广平，而自己成了他心中横刀夺爱的阴险狡诈之人——这就是高氏骂自己的真正原因。

　　当然，鲁迅不知道的是，早在1925年5月，许广平曾给高长虹去信，欲购买其诗集，从此二人建立了通信联系。以后的日子里，双方通信七八次，许广平可能在信中赞扬过高的才华，或表示过倾慕之情。总之，高长虹以为许广平爱上了自己这位27岁的大帅哥，于是对许广平发起春季爱情攻势。两个月后，高长虹在鲁迅家里见到许广平，凭着自己的敏感，感觉许广平已成为鲁迅的人，他的头有点蒙，因为此前他认为许广平不可能爱上比她大17岁的老头儿鲁迅，除非受骗上当。因而，在不解中对鲁迅起了嫉恨。一怒之下，停止与许广平通信，并跳将出来对鲁迅施以谩骂攻击。

　　高长虹的羡慕嫉妒恨和无耻表现，使许广平对他的好感瞬间化为泡影。1925 年 10 月，许广平与鲁迅正式确定关系，高长虹正式被踹出圈外——月亮嫁给了黑夜。

另据董大中《鲁迅与高长虹》、陈漱渝《炉边絮语话文坛》记载，这是一个历史冤案。高与许并无追求关系，高的"月亮诗"只是一首"广义的恋爱诗"，他的相思对象不是许广平，而是女作家石评梅。

狼是狗的祖宗

10

　　20世纪二三十年代，鲁迅对两位心爱的青年才俊悉心栽培过，一个是高长虹，一个是向培良。但这二人后来都反水了，对鲁迅极尽谩骂攻击之能事，令时人与后世研究者唏嘘不已。

　　许广平回忆，鲁迅辛辛苦苦为高长虹选定作品，并校订出版，但高却对别人说："他把我好的都选掉了，却留下坏的。"

　　向培良是狂飙社主要成员之一，1924年在北平私立中国大学当学生的时候，写了一篇戏剧送给鲁迅看，鲁迅看后觉得不错，便认真地写了推荐信，寄到上海《东方杂志》发表了。自此之后，向培良踏入文学界并崭露头角。1925年4月，鲁迅创办《莽原》周刊，向培良也是参与人之一。1926年，鲁迅曾为他选编小说集《飘渺的梦及其他》，并介绍到北新书局出版。鲁迅南下之前在女师大作演讲，由向培良记录整理，题作《记鲁迅先生的谈话》，发表于《语丝》周刊。

　　自鲁迅南下并公开发文痛斥高长虹后，向培良站在了他的好友高氏一边，对鲁迅极为不满，与高长虹一唱一和，逢人便说鲁迅是爱闹脾气的，"性情狷急，睚眦不忘"，"琐屑争斗，猜疑自苦，胸襟日益褊狭，与青年日愈远离，卒至于凄伤消铄以死"，成为"青年的绊脚石"云云。

　　后来，向培良投靠了国民党，鲁迅对此评价道："在革命渐渐高扬的时候，他是很革命的；他在先前，还曾经说，青年人不但嗥叫，还要露出狼牙来。这自然也不坏，但也应该小心，因为狼是狗的祖宗，一到被人驯服的时候，是就要变而为狗的……"很不幸，向培良在鲁迅眼中，正是由狼变成了一只向国民党当局摇尾乞怜的哈巴狗。

梁实秋评鲁迅

11

　　1927年，梁实秋刚从美国留学归来，应《复旦旬刊》编辑之请，发表了一篇《卢梭论女子教育》，认为文学最重要的就是体现人性，对卢梭的观点进行了批判。文章发表后，引起了不小的轰动。鲁迅乃卢梭的铁杆粉丝，见梁实秋小小年纪，悍然攻击他眼中的圣贤大师，立即火起，提笔草就一篇《卢梭与胃口》，对梁实秋的观点予以反驳。过了两天，见文坛和舆论界没啥动静，鲁迅憋着的火气再次爆发，又草成一篇《文学和出汗》战斗檄文，继续对梁实秋的文学观点进行抨击。

　　挟西洋文学硕士头衔之威、年轻气盛的梁实秋，颇不把当时已名满天下的鲁迅放在眼里，借着酒劲奋笔回击道："有一种人，只是一味的'不满于现状'，今天说这里有毛病，明天说那里有毛病，有数不清的毛病，于是也有无穷无尽的杂感，等到有些个人开了药方，他格外的不满：这一服药太冷，那一服药太热，这一服药太猛，那一服药太慢。把所有的药方里的药都贬得一文不值，都挖苦得不留余地，好像唯恐一旦现状令他满意起来，他就没有杂感可作的样子……"雄文一出，文坛震动，自此鲁迅与梁实秋之间你来我往，唇枪舌剑，一干就是八年。论战内容涉及文学、教育、人性、阶级性、翻译理念、文艺政策等等各方面，高潮迭起，堪称现代史上第一论战。中学课本上有一篇鲁迅写的《"丧家的""资本家的乏走狗"》，就是鲁迅骂梁实秋的代表之作。因了这一篇骂文，1949年年初，北平和平解放后，梁实秋舍家弃女，出走北平，辗转到了台湾定居，并在台湾师大任教。他后来对人说，因为我是被鲁迅骂过的反动文人，所以必须离开，弃家舍子出走海外以避祸端。

对于当年的论战，梁实秋后来对鲁迅作过这样的评价：鲁迅一生坎坷，到处"碰壁"，所以很自然地有一股怨恨之气横亘胸中，一吐为快。怨恨的对象是谁呢？礼教、制度、传统、政府，全成了他泄愤的对象。他是绍兴人，也许先天地有一点儿"刀笔吏"的素质，为文极尖酸刻薄之能事……

梁接着说，"作为一个文学家，单有一腹牢骚、一腔怨气是不够的，他必须有一套积极的思想，对人对事都要有一套积极的看法，纵然不必构成什么体系，至少也要有一个正面的主张"云云。

鲁迅大战梁实秋

12

　　1929年秋，鲁迅与梁实秋因翻译文风问题展开争论，继而交恶。与鲁迅同一阵营的左翼作家冯乃超跳出来帮鲁迅骂梁实秋，并表示"对于这样的说教人，我们要送'资本家的走狗'这样的称号的"云云。梁实秋见之，奋起还击道："文学是有阶级性的吗？我不知道是谁家的走狗？"

　　躲在上海租界一座小楼里的鲁迅，看到梁氏的反击，先是冷冷一笑，随后道："乃超还嫩一些，这回还得我来。"于是，写下了著名的光辉篇章《"丧家的""资本家的乏走狗"》一文。说："凡走狗，虽或为一个资本家所豢养，其实是属于所有资本家的，所以它遇见所有的阔人都驯良，遇见所有的穷人都狂吠。不知道谁是它的主子，正是它遇见所有阔人都驯良的原因，也就是属于所有的资本家的证据。即使无人豢养，饿的精瘦，变成野狗了，但还是遇见所有的阔人都驯良，遇见所有的穷人都狂吠的，不过这时它就愈不明白谁是主子了。"

　　在这场论战中，双方由"咬文嚼字"演变成"咬人嚼字"，梁实秋经常受到左派的骚扰。他说："有人写文章说亲眼看见我坐自用汽车到大学去授课，也有人捏造小说描写我锒铛入狱向杜某乞援才得开释。""有人三更半夜打电话到我寓所，说有急事对我谈话，于问清我的身份之后便破口大骂一声儿把电话挂断。"

冰心
得罪过的人

13

在民国学政两界风云人物傅斯年看来，写散文《小橘灯》与《寄小读者》的冰心，其才华比诗人兼建筑师林徽因差远了。这个评价是否正确，当是仁者见仁，智者见智。然而，冰心在为人处世上有自己的缺陷，并得罪了不少人。

如当年冰心放洋归国在学校做老师的时候，对学生就有过分苛刻表现。一个叫季羡林的清华学生回忆说："我于1930年考入清华大学，入西洋文学系。……除了选修课以外，还可以旁听或者偷听。教师不以为忤，学生各得其乐。我曾旁听过朱自清、俞平伯、郑振铎等先生的课，都安然无恙，而且因此同郑振铎先生建立了终生的友谊。但也并不是一切都一帆风顺。我同一群学生去旁听冰心先生的课。她当时极年轻，而名满天下。我们是慕名而去的。冰心先生满脸庄严，不苟言笑，看到课堂上挤满了这样多学生，知道其中有'诈'，于是威仪俨然地下了'逐客令'：'凡非选修此课者，下一堂不许再来！'我们悚然而听，憬然而退，从此不敢再进她讲课的教室。"

此事过去半个多世纪，季羡林仍对此耿耿于怀，可见冰心所为对学生心理刺激之深之大。

冰心与林徽因
由朋友成为仇敌

14

林徽因与冰心原是好朋友，为何成为仇敌呢？

1930年以后，梁思成、林徽因夫妇搬到北京北总布胡同3号居住，周围很快聚集了一批当时中国知识界的文化精英，如诗人徐志摩、哲学家金岳霖、政治学家张奚若等等。这些学者与文化精英常常在星期六下午，陆续来到梁家，品茗坐论天下事。一时间，梁家形成了20世纪30年代北平最有名的文化沙龙，被圈内人士称为"太太的客厅"，令许多知识分子特别是文学青年心驰神往。

有神往的，就有吃醋的，这个人就是林徽因的好友冰心。

未久，冰心写了一篇《我们太太的客厅》的讽刺小说，在天津《大公报》副刊连载。作品中，无论是"我们的太太"，还是前来聚会的诗人、哲学家、科学家、外国的风流寡妇，都有一种明显的虚伪、虚荣与虚幻的"三虚"，以及庸俗、低俗、媚俗的"三俗"。

这"三虚""三俗"人物的出现，对社会、对爱情、对己、对人，都是一股颓废情调和萎缩的浊流，有一种"商女不知亡国恨"的做派。

当时，林徽因与梁思成等人赴山西调查云冈石窟刚刚回到北平。林徽因一看小说，大怒，本想到冰心家里去大闹一场，正好她从山西带了一坛又陈又香的陈醋，遂改变主意，立即叫人送给冰心吃用。

意思是，你不是吃醋吗？给你送来了，吃个够吧。

从此，二人终生再无来往。

金岳霖说徐志摩
不自量

15

　　1983 年，有个叫陈宇的记者访问了 88 岁的金岳霖，就林徽因、梁思成、徐志摩的爱情纠葛进行了询问。

　　金岳霖说：我认识林徽因还是通过徐志摩的。

　　徐志摩在伦敦邂逅了才貌双全的林徽因，不禁为之倾倒，竟然下决心跟发妻离婚，后来追林徽因不成，失意之下又掉头追求陆小曼。

　　为此，金岳霖谈了自己的感触："徐志摩是我的老朋友，但我总感到他滑油，油油油，滑滑滑——"

　　又说："当然不是说他滑头。"

　　金岳霖是指徐志摩感情放纵，没遮没拦。

　　金岳霖接着说："林徽因被她父亲带回国后，徐志摩又追到北京。临离伦敦时他说了两句话，前面那句忘了，后面是'销魂今日进燕京'。看，他满脑子林徽因，我觉得他不自量啊。林徽因、梁思成早就认识，他们是两小无猜，两小无猜啊。两家又是世交，连政治上也算世交。两人父亲都是研究系的。徐志摩总是跟着要钻进去，钻也没用！徐志摩不知趣，我很可惜徐志摩这个朋友。"

　　说这话时，金岳霖已 88 岁高龄（翌年去世），和梁从诫一家住在一起，梁家后人以尊父之礼相待，呼曰"金爸"。为此，金岳霖颇感欣慰。

　　关于金岳霖晚年对徐的这段评价，若记录无误，显然是金岳霖带有抑徐扬梁的感情色彩，同时似乎也忘记了他曾是徐、张离婚的鼓动者与签字见证者，也是徐志摩与陆小曼结婚的证婚人这段陈年旧事了。

傅斯年与闻一多叫板儿

16

1945年12月1日，在中共领导下，昆明爆发了一二·一运动，多名学生遭到当局军政人员枪械殴击，4人遇难。

针对学生停灵罢课行动，西南联大召开教授会，就"先复课再惩凶，还是先惩凶再复课"问题进行讨论。会上，教授争相发表意见，长达5个小时争吵未分胜负。西南联大常委兼北大代理校长傅斯年，用他那庞大烟斗不耐烦地敲得桌子"啪啪"乱响，而联大中文系教授闻一多手攥比傅氏小一号的烟斗，与傅展开激烈论争。

傅斯年主张"先复课，再惩凶"，闻一多主张"先惩凶，再复课"。相互之间越争越恼火，闻一多对傅斯年大声道："这样，何不到老蒋面前去山呼万岁！"据出席会议的张奚若教授说，闻这是在揭傅斯年的旧疤，很少有人知道内情。傅斯年沉默足有两分钟，突然站起小山包一样的躯体振臂高呼："先生们——"略作停顿后，又用一种颤抖的声音急促地喊道："有特殊党派的给我滚出去！"接着又高呼："布尔什维克给我滚出去！"

面对傅斯年的叫骂与呼喊，闻一多怒气冲冲地对傅道："我就是布尔什维克！"意思是你想怎么着？傅斯年把大字号烟斗往桌上"砰"地一摔，剧烈碰撞使烟斗蹦跳着从冯友兰耳边擦过。傅斯年复大声喊道："你这个布尔什维克给我滚出去！"

众皆震惊，急忙把傅斯年按回椅子上。

坐在身边的冯友兰伸过脑袋，悄悄对傅斯年半开玩笑地说："你原来也是个学生头头，专门跟学校当局闹别扭。现在别扭闹到你头上来了，真是'请看剃头者，人亦剃其头'。"

周作人
骂傅斯年是驴

17

　　1946年5月4日，北大代理校长傅斯年由重庆飞往北平处理北大事宜，陈雪屏等人到机场迎接，傅走下飞机第一句话就问陈与伪北大教员有无交往，陈回答说仅限一些必要的场合。傅大怒道："汉贼不两立，连握手都不应该！"

　　傅斯年为何这么大的火气？原因是，1937年卢沟桥事变之后，北大教职员工与学生仓皇南下，占领北平的日军利用原北大的校舍和来不及迁运的图书设备，又成立了一个伪北京大学，并招生开课，对中国青年进行奴化教育。当时未随校南迁，仍留在北平并渐渐堕落为汉奸的汤尔和、钱稻孙、鲍鉴清等原清华、北大教授，先后出任伪北大"总监督"和"校长"等职，鲁迅之弟周作人等没有南迁的原北大、燕大教授也相继下水，周作人出任伪北大教授兼文学院院长。

　　抗战胜利，北大复员，代理校长傅斯年怀着对周作人等汉奸文人的痛恨，说坚决不录用伪北大教职员，谈话发表在1945年12月2日《世界日报》。

　　当时，伪北大文学院院长周作人正猫在北平八道湾的"苦茶庵"，一边饮着苦茶，一边悠闲地作着叫《石板路》的散文小品。文中极具感情色彩地回忆了他的故乡绍兴石板路与石桥的优美，结尾落款是：

　　三十四年十二月二日记，时正闻驴鸣。

　　周作人当天的日记写道："见报载傅斯年谈话，又闻巷中驴鸣，正是恰好，因记入文末。"

傅斯年
大骂周作人

18

　　抗战胜利之后，傅斯年作为北大代理校长，在重庆发表对伪北大教职人员的处理办法，周作人自视为傅斯年师辈人物，在北大《新潮》时代明确支持过傅并为之张目，遂以老前辈姿态致信傅。信中不但对自己下水做日本人走狗的历史罪过无丝毫忏悔之情，反而口气蛮横强硬地令傅把自己作为特殊人物照顾，且威胁警告性地称"你今日以我为伪，安知今后不有人以你为伪"等语。

　　傅斯年看罢，把信拍在桌子上，大骂一声："他妈的，青天白日旗还没落下，难道反了这些缩头乌龟王八蛋不成！"遂当即挥毫泼墨，对周道："今后即使真有以我为伪的，那也是属于国内党派斗争的问题，却决不会说我做汉奸；而你周作人之为大汉奸，却是已经刻在耻辱柱上，永世无法改变了。"

　　周作人以汉奸罪被捕后，于1946年5月从北平解送南京老虎桥监狱，等待法院判决。正在此时，周作人与著名律师王龙（字天瑞）在南京高等法院所在的朝天宫左庑偶然相遇，"立谈数语"，王即表示愿义务为周做辩护律师。周作人感激不已，遂于1946年10月25日，在南京老虎桥监狱作七律《偶作寄呈王龙律师》及跋文。此诗、跋于11月3日上海《文汇报》刊出，内容如下：

但凭一苇横江至，

风雨如磐前路赊。

是处中山逢老狢（《中山狼传》，狼欲啖东郭先生，问老树老狢，皆

左袒狼），

不堪伊索话僵蛇（《伊索寓言》，樵夫见蛇冻僵，纳之怀中，乃为所啮）。

> 左庶立语缘非偶，
>
> 东郭生还望转奢。
>
> 我欲新编游侠传，
>
> 文人今日有朱家。

发表该诗的《文汇报》记者在"附记"中说：周诗怨恨的像中山狼一样的某生，"据说即是新潮社时代与罗家伦同为一时健将""现在则是社会贤达了"。而且，"记者曾听周作人说胜利后曾以一书致'某生'"，想不到此信曾被"某生"大加批注，宣示于众，力斥其妄云云。

显然，周作人把傅斯年比作中山狼。

10

文人
相轻

疑古玄同是谁

1

    疑古玄同，就是北大著名教授、国学大师钱玄同，也即中国核弹之父钱三强之父。

    钱玄同与鲁迅在日本留学时，同为朴学大师章太炎的门生，当年也颇具改革、改造和革命精神，是北大青年新军的一员骁将，就是他，促使蜗居在绍兴会馆抄古碑的周豫才，以鲁迅为笔名写出了名动千古的成名作《狂人日记》。他后来对中国历史记载的人与事表示怀疑，竟至成一种怪癖。为表对古史怀疑的决心和信念，自号"疑古玄同"，并成为疑古派领袖顾颉刚主办的《古史辨》派的强力支持者与鼓吹手。由于鲁迅与顾颉刚因"盐谷一案"交恶，对这位当年的老友"疑古玄同"也越来越看不顺眼，终至绝交。

    有一次鲁迅由上海到北平，二人在某教授家中偶然碰面，钱玄同看到鲁迅放到桌子上的名片，带着和好的意思，主动问："你还是两个字啊?"鲁迅对此不屑一顾地答："我从来不用四个字的名字。"说罢扬长而去，弄得钱大师张嘴瞪眼一时说不出话来。鲁迅不愧世间少有的讽刺大师，一语双关地讽刺了钱玄同疑古过头的"怪癖"。

沈尹默评胡适

2

　　沈尹默说："胡适这个人，我在北京大学和他共事一二年后，就把他的性格看得很明白了。他是个两面人：一方面自高自大，唯我独尊；一方面却很能够低声下气，趋炎附势的。所以我从头起就没有像社会上一般人士那样的重视他。"

　　接下来，沈尹默列举胡适为人处世的卑劣之处。沈说，胡适到北大时，正是北大大事改革的时期，首先成立了教授评议会，继之便组织教务处，教务长一职，蔡先生本来属意于胡适，但那时理科有很多教授很不赞成，有人扬言：万一胡适当选，我要闹一闹。沈听见了，就与蔡先生商量，胡适年轻，学校方面应该爱护他，让他能够专心去好好地研究学问，事务上的琐屑工作，可以暂且不要去烦劳他才好。蔡先生同意了沈的意见，结果马寅初当选了教务长。胡适因此对沈颇为不满，胡适向沈尹默说：尹默！我向来对于举办任何事情都是欢喜做第一任的主持人，这次不让我当第一任北大教务长，我是很不高兴的。

　　沈尹默评价说，一言以蔽之，胡适是个头等喜欢出风头的人物。所以他到了北京，被研究系一勾引，便鬼混到一起去了，什么学问也好、政治也好，在他都不过是借来作为出风头的工具而已。

中国第一大仇敌是谁

3

　　洋派的胡适与土派的梁漱溟在政治、学术观点上多有不同，因同在北大任教，纷争在所难免。1930年7月，梁漱溟致信胡适："大家公认中国的第一大仇敌是国际资本帝国主义，其次国内军阀。你却认为不是，而是贫穷、疾病、愚昧、贪污、扰乱，这有什么道理？"

　　胡适回复："什么都归结于帝国主义，张献忠洪秀全又归咎于谁？鸦片固由外国引进，为何世界上长进民族不蒙其害？今日满天满地的罂粟，难道都是帝国主义强迫我们种的？帝国主义扣关门，为何日本借此一跃而起，成为世界强国？"

　　梁漱溟受此一击，默然不语。

胡适与钱穆的
老子之战

4

1931年秋，钱穆受聘到北京大学历史系任教，与北大名流胡适为老子的问题展开了交锋。

胡适认为老子年代早到春秋晚年，略早于孔子，因为有孔子问学于老子之说为证，并在自己所著《中国哲学史大纲》（上册），把传说神仙化的老子还原为哲学化的老子。钱穆则认为老子晚到战国，晚于孔子，略早于韩非。

在这种形势下，钱穆与胡适展开辩论。有一次胡适面对前来听讲的师生愤然说道："老子又不是我的老子，我哪会有什么成见呢？"

据北大学生张中行回忆："胡书早出，自然按兵不动，于是钱起兵而攻之，胡不举白旗，钱很气愤，一次相遇于教授会（现在名教研室或教员休息室），钱说：'胡先生，老子年代晚，证据确凿，你不要再坚持了。'胡答：'钱先生，你举的证据还不能使我心服；如果能使我心服，我连我的老子也不要了。'"

胡、钱之争，不但令北大师生争相观看，连夫人们也一道搅了进来，其热闹可想而知。

钱穆眼中的胡适

5

胡适与钱穆皆为大学者，二人在北大由最初的学术观点之争，最终发展到人事等各方面斗争，直至涉及对各自人格的是非评价。钱穆认为胡适人格低下，不但霸道成性，而且内心相当阴暗，他列举了几个事实加以证明："胡适之藏有潘用微《求仁录》一孤本，余向之借阅。彼在别室中开保险柜取书，邀余同往。或恐余携书去有不慎，又不便坦言故尔。……余移寓南池子锡予家，一日傍晚，一人偶游东四牌楼附近一小书摊，忽睹此书，亦仅数毛钱购得。"

对于这一说法，后世研究者大多认为是可信的，胡适确实有这方面的毛病。当年鲁迅曾提到胡适给他的印象："紧紧的关着门，门上贴一条小纸条道：'内无武器，请勿疑虑。'这自然可以是真的，但有些人——至少是我这样的人——有时总不免要侧着头想一想。"

钱穆与鲁迅之间的距离，较与胡适之间相去更远，有趣的是，他对胡适，经常也不免要"想一想"。

胡适与蒙文通的
过节

6

民国时候，北大历史系有位名教授蒙文通，四川人，师从廖平，乃钱穆的好友。但在北大同人中，蒙氏与胡适关系疏远，时任北大文学院院长的胡适便以"文通上课，学生有不懂其语者"为由，决定秋后将不续聘。钱穆听说后据理反驳，胡适自知理屈，两次"语终不已"。

钱替蒙氏开脱辩解说："文通所任，乃魏晋南北朝及隋唐两时期之断代史。余敢言，以余所知，果文通离职，至少在三年内，当物色不到一继任人选。"胡适并不理会，"两人终不欢而散"，蒙文通还是被解聘了。

对此，钱穆暗含讥讽地回忆说："北大教授蒙文通在北平七八年，胡适仅来访过一次。而且胡适来，仅为告诉蒙文通解聘之事。""文通在北大历史系任教有年，而始终未去适之家一次，此亦稀有之事也。"明眼人一看便知，这个不动声色的补白，意在进一步说明胡适的霸道与卑劣。

林语堂与左派文人的冲突

7

林语堂与左翼作家联盟中的人物因观点不同，总是尿不到一个壶里，如林氏提倡"幽默文学"，左翼作家倾心"战斗文学"，因而两派时常发生攻伐争斗。1934年，林在上海主编的杂志《人间世》甫一问世，即遭到左翼作家阵营中人的猛烈攻击。野容（廖沫沙）在《人间何世?》一文中，指责《人间世》"只见'苍蝇'，不见'宇宙'"，认为它"和近来的《论语》相似，俏皮埋煞了正经，肉麻当作有趣"。评论家胡风讥讽林语堂，"站在中央，在他的周围站着成群的知书识礼的读者，有的面孔苍白，有的肚满肠肥，有的'满身书香'，各各从林氏那里分得了'轻松'，发泄了由现实生活得来的或浓或淡的不快和苦闷，安慰了不满于现实生活而又要安于现实生活的'良心'"云云。

抗战期间，林语堂希望用中国人文主义传统，沟通中西文化的想法，再度引起左派文人的讥讽和攻击，向来与林语堂不睦的郭沫若指斥林："东方既未通，西方也不懂，只靠懂一点儿洋泾浜的外国文，摭拾一些皮毛来，在这里东骗骗西骗骗。"又说，林语堂"叫青年读古书，而他自己却连《易经》也读不懂。非但中文不好，连他的英文也不见得好"。

林语堂见到郭文，以他特有的风趣幽默的笔调反击道："我的英语好不好，得让英国人或美国人，总之是懂英语的人去批评。你郭沫若没有资格批评我的英语。至于《易经》，郭沫若也是读的，我林语堂也是读的。我林语堂读了不敢说懂，郭沫若读了却偏说懂，我与他的区别就在这里。"

钱穆与钱锺书父子的交往

8

　　钱穆与钱锺书同出于无锡钱氏一族，同宗但不同支。按族规，不同支之间的称呼，遇年长则称叔，遇高年则称老长辈，故钱穆尊钱锺书父钱基博（字子泉）为叔，而钱锺书则称钱穆为叔。

　　话说1927年，钱穆《国学概论》一书即将出版，鉴于钱基博在学界的名声，钱穆请其为之作序。不知是对方太忙还是出于别的考虑，这个序言竟由20岁的钱锺书代笔撰写，文中"有所针砭"。钱基博一字未易，原文交于刊出，不知内情的钱穆还傻乎乎地在《自序》中特别向"子泉宗老"致谢。

　　许多年后，钱锺书夫人杨绛有意或无意地爆出此中隐秘，钱穆方知自己当年被钱基博父子耍了。在钱穆看来，这是钱基博父子看轻了自己，也就是没把自己当一盘菜，于是在台北联经出版的全本《国学概论》中不声不响地删去了这篇序文，而《自序》中感谢的"子泉宗老"也自然不复存在了。

杨振宁、季羡林对叶公超的差评

9

  杨振宁和许渊冲在西南联大读一年级时，上过外文系主任叶公超的英文课，他们都认为联大绝对是一流的大学。但在杨振宁眼中，叶的表现相当糟糕："我们两人后来的工作都要感谢联大给我们的教育。但叶教授的英文课却很糟糕。他对学生不感兴趣，有时甚至要捉弄我们。我不记得从他那里学到什么，许恐怕也和我差不多。"

  后来叶公超离开昆明到国民政府当官去了，此一转变，有一清华出身的老学生名王辛笛者，一度做痛心疾首状，呼曰："在旧日师友之间，我们常常为公超先生在抗战期间由西南联大弃教从政深致惋叹，既为他一肚皮学问可惜，也都认为他哪里是个旧社会中做官的材料，却就此断送了他十三年教学的苜蓿生涯。"

  对于王辛笛之说，同为清华外文系叶氏门生、比王氏高一届的季羡林却不以为然，季说："第一年英文，教授就是叶公超先生，用的课本是英国女作家 Jane Austen（简·奥斯汀）的 *Pride and Prejudice*（《傲慢与偏见》）。公超先生教学法非常奇特。他几乎从不讲解，一上堂，就让坐在前排的学生，由左到右，依次朗读原文，到了一定段落，他大声一喊：'Stop！'（停！）问大家有问题没有。没人回答，就让学生依次朗读下去，一直到下课。学生摸出了这个规律，谁愿意朗读，就坐在前排，否则往后坐。有人偶尔提一个问题，他断喝一声：'查字典去！'这一声狮子吼有大威力，从此天下太平，宇域宁静，相安无事，转瞬过了一年。"又说："谈到名士，中国分为真假两类，'是真名士自风流'，什么叫'真名士'呢？……只要拿前面说到的俞平伯先生同叶公超先生一比，泾渭立即分明。大家一致的意见是，俞是真名士，而叶是假装的名士。"

最后，季羡林语中带刺地说："我的看法同辛笛大异其趣。根据我个人在同俞平伯先生对比中所得到的印象，我觉得，公超先生确是一个做官的材料。你能够想象俞平伯先生做官的样子吗?"

钱锺书说三教授：
懒、笨、俗

10

当年的西南联大外文系，曾流传着这样一句话："叶公超太懒，吴宓太笨，陈福田太俗。"不少西南联大的学生认为这是钱锺书的言论，尽管后来杨绛撰文否认，但同为西南联大学生的许渊冲后来认为："这句话看起来像是钱先生说的，因为它是一个警句。"到底叶公超是不是太懒？叶的学生许渊冲认为："对作为学者的叶公超来说，这话可能不无道理。因为胡适要他和徐志摩、闻一多、梁实秋合译《莎士比亚全集》，结果他一本也没有翻，却让梁实秋一个人译完了。"

许渊冲在《钱锺书先生和我》一文中，列举了很多证据以证叶氏之懒，如叶的学生季羡林说："他几乎从不讲解。"另一个学生赵萝蕤说："我猜他不怎么备课。"叶的同事柳无忌说："这时的西南联大尚在草创阶段，三校合并，人事方面不免错综复杂，但我们的外文系却相安无事。那是由于公超的让教授各自为学、无为而治的政策——我甚至不能记忆我们是否开过系务会议。"

对此，许渊冲以自己的身心感受"痛说革命家史"，谓："还记得1939年10月2日我去外文系选课时，叶先生坐在那里，吴宓先生站在他旁边，替他审查学生的选课单。他却动也不动，看也不看一眼，字也不签一个，只是盖个图章而已，真是够懒的了。"

有好事者考证，钱锺书所写小说《围城》，那个诗人曹元朗的原型便是叶公超，倒不是因为叶公超有一张"圆如太极的肥脸""脸上一圈圈的笑疤，像投了石子的水面"，只因为曹元朗是留学剑桥的新诗人。

钱锺书的狂话

11

坊间流传着一则轶闻，说钱锺书离开西南联大时公开说："西南联大的外文系根本不行；叶公超太懒，吴宓太笨，陈福田太俗。"

这个话是怎么来的呢？起源是周榆瑞一篇文章，名为《也谈费孝通和钱锺书》，最早刊发于 1979 年 8 月 4 日台湾《联合报》，后又收入天一出版社 1985 年出版的《钱锺书传记资料》一书。周榆瑞是早年清华外文系学生，他在发表的该篇文章中写道，记得一次陈福田师对他说："在清华，我们都希望钱锺书进入研究院继续研究英国文学，为我们新成立的西洋文学研究增加几分光彩。可是他一口拒绝了，他对人家说：'整个清华，没有一个教授有资格充当钱某人的导师！'这话未免有点过分了。"吴雨僧师对于钱锺书拒绝进入清华研究院却没有不高兴，他说："学问和学位的修取是两回事。以钱锺书的才质，他根本不需要硕士学位。当然，他还年轻，瞧不起清华现有的西洋文学教授也未尝不可。"但是，钱氏的一句名言却在西南联大新校舍的氛围中留下了余响。周榆瑞在文中还说："据外文系同事李赋宁兄说：钱锺书在临走前公开说，'西南联大的外文系根本不行；叶公超太懒，吴宓太笨，陈福田太俗。'这种话实在太伤感情了。随后的两三年中，时常有人复述这句伤感情的话。"

刘文典说沈从文
该拿4块钱

12

刘文典不把一般教授放在眼里,且极端鄙视现代文学,对搞新文学创作的学者更是轻视,放言"文学创作的能力不能代替真正的学问"。当有学生问刘氏对现代作家巴金作品的看法时,刘文典颇为傲慢地道:"没听说过此人。"

有一次警报响起,日机前来昆明轰炸,西南联大师生匆忙向野外山中或防空洞奔跑躲避,刘文典夹着一个破包袱狂奔中,突然发现他平时最瞧不上眼的沈从文冲到自己面前,立时火起,喝道:"我跑是为了给学生讲《庄子》,你一个搞新文学的跑什么跑啊,要跑也应该是'庄子'先跑!"

正是由于刘文典对新文学与现代作家的轻视,几年后当他得知学校当局提拔沈从文由副教授晋升为教授时,勃然大怒,对众人大叫道:"在西南联大,陈寅恪才是真正的教授,他该拿400块钱,我该拿40块钱,沈从文该拿4块钱。可我不会给他4毛钱!如果沈从文都是教授,那我是什么?我不成了太上教授?"

废名PK胡适

13

废名本名冯文炳，生于1901年，湖北黄梅人，6岁时患"老鼠疮"（淋巴结核），几乎丧命。"老鼠疮"导致废名声音变哑，脖颈伤痕横七竖八如蚯蚓，因而成年后相貌特别，性格孤僻，多疑且易怒。

1922年，废名考入北京大学预科，得到师辈周作人赏识。周氏说废名的相貌："奇古，其额如螳螂，声音苍哑，初见者每不知其云何。所写文章甚妙，但此是隐居西山前后事，《莫须有先生传》与《桥》皆是，只是不易读耳。"五年后，在补旧文中，周氏又说道："废名眉棱骨奇高，是最特别处。在《莫须有先生传》第四章中房东太太说，莫须有先生，你的脖子上怎么那么多的伤痕？这是他自己讲到的一点，此盖由于瘰疬，其声音之低哑或者也是这个缘故吧。"

废名毕业留校任讲师。1932年出版长篇小说《桥》《莫须有先生传》，令其声名鹊起，有"沈从文第二"之说。但废名对胡适提倡的白话新诗颇为不屑，且在课堂上公开批评，令胡适大为不快。

1937年初夏，胡适主编的《独立评论》发了一篇题为《看不懂的新文艺》，署名"絮如"，系梁实秋化名，批评废名。胡适在《编辑后记》中帮腔，称"现在做这种叫人看不懂的诗文的人，都只是因为表现的能力太差，他们根本就没有叫人人看得懂的本领"。

想不到这个双簧戏被废名窥破，他怒气冲冲找上门来，与胡适大吵大闹一番，若不是有人拉住，胡适将吃废名一顿乱拳。因此事，废名对胡适一直耿耿于怀，对人抱怨说胡适爱徐志摩，谁说他一声不好就不行。

废名PK熊十力

14

　　废名曾与钱玄同、傅斯年并称北大"三大魔"，系辜鸿铭后另一怪人。熊十力曾在北大任教，也是怪人之一，号称哲学家中的翘楚、思想家中的雪莲、新儒家的开山祖师、国学界的大师，与其三个弟子（牟宗三、唐君毅、徐复观）和张君劢、梁漱溟、冯友兰、方东美被称为"新儒学八大家"。

　　想不到一个作家、一个哲学家，两个声名显赫的北大怪人曾为学术大打出手。

　　据北大教授汤一介回忆："大概在1948年夏日，他们两位都住在原沙滩北大校办松公府的后院，门对门。熊十力写《新唯识论》批评了佛教，而废名信仰佛教，两人常常因此辩论。他们的每次辩论都是声音越辩越高，前院的人员都可以听到，有时甚至动手动脚。这日两人均穿单衣裤，又大辩起来，声音也是越来越大，可忽然万籁俱静，一点儿声音都没有了，前院人感到奇怪，忙去后院看。一看，原来熊、冯（作者按：废名本名冯文炳）二人互相卡住对方的脖子，都发不出声音了。这真是'此时无声胜有声'。"

钱穆对陈寅恪的评价

15

1932 年，国民政府下令将中国通史作为大学必修课，北大立即响应，且准备请多位史家分讲该课程，钱穆亦在被邀之列。然钱穆却对分讲颇有意见，并在课堂上对学生说："乃有人谓，通史一课固不当分别由多人担任，但求一人独任，事也非易。或由钱某任其前半部，陈寅恪任其后半部，由彼两人合任，乃庶有当。余谓，余自问一人可独任全部，不待与别人分任。"

1960 年，钱穆在给余英时信中，论及近代学者之文章，对章太炎、王国维、梁启超、胡适、陈垣诸君，多有褒奖，但论及陈寅恪时，却说："又如陈寅恪，则文不如王，冗沓而多枝节，每一篇若能删去其十之三四方可成诵，且多临深为高，故作摇曳，此大非论学文字所宜。"

对于钱穆的看法，后世史家并不认为是钱无的放矢，陈寅恪文章确实枝蔓较多，令读者望而却步。与陈氏友善的胡适就曾在日记中吐槽曰："读陈寅恪先生的论文若干篇，寅恪治史学，当然是今日最渊博最有识见最能用材料的人。但他的文章实在写得不高明，标点尤赖，不足为法。"

傅斯年对钱穆的不屑

16

　　傅斯年号称学界一霸，与在北京大学任教的史学家钱穆先生不和。钱穆的《国史大纲》出版，轰动一时。一度出任浙江大学史地系教授兼主任的张其昀见到傅斯年，询问其对此书的看法。傅斯年遂高声回答道："我从来不读钱某人的书文一个字。钱某人屡谈西方欧美学术如何如何，那些知识其实都是从《东方杂志》转抄而来的，没有什么自己的发明创造。"

　　张其昀听罢，回敬道："你既然号称不读钱某人书文一字，又如何知道得这么详细？"

　　傅氏涨红着脸"吭"了一声，而后愤然骂道："不读他的书就不知道其浅薄可笑了？你见过你老爷爷，也就是你爷爷的老爸没有？"

　　对方不知何意，摇着头道："没有，早死个球的了。"

　　"你有没有老爷爷？"

　　"我当然有老爷爷！"

　　傅斯年突然仰天哈哈大笑，继而又面色严肃地说道："此谓我不读钱某人书文一字，乃知其荒唐之故也！"

李济对钱穆的
"白眼"

17

　　与傅斯年一样，李济对钱穆特别看不上眼。1960 年，钱穆应哈佛燕京学社邀请，到哈佛作题为《人与学》的演讲，由清华毕业留美任教的杨联陞担任翻译。当时正在美国访问的李济也跑去听了钱氏演讲。据钱穆的弟子余英时说，李济这位"平时喜作青白眼"的考古学家，对钱穆演讲的反应是"白眼时多，青眼时少"。第二天，李济见到杨联陞，称赞其翻译功底厉害，竟能把钱穆演讲中的"语病"都掩盖过去了。

　　谈及钱穆屡次不能当选台湾"中研院"院士问题，李济的弟子、执教美国匹兹堡大学的历史学家许倬云说，钱穆之所以没被选上，是意识形态问题。

　　因为钱总喜欢拿西洋跟中国作比较，他这一比较，李济等人就觉得不行，觉得他知识层面不够。后来蒋介石父子介入此事，逼继胡适之后出任台湾"中研院"院长的王世杰设法把钱穆选上了。

　　钱穆当选后，蒋介石举行新选院士酒会，李济耻与钱氏同列，托词未去，以表达自己的不满。而钱穆本人，除出席蒋介石主持的酒会外，在长达 22 年的旅台生涯中，再也没有踏进台湾"中研院"大门半步。在晚年《师友杂忆》一书中，钱对台湾"中研院"选举院士一事，只字未提。

趣闻
轶事

11

章太炎趣事

1

　　章太炎嗜书如命，书房四壁琳琅满目，皆是书籍。室内了无陈设，中置一床，供章一人独卧。每至中夜睡醒，忽记起某书某事，即起床到书架前翻阅，往往通宵达旦，虽在严冬，亦不知加衣。有时仆人夜起，或清早进室洒扫，见他持卷裸立，形如木鸡，忙唤道："老爷，你没有着衣呢！"

　　章太炎的嗜书如命，还表现在一进入书中情境，便如痴如醉，废寝忘食。一日，章氏宴请亲朋，宾客满堂即将开宴，却不见章的踪影。家人四处寻找，均未见其人。后来有人如厕，竟发现章太炎在厕内独立凝思，把宴客一事忘得一干二净。

　　据章氏的女婿朱镜宙说："先生居东京时，雇一日下女。一日，女忽自称与先生私，得孕。先生不得已，请医师验之，孕已五月。而先生雇此女仅二月耳。"

"刘疯子"怕老婆

2

在民国文林中，有三个著名的"疯子"，分别是"章疯子"章太炎、"刘疯子"刘师培、"黄疯子"黄侃。三人皆被后人称为"国学大师"，且有一段不寻常的因缘际会。

1907年春节，应章太炎等邀请，倾向以革命暴力推翻清朝的刘师培夫妇东渡日本，结识孙中山、黄兴、陶成章等革命党人，参加同盟会东京本部的工作，并与章太炎等参与发起亚洲和亲会，先后发表了《普告汉人》《悲佃篇》《辨满人非中国之臣民》等雄文，以宣传鼓吹革命。

刘师培的太太乃扬州何家辂胞妹何班（后改名何震），是一位风流剽悍的交际人物，因过不惯流亡的苦日子，便怂恿丈夫不如归去。刘本一书呆子，慑于悍妻的阃威，对革命事业由狂热变为消极，且一天天与革命党人疏远。于是，流亡日本的革命家认为刘师培是被老婆俘虏，做了清朝的走狗了。章太炎对刘的消极态度大为不满，对其时有指摘。刘在双重压力下，索性放弃革命党人，悄然携妻归国，成为清廷大吏端方门下一食客。

1915年8月，不安分的刘师培与杨度等人发起成立筹安会，作《君政复古论》《联邦驳议》等文，为袁世凯称帝鼓吹。洪宪帝制失败后，受到政府通缉，流亡天津。1917年，应北京大学校长蔡元培之聘，刘师培出任北京大学文科教授，发起《国故学刊》，倡导国故，成为国粹派领袖，一时响应者众。

刘师培除学问大，性格"疯"，另有一大特色便是畏妻如虎，怕老婆之程度堪称民国惧内"泰斗"，世间多传其轶闻趣事。据说，民国官宦张继寓居北京时，某夜刘仓皇掩入，喘息未定，忽有叩门声甚急。刘闻之满目凄然，告张："必定是我太太来了，我怎么办，务必要躲一下。"言毕，刺溜一声钻入张家床底，蜷伏不敢动。张出启门，乃一位常客，不禁大笑，急返卧室拖刘出。刘再三不敢，以为张诳己。既出，手足战栗不已，惊恐告辞，跌撞而去。

一把茶壶
配四个茶碗

3

　　清华早期学生张忠绂说：当年清华园有一位教国文的清末探花汪鸾祥，曾因赞助戊戌变法罢官，然而他却赞成多妻制。他的理由是，男子譬如茶壶，女人譬如茶碗。一把茶壶的水可以倒在若干茶碗中；但几个茶碗中的水却不可以倒在一个茶壶内，那样做，水会变浑浊的。

　　关于这个"茶壶与茶碗说"，恐怕不是汪氏发明首创，而是文人学者集体创作的结晶。不过社会上流传最多的发明人，当数受蔡元培之邀任教于北京大学、"戴着瓜皮小帽及其下的发辫，去见上帝了"的辜鸿铭（张中行语）。辜氏一副典型的清朝遗老做派，一贯鼓吹一夫多妻制和男人纳妾、嫖妓。有洋女士反驳其一夫多妻观点，辜遂祭出他发明的"茶壶理论"，谓："一把茶壶可配四个茶碗，未尝见一个茶碗配四把茶壶的。"后来，类似的故事又引申到徐志摩与陆小曼身上。据云，徐、陆结婚，胡适的贺礼是一张画，上画一把茶壶，一只茶碗，意在劝徐不要再去追其他女人了，只此一个茶碗便好。喻义被陆小曼知晓，陆对徐说，你不是我的茶壶，乃是我的牙刷，茶壶可以公用的，牙刷则只有我一个人可用，云云。

鲁迅
喜爱和讨厌的动物

4

鲁迅属蛇，也喜欢蛇，在他的文章中常出现蛇或以蛇作比喻，如《从百草园到三味书屋》，就有赤练蛇和美女蛇的描述。

鲁迅还对飞天蜈蚣、壁虎等感兴趣，人皆言壁虎有毒，但鲁迅认为是冤枉壁虎。他曾对好友、大东书局总编辑章衣萍说："壁虎确无毒，有毒是人们冤枉它的。"章将此话告知孙伏园，孙说："鲁迅岂但替壁虎辩护而已，他住在绍兴会馆的时候，并且养过壁虎的。据说，将壁虎养在一个小盒里，天天拿东西去喂。"沈尹默也回忆说："鲁迅在绍兴会馆时曾养过一只胖而且大的壁虎，见了人也不逃走，鲁迅每天都要喂它稀饭。"

据专家考证，壁虎一般是无毒的，被咬后不会中毒。不过壁虎的尿液有一定毒性，人体皮肤沾上后可能会出现瘙痒、皮疹、水肿等症状。

鲁迅一生讨厌三种小动物，即猫、苍蝇和蟑螂。前二者格外讨厌，经常写到作品中，如《战士和苍蝇》等名篇即是一证。

鲁迅大约十岁时，饲养的一只可爱的小隐鼠被猫吃掉了，此为鲁迅讨厌猫之始。后来鲁迅进京任教育部佥事，暂住在绍兴会馆，半夜经常为叫春的猫所扰，不能安睡。于是大怒而起，拿起一根竹竿，爬到胞弟周作人安放在后檐下的小茶几上，将猫驱散。

另据周海婴回忆，鲁迅夜间写作时，遇到雄猫呼唤异性，文思屡被打断，便向窗外扔装香烟的铁皮罐，外面发出一阵"当啷"的声音，接着是雄猫"喵"的怒吼声。睡梦中的周海婴被惊起，便下楼去，见鲁迅仍向外投掷铁皮罐，乃捡起几只送上楼去，以作为后援"炮弹"，继续向"敌人"投掷。

鲁迅的遗物

　　鲁迅去世后，鲁老太太和朱安的生活费主要由许广平和周作人负担。1943年老太太去世，朱安拒绝接受周作人的供养，原因是鲁迅与周作人不和。虽然许广平也想方设法给予朱安一些支持，但终因物价飞涨，社会动荡，朱安的生活仍捉襟见肘。万般无奈中，朱安决定卖掉鲁迅的藏书以换取生活费用。

　　许广平听到消息，自是不甘心，也不舍得出卖鲁迅藏书，乃请唐弢赴北平，告诉朱安要好好保存鲁迅的遗物。朱安听罢，很是不快，立即回击道："你们总说鲁迅遗物，要保存，要保存！我也是鲁迅的遗物，你们也得保存保存我呀！"

　　当唐弢说明许广平的困难和艰辛后，朱安决定停止变卖藏书，把鲁迅的遗物继承权全部交给鲁迅与许广平生的儿子周海婴。

胡适改名

6

1910年，第二次"庚款"考试，决定了胡适留洋的命运，这也是胡适改名的原因。

许多年后，胡适回忆道："那一天，有人来说，发榜了。我坐了人力车去看榜，到史家胡同时，天已黑了。我拿了车上的灯，从榜尾倒看上去（因为我相信我考得很不好），看完了一张榜，没有我的名字，我很失望。看过头上，才知道那一张是'备取'的榜。"

胡适的聪明此时便显露无遗，人家看榜是从上往下看，他却来个反其道而行之，倒着看。当时自我感觉或实际情况考得比他差的大有人在，恐怕不见得都有此等自知之明。当得知刚才所看的并不是"正榜"时，胡适如同从跌落的深坑又突然望见了暗夜中跳跃的鬼火，惶恐中揣着一颗忐忑不安的心，抬起衣袖擦了一把额头上的汗水，继续观看。

胡适继续说道："我再拿灯照读那'正取'的榜，仍是倒读上去。看到我的名字了！仔细一看，却是'胡达'，不是'胡适'。我再看上去，相隔很近，便是我的姓名了。我抽了一口气，放下灯，仍坐原车回去了，心里却想着，'那个胡达不知是谁，几乎害我空高兴一场！'"至此，胡适悬着的一颗心才算落地。

后来方知，那个胡达便是胡明复。胡适回忆说："后来我和他和宪生都到康南耳大学，中国同学见了我们的姓名，总以为胡达、胡适是兄弟，却不知道宪生和他是堂兄弟，我和他却全无亲属的关系。"

胡适所说的胡达，共三兄弟，即胡敦复、胡明复、胡刚复。胡达后转哈佛大学，获博士学位，是"中国科学社"发起人之一。回国后任大同、交通、东南等大学教授。在东南大学时与吴宓等一群重量级"海龟"同事，并开创了东南大学最为鼎盛的局面。1927年夏季休假回乡，为避暑到一个偏僻池塘游泳，用的是狗刨式。游到中途不幸其小腿肚子转了筋儿，不能继续蹬水，乃紧急呼救。时值正午，乡民们正在家中午休，其声不闻。只有附近一个80多岁的老妪闻讯，拄着拐杖，全身打着哆嗦赶到水塘边探个虚实。只见胡达在池中呜呜哀叫不住地点头喝水、吐水，情形甚急，性命甚忧，那老妪却只能望塘兴叹而不能下塘救人。胡达在扑腾了一阵后，终于气尽力绝，没水淹死，年仅37岁。当然这是后话。

与原名胡明复，后改名胡达颇为相似的是，胡适的名字也是留洋前才改的。胡在回忆中说："我在学校里用胡洪骍的名字；这回北上应考，我怕考不取为朋友、学生所笑，所以临时改用胡适的名字。从此以后，我就叫胡适了。"

傅斯年的"范进式"
昏厥

7

　　傅斯年的祖上曾出过大清开国之后第一个状元，可谓儒学世家出身，但这个山东大汉性格豪爽，颇有梁山英雄之气。五四运动时，他是北大学生领袖，指挥游行队伍火烧赵家楼，痛打曹汝霖。学潮平息，从北大毕业后，傅斯年回到老家山东，参加山东省官费留学考试，考得第二名。但主考认为傅氏是激进分子，曾主谋打砸抢烧，拒绝录取。这时，省教育厅的一位科长行侠仗义，力主傅斯年放洋，一批有良知的官员和学生也为傅氏大鸣不平，当权者才作出让步，把傅斯年列入官费留学生名单。垂头丧气的傅斯年闻听喜讯，当场喊了一声："我的娘！"差点昏厥过去。待喝下一碗清水，长吁一口气后，傅斯年打起精神，搓干手心的汗水，收拾行装返回北大，准备赴欧留学。

"独腿客"
放洋遇险记

8

　　潘光旦是著名的社会学家，1914年就读于清华学校，因跳高伤了一条腿，未得到及时治疗，只好把腿锯掉，成了"独腿客"，以后走路总是架着拐子。因古时有《八仙过海》的传说与戏剧，徐志摩把潘光旦与胡适并列，戏称为"胡圣潘仙"。胡，指猢狲，乃齐天大圣孙猴子；潘仙，自然是与在蓬莱仙阁和何仙姑等辈一起渡海的八仙之一铁拐李扯上了关系。

　　1922年，潘仙清华学业期满，到了该放洋的时候，他问代理校长严鹤龄："我一条腿能否出洋？"严氏不假思索地说："不太好吧，美国人会想到我们中国人两条腿的人不够多，把一条腿的都送来了！"

　　潘光旦听罢这个校长暗含讥讽侮辱的混账话，沮丧不已又无可奈何。有位教美术的美籍女教员司达得知此情，专门找到严校长为潘打抱不平："他不能出洋，谁该出洋！"

　　经过一番周折，最后潘光旦总算与其他同学一道赴美国留学。后来学成归国，任教于清华大学，做过好多年教务主任，成为清华的核心人物。

林语堂借款

9

　　1919年秋，24岁的林语堂争取到了哈佛大学的助学金，遂带着妻子廖翠凤到美国读书。在读了一年的时候，林的助学金被突然停掉了，不但继续学业困难，生活也陷入困顿。无奈中，林语堂想找人借钱，但是找谁呢？想来想去，最后还是决定找在北大任教的胡适。而那时候他和胡适还不是特别熟悉，找胡是希望他为自己作保从北大借出一笔钱，林回国后到北大任教，再慢慢偿还。于是，林语堂给胡适写了一封信："能否请尊兄作保借贷1000美元，待回国归还。"未久，林收到了一张汇款单，是胡适寄给他的，上面写着："这是你以后到北大的预支款，学成回国后，一定回北大工作。"

　　哈佛毕业后，林语堂又赴莱比锡大学读博，他按先前的路数打电报给胡："再向学校预支1000美元。"胡适按数照办。

　　1923年，林语堂学成回国，如约到北大任教。他找到校长蒋梦麟，万分感谢当年学校预支款子，使自己顺利完成了学业。蒋校长听罢感到意外："哪2000块钱？"后经了解，林语堂才知道学校根本没出过这笔预支款，是胡适自己掏腰包给他的。而这件事，胡从没有对外人透露过。

梁思成
车祸之谜

10

梁思成走路有点跛，中年之后身上套着一个钢背心，以支撑脊椎的承载。有人说是小儿麻痹后遗症，这是不对的。

1923年5月，梁思成清华毕业即将出国留学，7日这天，他骑摩托车参加北京学生举行的"国耻日"纪念活动，刚出长安街，就被北洋政府交通次长金永炎的汽车撞倒在路边沟中，血流满面，当场昏迷。

梁思成是当世名人梁启超的公子，媒体借机大肆炒作，产生了许多版本，其中一个是：当时在北京西山养病的林徽因，和她的追求者徐志摩、梁思成定下了一个赌赛，谁能以最快的速度从城内买到刚上市的苹果给她，就证明谁对她最忠心耿耿。梁思成的摩托车很快自西山驶出，车祸发生。

梁启超夫人见肇事者金永炎拒不前来赔礼道歉，直奔总统府大闹了一场，还跑到金永炎家中，从放洋油灯的坎子（小窗）伸进手去，把金次长的脸上抓出了几道血印子。

这次车祸，梁思成骨折的左腿没能接好，左腿比右腿短了约一厘米。梁脊椎受到了严重损伤，后来不得不穿上一件医院为此特制的厚重钢背心。

因这一次车祸，梁思成只好推迟一年放洋。

金岳霖
请医生助产的笑话

11

由于金岳霖在日常生活中名士气或曰书呆子气太重，在当时的北平学术界流传着许多令人为之捧腹的故事。

因金岳霖只迷恋林徽因一人，平时不太与其他女性来往，也不是那种太好热闹之人，闲来无事，平时迷恋起养鸡和蛐蛐等小动物，想不到这养鸡、斗蛐蛐竟闹出了一件奇事。

据赵元任夫人杨步伟在回忆录《杂记赵家》中说：赵家在北平时，有一天，金岳霖忽然给赵元任家打了一个电话，说是家里出了事，请赵太太赶快过来帮帮忙（作者按：杨步伟原在日本学医，专业是妇产科）。杨步伟认为大概金岳霖那时正跟一位 Lilian Taylor（中文名叫秦丽莲）小姐做朋友，也就是从美国跟来的那位金发碧眼的洋女，可能出了什么男女私情方面的事，要生孩子。跑去一看，原来是金家的一只老母鸡生不出蛋，情急之下老金忙请妇产科专家杨医生前来帮忙助产。此举搞得杨步伟哭笑不得。

林徽因
改名的原因

12

　　林徽因原名林徽音，"徽音"是美誉的意思，乃其进士出身、后为翰林的祖父林孝恂所取，典出《诗经·大雅·思齐》"大姒嗣徽音，则百斯男"。可是到了后来，随着林徽音在文坛上的名声越来越大，却更名为林徽因了。

　　既然"徽音"二字乃引经据典而来，代表着祖辈的殷切期望，何以擅自改之？这就与一个叫林微音的男性作家有关系了。

　　这位林微音，苏州人氏，是上海一家银行职员，平时好卖弄风骚，擅作诗歌美文，一度担任新月书店经理，并与鲁迅对骂过，被鲁迅斥为"讨伐军中最低能的一位"云云。后来投靠侵华日军，沦为汉奸和鸦片鬼。

　　面对这个林家不肖子孙的做派与名声，正作为文坛新星冉冉升起的林徽音自是不愿与彼辈为伍，甚至被读者混淆。为避开这个瘟疫一样的唯美主义男作家，彻底斩断误会的源头，林徽音决定改名。

　　1931年10月，《诗刊》第3期发表了林徽因的诗作，这是林徽因之名首次出现。编辑徐志摩在《诗刊·叙言》中附带发表声明一则："本刊的作者林徽音，是一位女士，《声色》与以前的《绿》的作者林微音，是一位男士（现在广州新月分店主任），他们二位的名字是太容易相混了，常常有人错认，排印亦常有错误，例如上期林徽音即被误刊为'林薇音'，所以特为声明，免得彼此有掠美或冒牌的嫌疑！"从此，林徽音便正式以林徽因名世了。

　　对于此事，林徽因曾说过这么一句话："我不怕人家把我的作品误认为他的，只怕日后把他的作品错当成我的。"由此可见林徽因孤洁高傲的性格与操守。

梁思成、林徽因 儿女名字来源考

13

　　梁思成、林徽因夫妇有一对儿女，分别叫梁再冰与梁从诫。这名字是如何来的呢？一般人并不知晓。

　　梁思成的父亲是民国第一名人梁启超，别号"饮冰室主人"，有"十年饮冰，难凉热血"之说。1929 年 1 月 19 日，梁启超去世。同年 8 月，林徽因在沈阳东北大学生下了一个女儿，为纪念父亲梁启超，梁、林夫妇给女儿取名梁再冰。

　　梁再冰名字来源于此，梁从诫呢？

　　话说中国历史上第一家建筑学研究机构——营造学社的创始人朱启钤（字桂莘），此人于 1915 年奉袁世凯之命修缮皇宫时，对营造学产生了浓厚兴趣。1917 年，朱启钤在江南图书馆偶然发现了一部湮没日久、由宋代建筑学家李诫（字明仲）创作的《营造法式》抄本。此书编成于宋哲宗元符三年（1100 年），镂版印刷于宋徽宗崇宁二年（1103 年）。朱氏看罢惊为秘籍，将此书借出馆外两次出资刊行，很快引起学术界瞩目。

　　当时，梁思成夫妇正在美国留学，梁启超把朱启钤重印的《营造法式》寄与梁、林学习，然而这部《营造法式》像一个浸在雾中的谜团，无人辨识真正面目。这个时候，西方学者对于欧洲古建筑，几乎每一处都做了精确的记录、测绘，并有深入而透彻的研究。

　　此种情形，对于渐开眼界的梁、林是一种启发，梁思成写信给梁启超，谈自己日后要写成一部《中国宫室史》之类的书。梁启超接信后大为惊喜，回信鼓励说"这诚然是一件大事"，但还需要多方学习研究，才有可能达到目标。

正因为梁思成心中怀揣《营造法式》这部"天书"的不解之谜，以及其父的鼓励支持，梁思成最终决定离开执教的东北大学，于1931年年底转入私立的中国营造学社工作。

1932年，梁、林夫妇有了一个儿子，取名梁从诫，有"跟从李诫"，并以此纪念《营造法式》作者、宋代大建筑学家李诫之寓意。

陈寅恪请看戏

14

　　一天，陈寅恪和俞大维两个人突然要请赵元任、杨步伟夫妇看一次德国的歌剧，戏名叫《自由射手》，是由韦伯作曲。陈、俞二人把赵、杨夫妇送到戏园门口就要走，杨步伟好奇地问："你们不看吗?"心中暗想这二人如此不懂规矩，把自己一扔就走，如此轻看"老娘"，真是岂有此理。俞大维笑笑没有吭声，陈寅恪有点歉意地说道："我们两个人只有这点钱，不够再买自己的票了，若是自己也去看就要好几天吃干面包。"杨步伟闻听吃了一惊，在回忆中说："我们心里又感激又难受，若是我们说买票请他们又觉得我们太小气，不领他们这个情，所以只得我们自己进去看了。"

胡适擦浴缸

15

1948年9月，胡适、李济两位学界大腕应武汉大学校长周鲠生邀请，从南京去武汉讲学。校方安排二人比邻而居，共用一个浴室。有一天李济问胡："你这么累，何不洗个热水浴解一解乏？"胡适回答说："太累了，自己洗完后没有精力再去擦浴盆，又不想麻烦工友去擦，就免了这次吧。"李济听罢为之惊讶，他回忆说，自己似乎从来没有考虑这么周到，洗完澡还要亲自擦拭浴盆以方便别人。李济愧疚在心，自此之后也注意到自己洗浴要动手擦浴盆的事了。李济说，胡适的细心之处不止这一点，更是体现在生活的方方面面，比如说，胡建议李演讲之前的一顿饭，只能吃半饱，否则会造成身体不适。另外，如果喝一点儿酒或许对演讲发挥更有益处。李济后来照此嘱试过几次，觉得这个建议果然有些道理。李济还说，闲谈中，胡适还告诉他怎样才是正确的刷牙方法，这也是李济此前未曾注意到的。

决定梁思成命运的一件事

16

　　1948 年 12 月 13 日，解放军进驻清华园，进逼北平城。郊外炮声隆隆，硝烟弥漫。清华建筑系主任、对北平古建筑特别有情感的梁思成忧心忡忡，每天站在校门口向南眺望，倾听着远处阵阵炮声。一边来回转圈，一边自言自语道："这下子完了，全都完了！"意思是说北平有文物价值的建筑将全部毁于炮火。

　　出乎意料的是，不久，几位头戴大皮帽子的解放军代表由张奚若陪同来到梁家，请梁思成、林徽因在军用地图上标明北平需要保护的古建筑与文物存放所在地点，以便在攻城中加以保护。尽管梁思成意识到可能是当年自己在重庆给盟军制作轰炸日本本土文物保护图时，送给周恩来的一份复件起了启示作用，但他面对中共领导下的军人亲自上门请教的做法，还是深为感动。正是怀着这种想法与对中国共产党的点滴了解，梁思成、林徽因夫妇自愿留在了清华园，并在历史的转折点上揭开了人生新的一页。

　　中华人民共和国成立后，梁思成、林徽因参加了北京市城市规划、天安门广场人民英雄纪念碑的设计，以及中华人民共和国国徽的设计。

梁思成：
我是个无"齿"之徒

17

　　1963 年夏天，中国佛教协会邀请清华大学建筑系主任、著名古建筑学家梁思成先生来扬州，主持筹建鉴真纪念堂的工作。梁到扬州后，应当地政协所请作了一个有关古建筑维修问题的学术报告。演讲开始，梁先生说："我是个无耻（齿）之徒。"此话一出，满堂愕然。然后，梁先生慢慢地解释道："大家不要误会，我说的是牙齿的齿。我的牙齿前些年掉没了，在美国讲学时装上的这副假牙，因为上了年纪，所以不是纯白，略带点黄色，因此别人看不出是假牙，这就叫'整旧如旧'。我们维修古建筑也是这样，不能焕然一新，要'整旧如旧'才是学术正道。"这时，大家才恍然大悟，梁先生以幽默的段子，解答了现代学术的一个重要问题。

金岳霖
办公无"公"来

18

1952年院系调整，金岳霖教授由清华调到了北大。当时北大副校长周培源请老金做北大的哲学系主任。老金说我不干，还说艾思奇摆在那里，不去找他，反而来找我。周培源说："要你做，你就得做。"于是老金就做起系主任来了。

不久，有个教授当面大骂了老金一顿。这样的事，按老金的说法，在旧社会不是开除他，就是我辞职。在新社会怎么办呢？不知道。结果他不走，我也不辞。事也办不了，更谈不上办好办坏。

后来，老金被调到中国科学院哲学研究所当副所长，另一副所长张镛对老金说，你应该坐到办公室办公。老金不知"公"是如何办的，可是办公室总可以坐。于是就恭而敬之地坐在办公室，但坐了整个上午，而"公"不来，根本没有人找他。于是老金认为这简直是浪费生命，就提出辞职，在家中搞起了研究与写作，不必再到办公室等"公"来了。

陈梦家与王世襄
争夺古物

19

　　上海博物馆有一个展厅，专门展出著名诗人、学者陈梦家生前收藏的明式家具，凡是看过的观众无不为之赞叹。回头看看当年陈梦家收藏这些古董的旧事，也是蛮有情趣的。

　　据早年毕业于燕京大学的王世襄回忆："梦家比我大三岁。1934年我考入燕京大学，他已是攻读容庚教授古文字学的研究生。他非常用功，而我则是一个玩得天昏地黑、业荒于嬉的顽皮学生。……那时我们，都在搜集明式家具，有了共同兴趣。……我以廉值买到一对铁力木官帽椅，梦家说：'你简直是白捡，应该送给我！'端起一把来要拿走。我说：'白捡也不能送给你。'又抢了回来。梦家买到一具明黄花梨五足圆香几，我爱极了。我说：'你多少钱买的，加十倍让给我。'抱起来想夺门而出。梦家说：'加一百倍也不行！'"

　　又说："梦家此时已有鸿篇巨著问世，稿酬收入比我多，可以买我买不起的家具。例如那对明紫檀直棂架格，在鲁班馆南口路东的家具店里摆了一两年，我去看过多次，力不能致，终为梦家所得。但我不像他那样把大量精力倾注到学术研究中，经常骑辆破车，叩故家门，逛鬼市摊，不惜费工夫，所以能买到梦家未能见到的东西。"

　　许多年后，王世襄也成为著名的文物收藏家。

董作宾
校园吃花生米

20

胡适出任台湾"中央研究院"院长后，夫人江冬秀于1962年由美国到台湾照顾胡适的生活，得知胡适早餐只吃一点儿稀饭、一点儿南瓜，觉得吃得太苦，要另外加点主食和菜肴，被胡适阻止。胡谈到"中研院"史语所同人1949年住在台湾桃园杨梅镇时，有几家每月到了20日之后，就用南瓜加盐煮稀饭过日子，一直熬到下个月发薪水，然后到了下个月20日之后还得靠南瓜加盐煮稀饭过下去。胡适所说"有几家"中的第一号人家，就是董作宾。

董作宾有10个孩子，许多时候连吃饱肚子都不太容易。作为"中研院"史语所研究员的董作宾，在台大考古人类学系兼课后，有几位要好的同事经常看到他每次下课回家，都从校内的小卖部买一包花生米边吃边走，且吃得津津有味，就问他为何总是买花生米吃。董说讲完课后肚子就有点饿，吃几个花生米充饥，别的买不起，花生米便宜些。对方不解地问，为何不拿到家中再吃？董一边用手指捏着花生米往嘴里送，一边不好意思地笑笑说："我家食指浩繁，拿回去，这包花生米就不是我的了。"

董作宾的长公子董敏说："当时的董家确实穷困得很，我爸爸有开夜车搞研究写文章的习惯，他的桌子下面有个小铁筒，里面装了一点儿饼干糕点什么的，晚上熬夜饿了的时候，就从铁筒里掏出一点点垫巴垫巴。开始孩子们不知道，等发现这个秘密后，就趁他不在家的时候偷偷给吃掉了，结果有一个晚上，我爸爸到半夜又从小铁筒里找东西吃，一看是空的了，很懊丧，起身在屋里转了几圈，长吁短叹。我妈妈熊海萍起床看到爸爸愁苦悲戚的样子，又看到那个空铁筒，心领神会，当场流下了热泪。"

台静农与酒

21

台静农早年是未名社成员，与鲁迅有过密切交往，被视为鲁迅的嫡传弟子，曾先后执教于辅仁大学、齐鲁大学、厦门大学、山东大学、台湾大学，他一生简朴，却喝了一辈子酒，直到88岁高龄还畅饮不辍。喝酒已成为他生活中不可或缺的组成部分，据他的同事和学生们说，不管在家中还是课堂上，台先生身上总是散发着一股浓浓的酒味。然而，台静农喝酒又与官僚和普通人有别，颇有名士风度，他常言，"痛饮酒，谈《离骚》，可为名士"。台先生喝酒的理由有多种，若是天热，他说喝酒祛暑；若是天冷，他便说喝酒可以御寒。无论冬夏，台先生都有理由教人喝酒。于是，熟悉的人去拜访他，都会带上好酒好烟做礼物，虽然他两袖清风，但对烟酒来者不拒。

1946年，台静农应好友许寿裳之邀赴台湾大学任教，苦于没有路费，只好卖了一部明版《金瓶梅》作为船资。在沪上船时，船要等三日才开，台先生已身无分文，无法住旅馆，全家人只好在船上硬撑。同行的学生实在看不下去，把自己带的几百元钱分一半给了他。台先生见钱眼开，潇洒地往口袋里一塞，旋即邀这位学生上岸，说："我现在有钱了，咱们找个小馆子去喝上一顿，我请客。"

据其台大同事说，台静农因为要养一大家子人，生活常捉襟见肘，经常在家门口一个店里赊烟酒。由于久赊不还，店老板拒绝让他继续赊欠，此举令台先生十分尴尬。对门一位教授知道此事，悄悄替他付了账。台先生得知同事的义举，却不上门道谢。

台大的学生对这位嗜酒如命的老头既敬又爱，他的家对学生总是敞开，任其自由出入，也不拒绝学生们的任何邀请。当没有酒喝的时候，会毫不掩饰地跟他的学生要酒喝。由此他和他的学生建立了那么一种兄弟姐妹般的亲情。台大女生林文月是台先生的得意弟子。林后来成了名作家，有多篇写酒或是与酒有关的文章。在《一个读中文系的人·后记》里，林记述说："那时同学之间谣传着：要做台先生的入门弟子，得先学会喝酒抽烟，台先生酒量之大与酒品之佳，为众所公认。我年少天真，真是努力下功夫；到如今，台先生的学问真本事连皮毛都没有学到，倒是稍稍能喝酒抽烟罢了，不过酒量既不大烟瘾亦未上。每次拜访台先生的家，无论阴晴昼夜冬夏，他总有理由叫我陪他喝一两杯威士忌或白兰地，然后才谈正事或闲聊。"由此，林文月戏称台先生是"烟酒贵族"。

另据台湾名作家亮轩说，当年才高貌美的台大中文系高才生林文月要考台教授的研究生，台先生问林："你会喝酒吗?"林答："会。"台先生当场拍板说："那你不用考了，我收了。"

酒圣梅贻琦

　　梅贻琦校长酒量既大，酒德更高，从不推三推四，斤斤计较，看他一杯杯和敬酒的人干杯，从容自在，不由得令人肃然起敬。即便有时喝过了量，也从不失态的。所以大伙儿送他老人家"酒圣"的尊号。

　　据蔡麟笔回忆，1955年梅校长从美国返台后，首次参加清华校友举行的校庆。活动一如在北平时的作风，老少三代、成人小孩儿全欢迎。席间，校友纷纷向梅校长敬酒，孩子们也仿学成人之样儿向梅敬酒，梅一一站起来干杯。当时在场的蔡麟笔小声对梅说："梅先生何必干杯，又何必站起来，他们是小孩子，酒杯里是汽水。"梅听罢，正色严肃地对蔡说："这就是教育，他们是小孩子怎可以饮酒？然而人格与我相同，岂可因为我是校长，年龄大，就视若无睹？我正应该做一个典范。"蔡说："这几句话，真令人'口呿而不合，舌举而不下'，愧然呆若木鸡者久之。很惭愧，我对我的学生，恐怕现在还办不到。"

梁实秋的幽默

23

　　老舍在青岛大学任教时，在一次演讲中说，文艺作品中的坏人形象大都是满脑肥肠、一脸横肉的大胖子。言毕，看了一眼台下身体正发福的梁实秋，众人大笑。一周后，外文系主任兼图书馆馆长梁实秋上台演讲，说着说着，话锋一转："就我个人所知，中外文学作品中的坏人都是些瘦子，脖子细得像猴子一样……"众人大笑，转头看台下的老舍，因为老舍正是一个典型的瘦子。老舍见状，也跟着笑了起来。

　　梁实秋之子梁文骐回忆，父亲教学数十年，口操英语，却总是着长袍马褂、千层底布鞋、叠裆裤子，还要绑上腿带子，常引得时髦男女窃笑，他却毫不在意。在台湾师大授课时，一次讲英格兰诗人彭斯一首诗，某女生听到动情处，竟泪如雨下，伏案放声大哭起来。梁文骐问父亲："你是否觉得很抱歉？"梁答："不，彭斯才应该觉得抱歉。"

林语堂
相面打分

24

　　1966年，蒋介石发动文化复兴运动，敦促各文学家、学界大师赴台定居。林语堂终于决定由香港迁居台湾，蒋请林出任"考试院"副院长，林谢绝，仍以写作、演讲和在大学兼课为生。受东吴大学邀请，林语堂至该校法学院兼授英文课。据学生薛光前回忆，林语堂讲课风趣幽默自不必说，而最大特点是考试"相面打分"。

　　尽管当时林已是70多岁的老大爷，但记忆力不减当年，几节课下来，他便能记住全班学生的名字，课堂上随时指点学生回答问题。因而，对每位学生的学习能力和水平都了然于胸。期末考试，林语堂并不命题作文或让学生填鸭式寻找答案。而是端坐讲台，拿出学生名册，一一唱名。被点到的学生依次站起，他如街头卦摊相面的老先生一样，向站立的学生看一眼，便胸有成竹地定下分数。若遇到奇骨异相或平时调皮捣蛋的学生，就命其走到前台，交谈几句，洞察内心，然后一锤定音，划定分数。其准确公正程度，远超过一般以笔试命题计分的方法，所以在同学们心中，无不佩服。

12

风花
雪月

徐志摩离婚
众人献计

1

　　1922年，徐志摩正为追求心中的圣女林徽因，不惜与他那身怀六甲的结发之妻张幼仪在德国柏林大闹离婚。张幼仪寻死觅活不愿离婚，留德的中国学生在好事者带领下，纷纷围将上来，拉着徐志摩要他到中国饭馆请客，以便献上锦囊妙计。深感走投无路、欲以头撞墙的徐氏信以为真，咬牙大放血，拿出一笔款子，请了七八人到饭馆大吃大喝一通。酒酣耳热之际，有一号称"鬼谷子"的留学生献出奇计，认为最可行的一条就是令徐志摩把张幼仪像麻袋一样捐献出来，移交给未婚的金岳霖为妻，众人闻听齐声喝彩。想不到此时金岳霖正在另一间用薄木板隔开的单间与朋友吃饭，听到一帮中国学生于酒瓶碗筷的碰撞声中大呼小叫地喊自己的名字，忙走到门外听个究竟。待弄清事情原委，便轻轻地把门推开，站在饭桌前呼叫一声："嘿！"众人见状，大惊。徐志摩那蒙古腰刀状白而瘦削的脸颊，顿时红了半截。

　　由于金岳霖不愿接受徐的"捐赠"，此事未能谈拢，张幼仪也免了像熟透的柿子一样在留学生圈子内被转来捏去，惹来羞辱与麻烦。但最终还是在好事的中国留学生与徐志摩本人内外夹击下，同意离婚。拒绝"捐赠"的金岳霖，以见证人角色在徐、张离婚书上签字画押，以为凭证。一时间，徐、张的离婚风波，搞得鸡飞狗跳，四邻不安，身在异国他乡又有身孕的张幼仪，陷入凄苦无助的悲凉境地。然而，此一事件除了成为中国留学生们的饭后谈资，没有人表示同情与怜悯，徒令每天以泪洗面的张幼仪苦叹："奈何？奈何?！"

徐志摩、林徽因
剑桥之恋

2

1920年，16岁的林徽因随父亲林长民来到英国游历，与在剑桥大学读书的徐志摩相识。徐志摩一见林徽因，惊为天人，向林徽因发起爱情攻势。林徽因惶恐失措不知如何是好。

第二年10月，林徽因随父回国。

徐志摩于1922年3月来到德国柏林，由中国留学生吴经雄、金岳霖做证，与从国内追随而来的结发之妻张幼仪正式离婚，以为迎娶林徽因铲除障碍。

同年秋，徐志摩突然听到林徽因已许配给梁思成的消息，吃惊之余，匆匆结束学业归国。在家乡浙江海宁稍事停顿，于12月来到北京。除了弄清虚实，还想赢得林徽因的芳心，使其抛却梁思成，与自己共结百年之好。

然而，徐志摩一到北京，便证实梁思成与林徽因真要结婚的消息。

徐志摩已是回天无力，只能干瞪着眼儿，羡慕嫉妒恨地看着梁思成抱得美人归了。

金岳霖
爱上林徽因

3

　　多数读者都知道清华大学教授金岳霖与林徽因的恋情，很少有人知道他结识林徽因之前，与一位美国小姐在北京同居了好几年。美国小姐中文名字叫丽琳。

　　这位小姐与金岳霖1924年赴法国游历，后又去意大利转了一圈，于1925年11月来北京同居。在当时看来，丽琳属于妇女界的另类，她倡导不结婚，但对中国的家庭生活又极感兴趣，想以同居的方式体验中国家庭内部的生活与爱情真谛，于是便和老金在北京悄然蛰居下来。对于这段生活，当时北京学界许多人都知此事，并识其人。徐志摩与丽琳同样相识，他在1928年12月13日由上海到北平后，在给陆小曼写的信中，对此事有所披露："老金他们已迁入（凌）叔华的私产那所小洋房，和她娘分住两厢，中间公用一个客厅。……丽琳还是那旧精神……"

　　至于这位来自美国的丽琳，因何事、何时离开了金岳霖回归家乡，并黄鹤一去不复返，在已发现的文字中少有记载，外界一直猜测与金岳霖爱上林徽因有关。

金岳霖
搬到林徽因家

4

　　金岳霖爱上林徽因之后，那位同居的美国小姐就悲愤交加地独自回美国了。

　　光棍一条的老金干脆一不做二不休，卷起床上那张狗皮褥子，提了锅碗瓢盆，于1932年搬到北总布胡同3号梁思成、林徽因一家的院子"择林而居"了。

　　这事是真的，老金本人对这段生活有过描述，说："他们住前院，大院；我住后院，小院。前后院都单门独户。30年代，一些朋友每个星期六有集会，这些集会都是在我的小院里进行的。因为我是单身汉，我那时吃洋菜。除了请了一个拉东洋车的外，还请了一个西式厨师。'星期六碰头会'吃的咖啡冰激凌和喝的咖啡都是我的厨师按我要求的浓度做出来的。除早饭在我自己家吃外，我的中饭晚饭大都搬到前院和梁家一起吃。这样的生活维持到'七七事变'为止。抗战以后，一有机会，我就住在他们家。"

　　又说："我离开了梁家，就跟掉了魂似的。"确切地说，金岳霖离开了林徽因，就没有魂了。

林徽因告诉梁思成
爱上金岳霖

5

金岳霖搬到北总布胡同 3 号院内居住之后，始终是梁家沙龙的座上常客，同时对林徽因的人品才华赞美至极，十分呵护。林徽因对金岳霖同样十分钦佩敬爱，随着时间推移，彼此间感情越来越深，已到了难舍难离，甚至干柴烈火不可收拾的程度。

大约 1931 年，梁思成从宝坻调查回到北京家中，林徽因哭丧着脸对梁说，她苦恼极了，因为她同时爱上了两个人，不知怎么办才好，神态口气像个小妹妹在请大哥哥拿主意。听罢此言，梁思成半天说不出话来，一种无法形容的痛苦紧紧地抓住了他。他想了一夜，这事该怎么办呢？梁思成把自己、金岳霖和林徽因三个人反复放在天平上衡量，最后得出结论，自己各方面不如金岳霖。

第二天，梁思成把这想法告诉了林徽因，并说你是自由的，如果你选择了金岳霖，祝愿你们永远幸福。

林徽因一听，当场就哭起来了，梁思成也跟着哭了。

当林徽因把梁思成的话告诉金岳霖时，金岳霖说："不必客气，看来思成是真正爱你的，我不能去伤害一个真正爱你的人。我应该退出。"

从此之后，梁思成继续与林徽因生活，金岳霖就跟着梁、林一家生活，形成了一种特殊的关系。梁思成在工作上遇到难题常去请教金岳霖，甚至连和林徽因吵架也常要金岳霖"仲裁"。

三人间的关系最终结局是：金岳霖和林徽因一直相爱、相依，但又不能结成夫妻。老金保持单身，以待林徽因。只是命运多舛，林徽因英年早逝，金岳霖终身未娶。

情种与校花

6

　　郁达夫在日本读书时，母亲为其定下一门亲事，女子名叫孙蓝坡，乃当地乡间著名才女，诗词歌赋俱精，郁读罢托人捎来之作，大为吃惊，认为"文字清简，已能压倒前辈老秀才"云云。于是，郁达夫同意了这门婚事，并把孙蓝坡的名字改为孙荃，女人味更足些。

　　为参加创造社，郁达夫自日本回到上海。隆冬时节，已结婚过门到郁家的孙荃想念丈夫，又惦念其无棉衣御寒，便冒着大雪到邮局给郁寄去一件皮袍。郁接到皮袍，认为是雪中送炭，对妻子心怀感激，暗下决心一定要好好报答她。只是未久，郁达夫便与王映霞谈起了恋爱，孙荃被抛到脑后。

　　王映霞乃杭州人，比郁达夫小11岁，毕业于杭州省立女子师范学校，长得天生丽质，人见人爱，有"校花"之誉，号称杭州"四大美女"之首，力压群芳。

　　郁达夫在留日同学孙百刚家中与王映霞相见后，情种校花，立即坠入情网，不能自拔，继之二人同居。郁达夫原配妻子孙荃闻讯，悲愤交加，抱着孩子回到老家，以念佛诵经度日。

沈从文
代写情书

7

沈从文早年从军时，所在的剿匪部队由芷江援川，在川边与当地"神兵"交火，全军覆没。所幸沈从文留在后方看守，算是保住一条性命。

部队没有了，需找新的出路，沈从文便和一同留守后方的表哥黄玉书离开芷江到达常德，经人介绍到贺龙队伍里谋了一个差事。未久，黄玉书与常德一所小学教书的杨光蕙小姐一见钟情，回到营房后，黄让沈捉刀以自己的名义写情书给杨小姐。这对沈来说是小菜一碟，写就后还亲自跑腿送给杨光蕙，前后达三十余次。有好几次，杨小姐对沈说，黄先生的信写得很有感情，也很有条理，看不出他还真有点才气。沈听罢，不知如何回答，支支吾吾敷衍过去。年底，黄与杨结婚，生一子，取名永玉，也就是许多年后与沈从文的学生兼同事、著名画家范曾二人互扇耳光的黄永玉。

沈从文
写情书追校花

8

    1929年，沈从文已在北京文坛崭露头角，但仍作为北大一位旁听生不得入其门。一天，他对在文坛上呼风唤雨又是热心肠的徐志摩谈及，自己想到上海美术专科学校，跟刘海粟学绘画与雕塑。徐干脆地说："还念什么书，去教书吧。"然后介绍沈到胡适任校长的上海吴淞中国公学任教。自此，沈从文以小学学历走上杏坛。

    进入中国公学的沈从文，听说校中一个叫张兆和的"校花"乃安徽合肥人，貌若天仙，美得惊人，遂按捺不住心中的好奇与青春骚动，找个理由跑到张兆和的宿舍看她。待张一开门，天性腼腆的沈从文红着脸哆哆嗦嗦地说："噢，你，你，原来你就是那个笑话（校花）！"张兆和脸一红，"砰"的一声把门关上。

    沈从文被拒之门外，但魂儿已被张兆和这位比他小8岁的"校花"摄去，自是不甘心自己失败，决定发挥自己善于作文与写小说的特长，频频给张兆和写情书。一封不回又写一封，直到把张兆和惹恼了，把一摞情书"咣"地拍到胡适校长的办公桌上，以示抗议。胡适问明缘由，从中说合，使沈从文与张兆和有情人终成眷属。

    而当时，有一位叫吴春晗（吴晗）的学生正在向比自己小一岁的张兆和发动爱情"攻势"，因未得到胡适的鼎力相助，加之经验不足，终于败给比他大7岁的老师沈从文。

    但沈从文后来不承认他与张兆和的婚事是胡适做媒，沈说："有人说我和内人结合是胡适做的媒，没这事。当时我对兆和有好感。她那时是校花，学习好，长得好，运动也特别好，跑得快、跳得高。我也没说什么，

就是写信，一天一封，她不回信。有一天她找了胡适，胡适说：沈从文我了解，他是个君子，是个好人。胡适说：大学师生恋爱结合的事，在西方很平常。沈从文给你写信，是诚心实意的，他是个诚实的人，至于你接受不接受，那是你的自由，你适当时候回答就是了。所以说，胡适不是我的媒人，说他多少帮了一点也可以。"

胡适、朱自清的女人观

9

　　被誉为"民主先生和自由男神"（唐德刚语）的胡适，曾主张作为一个具有现代知识的人，就需要有几个女友，因为男女之间在观察处理事物、性情陶冶方面常有互相弥补的益处云云。

　　1918年4月5日，北大教授胡适应邀到丁文江家中吃饭，同席有陶孟和及其未婚妻沈性仁，还有另外一位沈女士，大家在一起聚谈甚欢。第二天，胡适写给家乡母亲的信中提及此事，然后说："我在外国惯了，回国后没有女朋友可谈，觉得好像社会上缺了一种重要的分子。在北京几个月，只认得章行严先生的夫人吴弱男女士。吴夫人是安徽大诗人吴君遂（北山楼主人）先生的女儿，曾在英国住了六年，很有学问。故我常去和她谈谈。近来才认得上面所说的几个女朋友，可见中国男女交际还不曾十分发达。"

　　无论是此前还是之后，胡适都需要有女朋友助谈，特别是受过良好教育的女性朋友，而沈性仁正是他心中渴望做异性朋友的绝佳人选。

　　在清华任教的文学家朱自清，每见到漂亮或心仪的女人，都有精细的观察，且在日记中有简约记载。如：

　　1924年9月5日，由温州乘船赴宁波任教。"船中见一妇人。脸甚美，着肉丝袜，肉色莹然可见。腰肢亦细，有弱柳临风之态。"

　　1932年8月16日，蜜月中游完普陀，"到上海，赴六妹处，遇邓明芳女士，颇有标格"。

　　1933年1月22日，入城，在杨今甫处午饭，饭后论《啼笑因缘》及《人海微澜》。"旋陶孟和夫妇来，陶夫人余已不见数载，而少年似昔，境遇与人生关系真巨哉。"

朱氏记载的陶夫人即沈性仁，"少年似昔"，当是指已近中年的沈氏美貌风采不减当年，仍是妙龄春色，而不是徐娘半老、风韵犹存的俗世比喻。从这句颇为含蓄的隐语中可窥知，沈性仁当年夺人心魄的高雅气质和朱自清内心爱慕动情的波光流影。

不幸的是，沈性仁于抗战时随丈夫陶孟和流亡昆明、李庄，得了肺结核，于 1943 年 1 月 21 日去世。

梅月涵与梅悦韩

10

梅贻琦，字月涵，当年与韩咏华分别在严修、张伯苓办的学校大、小班读书，只是男女有别，梅比韩大4岁，没有实质性交往。待梅贻琦留学归来，在天津基督教男青年会任干事，才与幼师毕业的韩咏华正式相识。经过二人的共同老师严修老先生从中说合，梅、韩二人缔结了婚约。

许多年后，韩咏华说："当时严老先生跟我父亲谈，后又跟我哥哥谈，最后由我表哥和同学出面，请我们吃了一顿饭，梅先生参加了。事后梅先生给我写了一封信，由同学转交给我。我把信交给父亲看，父亲说：'不理他。'所以我就没写回信。不久后，梅先生又给我的同学写信责怪说：'写了信没得回音，不知是不愿意，不可能，还是不屑于。……'我又把这封责问信给父亲看。父亲却出乎意料地说：'好，好，文章写得不错。'父亲竟因此同意了。此后，我们便开始通信。"

梅贻琦、韩咏华订婚的消息被韩咏华的同学陶履辛（陶孟和的妹妹）听到后，急忙跑来对韩咏华说："告诉你，梅贻琦可是不爱说话的呀。"韩咏华说："豁出去了，他说多少算多少吧。"就这样，韩咏华便开始了和沉默寡言的梅贻琦43年的共同生活。

梅、韩结婚，清华教员参加婚礼，在所送对联中把上款的"月涵"题成"悦韩"，梅贻琦一看，说"这个改得好"，高兴地"笑纳"了。

蒋梦麟
娶朋友妻

11

　　蒋梦麟是蔡元培之后的北大校长，学问虽没有蔡好，但办事却比蔡老到，有"北大功狗"之称。蒋梦麟留学美国前即按父母之命、媒妁之言，与家乡余姚姑娘孙玉书成亲，并陆续有了两男一女三个孩子。蒋梦麟归国到北大任教，遇到了高仁山与陶曾穀夫妇，这便有了第二段婚姻。

　　高仁山乃江苏江阴人，曾留学日本和美国，获美国哥伦比亚大学硕士学位。1923年回国任北京大学教育系教授、系主任。1925年春，高仁山与好友陈翰笙、查良钊、胡适等人在北京创办了私立艺文中学，高任中学校长。蒋梦麟和高仁山志同道合，成为莫逆之交。高仁山热心政治活动，曾是国共合作时期的国民党北京市党部负责人之一，1927年武汉国民政府结束后，高任北方最高的统战组织——北方国民党左派大联盟主席。1927年9月28日被奉系军阀张作霖部下逮捕，1928年1月15日被杀害于北京天桥。

　　高仁山死后，蒋梦麟对其妻陶曾穀照顾备至，隔三岔五溜入其家嘘寒问暖，后将陶氏调为自己的秘书，二人关系由"断头台上凄凉夜，多少同侪唤我来"的旧情境，一下子进入了干柴烈火交织而成的"红泥小火炉"的新境界。接下来，就是"能饮一杯无"了。

　　蒋梦麟打定离婚再娶的主意后，回到家中，一脚将他原来由家庭包办的那位糟糠黄脸婆踢出门外，伸出温热的双手将陶曾穀迎进门内。1936年，由胡适做证婚人，50岁的蒋梦麟与陶曾穀终于结为百年之好。婚礼上，蒋梦麟在答谢宾客时，半是无耻半是调侃地对众人说："我一生最敬爱高仁山兄，所以我愿意继续他的志愿去从事教育。因为爱高兄，所以我更爱他爱过的人，且更加倍地爱她，这样才对得起亡友。"

吴宓
苦爱毛彦文

吴宓一生多情，也被多情所累，如他对毛彦文的迷恋痴情，有一段时间到了令人不可思议的地步，并在报纸上公开发表自己的诗作《吴宓先生之烦恼》：

> 吴宓苦爱毛彦文，三洲人士共惊闻。
> 离婚不畏圣贤讥，金钱名誉何足云。
>
> 作诗三度曾南游，绕地一转到欧洲。
> 终古相思不相见，钓得金鳌又脱钩。
>
> 赔了夫人又折兵，归来悲愤欲栽生。
> 美人依旧笑洋洋，新妆艳服金陵城。
>
> 奉劝世人莫恋爱，此事无利有百害。
> 寸衷扰攘洗浊尘，诸天空漠逃色界。

此诗一出，立即引起大哗，各种攻击随之而来。胡适认为在报上"登载自己的烂诗，叫人恶心"。但吴宓不为所动，声明说："你们攻击我的学术，那么来吧，要是攻击我的名誉，我吴宓本无名誉可言，随你们去。"

尽管吴宓做出对攻击者不屑一顾状，但报刊抓住这一花边新闻还是绘声绘色地大肆渲染，使吴的同僚好友大感跌份和无聊，于是有了金岳霖受朋友之托出面做吴的"思想政治工作"，希望对方不要锋芒毕露，刺痛了别人，也伤及自身。

老金受命，便稀里糊涂地找到吴宓，说："你的诗如何我们不懂，但是，内容是你的爱情，并涉及毛彦文，这就不是公开发表的事情。这是私事情。私事情是不应该拿到报纸上宣传的。我们天天早晨上厕所，可是，我们并不为此而宣传。"

话音刚落，吴宓大怒，拍着桌子高声呵斥道："你休在这里胡言乱语，我的爱情不是上厕所，厕所更不是毛彦文！"

老金木头一样呆呆地站着听吴骂了半天。后来老金曾自我检讨说："我把爱情和上厕所说到一块儿，虽然都是私事情，确实不伦不类。"

吴宓
校园追女生

13

吴宓教授一生为情所困，有些情莫名其妙。他经常自比《红楼梦》中的贾宝玉，对林妹妹百般爱恋。有同事取笑他是"情僧"，吴宓并不因此恼怒，因而有了顾毓琇"千古多情吴雨僧"之句流传于世。

西南联大末期，单身汉一个的吴宓，突然又爱上了一位女生，便向这位女生求爱。一日黄昏，照例去拜访女生，不巧女生外出，只有同室女生在。听见敲门声，室内女生便问："谁?"门外的吴宓尽管年近半百，却沉浸在美好的爱情中不能自拔，满怀幸福感地仿戏剧小生的腔调回答道："吴宓来也!"女生闻言答道："她不在。"吴继续仿小生的腔调细声细气说："请转告她，明日再来，吴宓去也!"只听室内大声传出："讨厌，讨厌!"吴宓转回头道："岂敢，岂敢!"

毛彦文
下嫁熊希龄

14

吴宓一生追逐的女人多多，年龄相貌也各有不同，但毛彦文却是吴宓一生中最重要、最令他牵肠挂肚的女人，直到死，吴宓还念念不忘这位令他魂牵梦萦的风流浪漫的女性。只是毛彦文不顾吴宓一片相思之情，竟出乎吴氏本人和世人意料，投到了当时已垂垂老矣的前北洋政府国务总理兼财政总长熊希龄，也就是熊秉三的怀抱。1935年2月9日，38岁的毛彦文与66岁的熊希龄在南京举行了场面盛大的婚礼。

当熊希龄追求毛彦文时，毛提出的其中一个条件是，二人结婚后熊要剃掉胡须，对方不但愉快地答应，并立即找来剃头匠，把留了20多年的长须剃去。此时有位老友前来拜访，不明就里，以为是熊氏欲赶时髦，不禁摇头说："秉三哪，你已是66岁的人，年纪不小了，何必多此一举呢？"

熊听罢，深情地望了一眼身边的毛彦文，笑着对老友道："人家就是要求有此一举，否则不干啊！"

遗憾的是，没几年熊希龄就于1937年12月在香港砰然倒地，一命呜呼。当时正随清华师生流亡湖南衡山的吴宓得此消息，震惊之余，万感纷集，深为毛彦文婚嫁不满三年，得此结局而悲痛，终宵不能成寐，顿觉地老天荒，一切都尽。"人生如小说戏剧，真到结尾收场时矣。"

之后，吴宓几乎无日无夕不思及毛彦文。心想自己一生唯爱毛彦文最为深至久长，熊公既殁，宓或可有机缘再与毛彦文重修旧好，终成眷属乎？

罗隆基的追逐术

15

　　1913年，年仅17岁的罗隆基（字努生）以江西总分第一名的优异成绩考入清华学校。适逢五四运动前后，罗是清华的活跃分子，号称"五四三杰"之一（另二人是北大的段锡朋、张国焘，或罗家伦、傅斯年），有"十年清华，三赶校长"的辉煌经历。

　　1928年，罗隆基自美国和欧洲学成归国，任教于光华大学，此前已与新加坡富商之女张舜琴结婚，夫妇二人住在上海霞飞路一座花园洋房。可惜好景不长，罗隆基与张舜琴的婚姻出现裂痕。原因是，罗风流成性，惹得张舜琴醋意大发，大吵大闹。罗隆基在追求徐志摩前妻张幼仪失败后，把气撒到张舜琴身上，经常对其大打出手。张舜琴亦奋起自卫反击，两人打架遂传为文坛笑话。

　　据罗隆基在光华大学的学生沈云龙回忆："罗先生和他的夫人张舜琴似乎琴瑟并不调和，常常双双请假，过几日便见罗先生面部带（戴）着纱布绷带来上课，同学们常背后窃笑，这样经常吵架的夫妻生活，自难维持长久。"

　　1931年，罗隆基在船上偶尔结识了美丽聪慧、比自己小12岁的交际花王右家，此人就是曹禺后来在话剧《日出》中描绘的女主角陈白露的原型之一。王右家的好友吕孝信在《忆一对欢喜冤家——王右家与罗隆基》中写道："右家那时不过二十出头，美得像一朵花，见到她的男人，无人不为之倾倒，正是要风得风，要雨有雨的时候，她无论想嫁谁，都是别人求之不得的事，可是偏偏遇到努生是个有妻室的人，在今日的社会，尚且不能容忍这种行为，何况四十年前？"

当时罗隆基与张舜琴并未离婚，便把王右家叫到家中同居。直到1938年，张舜琴打算与自己一个学生结婚，才与罗隆基正式离婚，罗、王二人遂成为夫妻。

抗战全面爆发后，罗隆基转到迁入昆明的国立西南联合大学任教。其间，罗隆基尽管家中有一个王右家，但仍不断追逐别的女人。

杨振宁
打工埋下的姻缘

16

　　说起西南联大学生打工，有不少有趣的故事，比如说杨振宁先生的打工生活，就很令人回味。

　　1940年11月，西南联大利用自己的师资力量和毕业生，创办了联大附属中学、附属小学等教育机构，形成了极为可观的教育基地。杨振宁于联大本科以及清华物理学硕士研究生毕业，考取公费留美的等待期间，曾在联大附中"兼差"教数学近一年，当时的杜聿明将军之女杜致礼就在班中上课。后来杜小姐赴美留学，1950年与杨振宁邂逅于异国他乡并一见钟情。再后来，杜致礼成为杨氏夫人。1957年12月，杜致礼与杨振宁同行，参加了瑞典斯德哥尔摩诺贝尔物理学奖颁奖仪式，全世界为之瞩目。此一段姻缘，为西南联大兼差的趣闻轶事再添一段佳话。

巨星
陨落

星
落

13

邵飘萍、林白水之死

1

  民国时代著名报人邵飘萍与林白水，遭军阀杀害的时间相距正好百日，故有"萍水相逢一百天"典故传世。

  邵飘萍是民国时期著名的报人和宣传鼓动家，毛泽东在北大图书馆当登记员的时候曾旁听过他的课，并认邵氏为自己的老师。20世纪20年代初，邵氏出任《京报》社长，多次公开在报上嘲讽、抨击、辱骂奉系军阀张作霖，与张结下了不共戴天之仇。

  1926年4月15日，奉系军阀击溃郭松龄叛军与冯玉祥的国民军，浩浩荡荡地开进北京城，北洋政权落入奉鲁军阀张作霖、张宗昌等人之手。4月24日，已经藏匿的邵飘萍被一名叫"夜壶张三"的报界朋友从苏联使馆骗出，被预伏军警截捕。

  4月26日凌晨1时许，邵被"提至督战执法处，严刑讯问，胫骨为断"。后以"勾结赤俄，宣传赤化"罪名，"着即执行枪决"。4时30分，邵飘萍被押赴天桥东刑场。临刑前，邵氏向监刑官拱手说："诸位免送！"未久，枪声响过，邵氏倒地立毙，时年40岁。

  邵飘萍死后100天，另一位著名报人林白水又遭军阀枪杀。

  林白水为北京《社会日报》社长，对各路军阀甚为反感，曾经撰文对奉系军阀张作霖手下的"狗肉将军"张宗昌大加嘲讽，令张衔恨不已。

  奉鲁军队进京，北洋政府原财政总长潘复为讨好大权在握的张宗昌，除日夜陪张氏聚赌豪饮，还投其所好，四处物色女人送给张宗昌。潘复很快成了张宗昌离不开的"智囊"。林白水闻知此事，甚感不爽，在报纸上称潘为张的"肾囊"。

1926年8月5日，林白水在《社会日报》上发表时评《官僚之运气》，对张宗昌与潘复再次进行了嘲骂。当晚，潘复闻讯，恼羞成怒，哭诉于张宗昌面前，请"狗肉将军"逮捕林白水并处以极刑。

张宗昌一听潘氏的泣诉，大怒，立即以"通敌有证"的罪名，下令北京宪兵司令逮捕林白水，就地正法。

1926年8月6日凌晨1时，京畿宪兵司令王琦奉张宗昌之命，率部来到报馆，将林白水拖到室外，强行塞进汽车，向城南疾驶而去。凌晨4时10分，林白水被押赴天桥刑场枪决，时年52岁。

末代皇帝溥仪
说王国维死因

　　清华国学院四大导师之一的王国维，于1927年6月2日，向同事借了五元钱，雇一辆黄包车来到颐和园，花六角钱买了一张门票，怀揣四元四角钱和一张写有"五十之年，只欠一死。经此世变，义无再辱"的纸条，纵身一跃，钻入颐和园昆明湖底溺死。

　　关于王国维的死因有多种说法，有的说是"殉清王朝"而死，有的说是"悲观厌世"而死，有的说是被他的好友兼亲家罗振玉逼债而死，有的说是"妻妾出轨受辱"而死，有的说为文化殉节而死，等等。清逊帝溥仪认为是被罗振玉逼迫而死。

　　在溥仪所著《我的前半生》第四章（中华书局1977年出版）中，曾经说过这样一段话："罗振玉并不经常到宫里来，他的姻亲王国维能替他'当值'，经常告诉他，当他不在的时候，宫里发生的许多事情。王国维对他如此服服帖帖，最大的原因是这位老实人总觉得欠罗振玉的情，而罗振玉也自恃这一点，对王国维颇能指挥如意。我后来才知道，罗振玉的学者名气，多少也和他们这种特殊瓜葛有关。王国维求学时代十分清苦，受过罗振玉的帮助，王国维后来在日本的几年研究生活，是靠着罗振玉一起过的。王国维为了报答这份恩情，最初的几部著作，就以罗振玉的名字付梓问世，罗振玉也居然受之无愧。罗振玉早年是有远见的，放长债滚大利的办法是生效了。罗、王两家后来成了儿女亲家（注：罗女嫁王氏子），按说两人又是老友又是近亲，王国维的债务总可以不提了，其实不然，罗振玉并不因此忘掉了他付出过的代价，而且王国维因他的推荐得以接近'天颜'，也要算做王国维欠他的情分，所以，王国维处处还要听他的吩咐。

我到了天津，王国维就任清华大学国文教授之后，不知王国维在一个什么事情上没有满足罗振玉的要求，罗振玉又向他追起债来……逼得这位又穷又要面子的王国维走投无路，在一九二七年六月二日跳进了昆明湖里自杀了。"

又，溥仪在"不知王国维在一个什么事情上没有满足罗振玉的要求"一句后，加了一个"附注"，注云："我在特赦后，听到一个传说，因已无印象，故附记于此，聊备参考。据说绍英（作者按：清末内务府大臣）曾托王国维替我卖一点字画，罗振玉知道了，从王手里要了去，说是他可以办。罗振玉卖完字画，把所得的款项（一千多元）作为王国维归还他的债款，全部扣下。王国维向他索要，他反而算起旧账，王国维还要补给他不足之数。王国维气愤已极，对绍英的催促无法答复，因此跳水自尽。据说王遗书上'义无再辱'四字即指此而言。"因溥仪的名声和特殊地位，在后世流传的诸种说法中，以"罗振玉逼债而死说"影响最大。这一"逼债说"后被郭沫若著文加以肯定并传播，遂成为王氏之死诸说中的主流观点并为时人广泛采信。

王国维
沉湖之谜

3

王国维（字静安）的亲家兼师友罗振玉认为王国维之死，是殉清而死。而历史学家商承祚持王国维妻妾有外遇，王氏不愿受辱而一死之说。此说由于为尊者讳，罕有见于文字者。罗振玉之孙罗继祖主编《王国维之死》一书，所引商承祚之说语焉不详，只有"中冓不可道"一句，罗继祖理解为亲戚之间的矛盾，似不符合商氏本意。常任侠1940年1月12日日记载："晨，商锡永（即商承祚）来，留其在舍午餐，杂谈男女琐事，商云王静安以妇有外遇，故愤而自杀，未知信否也。"

后世有研究者认为，溥仪只是道听途说，任意捏造事实，卖画之事纯系子虚乌有，谓罗振玉"逼债"说难以成立。历史学家商承祚的"妻妾受辱"说，也不大靠得住。唯陈寅恪先生提出的"殉文化"而死之说，最能令人信服。

为什么"殉文化"而死最令人信服？陈寅恪在《王观堂先生挽词并序》中作了解释："凡一种文化值衰落之时，为此文化所化之人，必感苦痛，其表现此文化之程量愈宏，则其所受之苦痛亦愈甚；迨既达极深之度，殆非出于自杀无以求一己之心安而义尽也。……盖今日之赤县神州值数千年未有之巨劫奇变，劫尽变穷，则此文化精神所凝聚之人安得不与之共命而同尽，此观堂先生所以不得不死，遂为天下后世所极哀而深惜者也。"

事实上，从王国维遗书"五十之年，只欠一死。经此世变，义无再辱"16字亦可以看出，他的死应是"殉文化"而去。

梁启超
"错割腰子"案

4

　　1926年年初，梁启超因尿血症久治不愈，不顾朋友们的反对，毅然住进北京协和医院，于3月16日做了肾脏切除手术。极其不幸的是，手术中却被协和医院院长刘瑞恒与其助手，误切掉了那个健全的"好肾"（右肾），虚弱的生命之泉只靠残留的一只"坏肾"（左肾）来维持供给。

　　梁启超去世40多年后的1971年，清华大学教授梁思成因病入住协和医院，于一个偶然机会，从自己的医生那儿得知父亲早逝的真相。具体情形是：

　　当梁启超入住协和医院后，鉴于其在社会上的显赫名声，协和医院相当慎重，决定由留学美国的中国人、协和医院院长刘瑞恒亲自主刀，美国医生副之，其他医护人员配备强大，应万无一失。意想不到的是，闪失还是发生了。据当时参加手术的两位实习医生后来私下对同行说：病人被推进手术室后，值班护士就用碘在肚皮上标位置，结果标错了地方。刘博士（注：刘瑞恒）就动了手术，切除了那健康的肾，而没有仔细核对一下挂在手术台旁边的X光片。这个悲惨的错误在手术之后立刻就发现了，但因关乎协和医院的声誉，被当成"最高机密"归档。

　　不久，梁启超被协和医院割错腰子的事泄露，媒体把此事炒得沸沸扬扬。梁启超出院后，协和医院方面也默认了，梁启超确切地得知自己的好肾被割掉，但为何割掉仍是雾中看花，不甚明了。1926年9月14日，梁氏在给孩子们的信中这样写道："……伍连德（注：伍连德乃梁启超好友，留英、德等国学医和研究，医学博士。回国后创办多所医院并任院长，1935年为诺贝尔生理学或医学奖候选人提名大夫）到津，拿小便给他看，他说'这病绝对不能不理会'。他入京当向协和及克礼等详细探索实情云云。五日前在京会着他，他已探听明白了。……他已证明手术是协和孟浪错误了，割掉的右肾，他已看过，并没有丝毫病态，他很责备协和粗忽，以人命为儿戏，协和已自承认了。这病根本是内科，不是外科。在手术前克礼、力舒东、山本乃至协和都从外科方面研究，实是误入歧途。"又说："我屡次探协和确实消息，他们为护短起见，总说右肾是有病（部分腐坏），现在连德才证明他们的谎话了。我却真放心了，所以连德忠告我的话，我总努力自己节制自己，一切依他而行（一切劳作比从前折半）。"

梁启超被协和医院错割腰子之后，媒体掀起轩然大波，四方震动。梁的弟子陈源、徐志摩等人纷纷登场，以"白丢腰子"（徐志摩语）的事实，通过媒介向协和医院进行口诛笔伐、兴师问罪，并聘请律师，欲向法院提交索赔追责诉讼书，以解心头之恨。

当时，西医在中国立足未稳，大受质疑，而手术主要主持者乃是毕业于美国哈佛大学的医学博士、协和医学院院长刘瑞恒。刘的副手则是纯正的美国人，声名赫赫的外科医生。为了维护西医社会声誉，以便使这门科学在中国尽快落地生根，对于这一"以人命为儿戏"的医疗事故，梁启超不但没有状告院方，相反，在社会舆论升腾，把自己视为受害者，且普遍倒向自己一方时，禁止徐志摩等人上诉法庭，不求任何赔偿，不要任何道歉，并艰难地支撑病体亲自著文为协和医院开脱。

1926年6月2日，《晨报副刊》发表了梁启超《我的病与协和医院》一文，说："出院之后，直到今日，我还是继续吃协和的药，病虽然没有清楚，但是比未受手术之前的确好了许多。……想我若是真能抛弃百事，绝对的休息，三两个月后，应该完全复原。至于其他的病态，一点都没有。"

至于该不该割去右肾的问题，梁启超提出责任不在协和。文章的最后极为诚恳地讲道："我盼望社会上，别要借我这回病为口实，生出一种反动的怪论，为中国医学前途进步之障碍。——这是我发表这篇短文章的微意。"

梁启超默默承受着内心的煎熬与苦痛，维护着他笃信的科学与进步事业，而代价是他的整个生命。1929年1月19日，梁启超在北京协和医院病逝，享年57岁。

梁启超的死因

5

　　梁启超到底是因何而死，除了被协和医院割错腰子，还有另外的原因吗？回答是：有的。

　　有研究者分析，协和医院误割梁启超的那个好肾当然是一劫，也是致命的一个重要原因，但如果切实按照伍连德提出的要求进行疗养，还是有可能多活一些时日的。梁启超在 1926 年 9 月 14 日给孩子们的信中曾写道："据连德的诊断，也不是所谓'无理由出血'，乃是一种轻微肾炎。……但他对于手术善后问题，向我下很严重的警告。他说割掉一个肾，情节很是重大，必须俟左肾慢慢生长，长到大能完全兼代右肾的权能，才算复原。他说：'当这内部生理大变化时期中（一种革命的变化），左肾极吃力，极辛苦，极娇嫩，易出毛病，非十分小心保护不可。唯一的戒令，是节劳一切工作，最多只能做从前一半，吃东西要清淡些。……所以连德忠告我的话，我总努力自己节制自己，一切依他而行（一切劳作比从前折半）。"

　　可以说，梁启超平时养成的不良生活习惯，也是导致他患病和屡医无效的重要原因之一。加上后来夫人李蕙仙病故等刺激，又成为他发病的一个导因。再有就是梁氏的写作欲过于旺盛，夜以继日地写作，不愿过"享清福"的疗养生活，"家人苦谏节劳"而不听，没有认真考虑劳累为病体带来的恶劣后果，是他早逝的第三个重要的甚至是最主要的原因。梁思成在追述父亲得病逝世经过时说："先君子曾谓'战士死于沙场，学者死于讲座'。方在清华、燕京讲学，未尝辞劳，乃至病笃仍不忘著述，身验斯言，悲哉！"

　　2006 年 8 月 10 日，北京协和医院举办了一次病案展览，一大批珍贵的病案走出历史尘封，其中包括梁启超病历档案。经专家对其观察研究，与梁思成听说的原因基本相同。至此，历经80年的梁启超"错割腰子"一案，总算尘埃落定。

徐志摩
遇难白马山

6

　　徐志摩眼看着林徽因嫁给了梁思成，痛苦无奈之下，把感情转移到一代名媛兼交际花陆小曼身上。二人结婚后，迁往家乡海宁与南京、上海等地居住。1931 年年初，为了照顾新婚不久的陆小曼的生活并陪其开心取乐，徐志摩舍弃北平的同事朋友，跑到上海光华大学与南京中央大学任教。不到一年，悲剧很快发生。

　　1931 年 11 月 19 日，徐志摩搭乘一架运邮件的飞机，由南京北上，参加当天晚上林徽因在北平协和小礼堂的演讲会。当飞机抵达济南南部时，忽然大雾弥漫，难辨航向。飞机撞上白马山（开山，本地人亦称白马山），当即坠入山谷，机身起火，机上人员——两位机师与徐志摩全部遇难。

　　噩耗传来，林徽因当场昏倒在地。

　　22 日下午，受北平学界同人委派的梁思成、沈从文等人分别从北平和青岛赶到济南白马山空难现场，收殓徐志摩的遗骸。梁思成带去了林徽因专门赶制的小花圈以示哀悼。

　　按照林徽因的叮嘱，梁思成专门带回一小块失事飞机的残骸。林徽因把这块残骸一直挂在自己卧室的墙壁上，以表达对徐志摩的缅怀之情。

徐志摩
遇难前后

7

　　徐志摩自从娶了陆小曼之后，先是携妻回海宁硖石镇老家住了一段日子，而后在南京与上海之间来回折腾，终致牵挂太多，财务吃紧，生活困顿，间接导致白马山遇难。

　　据从青岛大学赶往济南善后的沈从文给好友赵家璧信中说：徐南去，主要因小曼不乐意去北京，在上海开支大，即或徐先生把南京中央大学和北大教书所得薪金全寄上海，自己只留下三十元花销，上海还不够用，因乘蒋百里先生卖上海愚园路房子时，搞个中介名义，得一笔款给小曼，由北平赴上海签字，又因当天晚上林徽因在协和小礼堂为外国使节讲中国建筑艺术，急于参加这次讲演，乃搭机北行，到山东时因大雾，飞机失事致祸。

　　另据山西作家韩石山对这段历史事实研究：徐离北京是搭乘张学良专机飞南京的，当时张以全国陆海空军副总司令的身份驻节北京，顾维钧帮张学良办外交，常乘坐张的专机在南京与北京之间飞行。此次是南京政府要顾维钧代理外交部长，顾仍乘张学良专机赴宁，徐志摩与顾友善，借机一道前行。而"从南京返回北平，徐志摩原打算仍乘坐张学良的专机，但顾维钧一时还不能回去，他便决定不搭乘了。正好离开上海时，他顺便将去年保君健（航空公司财务科长）赠给他的免费机票带在了身上，经联系后获准第二天一早可搭乘航空公司的邮政飞机"。11月19日早8时，徐志摩乘"济南号"飞机从南京明故宫机场起飞。10时10分，飞机抵达徐州，徐志摩在机场发信给陆小曼，说头痛不欲再行，但最终还是走了。10时20分，飞机继续北上，及飞抵济南附近党家庄时遇大雾，触开山山头，机身着火坠毁，徐志摩遇难身亡，终年35岁。

上帝让徐志摩
遇难

8

　　1993年4月，林徽因之子梁从诫为某出版社出版《徐志摩林徽因诗集》写的序文《空谷回音》中说道："关于林、徐之间的感情关系，几十年来都是社会上一些人喜欢议论的话题。但也可以说，这是一个带有悲剧色彩的故事。其悲剧性就在于：作为诗人，他们在志趣上是那样投合，徐对林又是那样一往情深，但两人却不仅始终无缘，而且事实表明，他们本来就不可能走上同一条生活道路。可以说，徐志摩的精神追求，林徽因后来是完全理解的，而反过来，林徽因所追求的，却未必都能得到徐的理解，更谈不到专业性的支持。从古建筑研究和美术创作的角度看，林徽因和梁思成是天生的搭档。虽然梁思成不搞文学，但抗战前那几年，林徽因在古建研究方面的成就不仅没有妨碍她的文学活动，而且实际上两者相得益彰，使她在两个方面都得到了相当辉煌的成绩。但如果真是徐志摩和林徽因生活到了一起，那么，我们就肯定不会有——如最后她的墓碑所铭刻的——'建筑师林徽因'了；而生活里没有了建筑和美术活动，又会有我们所认识的这个'诗人林徽因'吗？回顾徐志摩的一生，可以看出，他是一个易受情绪支配，充满幻想，有时甚至放浪形骸之外的浪漫主义者；而林徽因在精神上却比他保守，比他更重务实。她在少年时代就一心要以'把美术创作与日常生活需要结合起来'的'建筑学为自己的终身事业'。说明了她气质上和徐诗人之不同。"文中又说："徐志摩的诗人生涯，可以说是伦敦邂逅林徽因之后开始的，在随之经历了巨大的感情波澜和生活挫折之后，他生命之路的终结，竟又是为了赶去听林徽因关于古建筑的一场学术报告。这是不幸的巧合呢还是天意？"

文中的语气透出，梁从诚相信徐志摩之死，是冥冥之中有一只上帝之手在操纵的，徐之死就是上苍的旨意。说得更明了一点儿，那就是——上帝让徐志摩遇难。

徐志摩是活着好，
还是烧死好

9

梁思成、林徽因子女梁再冰、梁从诫看了电视剧《人间四月天》之后，深受刺激，极为不满。梁从诫答记者提问时愤然说道："我一直替徐想，他在一九三一年飞机坠毁中失事身亡，对他来说是件好事，若多活几年对他来说更是个悲剧，和陆小曼肯定过不下去。若同陆离婚，徐从感情上肯定要回到林这里，将来就搅不清楚，大家都将会很难办的。林也很心疼他，不忍心伤害他，徐又陷得很深。因而我一直觉得，徐的生命突然结束，也算是上天的安排。"

梁从诫愤慨之言，立即招来徐志摩粉丝们的反"愤慨"，并很快作出了回击，作家韩石山在《梁从诫先生不该这么说》一文中，对梁指责道："为了自己的家声，竟说他人飞机失事烧死是好事。梁先生是有文化的人，说这样的话就不近人情了，效果也不好。比如不看这些话，我还不知道一九三一年夏天在北平，徐、林之间的感情已发展到这样危险的地步。"

在旁观者的眼里，梁从诫与韩石山的话各有道理，但似乎又缺失了点什么。当年海涅在他的名作《两个波兰人》中曾写过这样的诗句："为祖国牺牲是很好的，可要是活着那就更好了。"或许出于各种考虑，或许一时情绪失控，梁从诫的言论显然有些过激了。而韩石山与那些徐志摩的超级粉丝，在梁从诫一再否定徐、林之爱的情况下，非要把"徐、林爱情"进行到底。再加上电视剧的火上浇油，整个社会舆论就变得硝烟弥漫、烽火连天了。假如不存偏见，对这段历史和历史人物是不是可以这样看待？不管徐、林之间是有爱还是无爱，套用海涅的诗句，不妨理解成"为了避免双方日后更大的苦痛，徐志摩适时被烧死是很好的，可要是活着那就更好了"。

鲁迅去世后的
抬棺人

10

1936年10月19日，鲁迅先生去世后，夫人许广平通知了鲁迅先生的弟子胡风，胡风随后向外界发布了消息。在上海离得最近的宋庆龄和冯雪峰立即赶来，他们商议拟定了13人组成的治丧委员会，成员如下：

宋庆龄、蔡元培、茅盾、内山完造、史沫特莱、沈钧儒、胡风、曹靖华、萧三、胡愈之、许寿裳、周作人、周建人。

后来又增加马相伯、毛泽东，共15人。

治丧委员会决定，用人抬的方式，将鲁迅先生从万国殡仪馆抬到万国公墓。据萧军后来回忆，16位抬棺人分别是：胡风、巴金、张天翼、陈白尘、黄源、萧乾、鹿地亘、黎烈文、孟十还、靳以、吴朗西、聂绀弩、欧阳山、周文、曹白、萧军。

鲁迅先生去世的前一个月，也就是这年的9月份，他给妻子许广平留下了这样的遗嘱：

一，不得因为丧事，收受任何人的一文钱。——但老朋友的，不在此例。

二，赶快收殓，埋掉，拉倒。

三，不要做任何关于纪念的事情。

四，忘记我，管自己生活。——倘不，那就真是胡涂虫。

五，孩子长大，倘无才能，可寻点小事情过活，万不可去做空头文学家或美术家。

六，别人应许给你的事物，不可当真。

七，损着别人的牙眼，却反对报复，主张宽容的人，万勿和他接近。

鲁迅补充道："又曾想到欧洲人临死时，往往有一种仪式，是请别人宽恕，自己也宽恕了别人。我的怨敌可谓多矣，倘有新式的人问起我来，怎么回答呢？我想了一想，决定的是：让他们怨恨去，我也一个都不宽恕。"

蔡元培
客死香港之情状

11

　　1937年7月卢沟桥事变发生后，蔡元培正在上海。此时，中央研究院理、化、工等三个研究所仍留在上海租界内开展工作。淞沪抗战爆发，蔡氏强撑病体，亲自组织、指挥上海的三个所向内地撤退。上海城陷之际，中央研究院总办事处已由朱家骅和傅斯年共同组织撤往重庆，蔡元培满怀悲愤与忧伤，乘一艘外国邮轮独自一人从上海赶往香港，化名"周子余"隐居下来，谢绝一切应酬，但仍遥领中央研究院事务。1938年2月，在蔡元培精心策划和组织下，于香港主持召开了中央研究院自上海、南京沦陷以来首次院务会议，确定了战时院务工作的许多重大策略与生存、发展方针。

　　1940年早春，73岁的蔡元培步入了贫病交加的人生暮年，他的生命之火即将熄灭。而此时，偏又遭逢爱女蔡威廉死于难产的致命一击。

　　1940年3月3日晨，蔡元培起床后刚走到浴室，忽然口吐鲜血跌倒在地，继而昏厥过去。两天后，医治无效，溘然长逝。

　　蔡元培乃辛亥革命元老，曾任国府委员、教育总长、司法总长、大学院院长、北大校长、中央研究院院长等多种要职，可谓位高权重。但他一生俭朴，挣的钱大多数救济了亲戚、同事或学生辈青年才俊，到香港后生活已十分拮据，竟到了无钱看病的程度，去世前已欠下医院1000余元医药费。去世后没有一间屋、一寸土属于自己的遗产，入殓时的衣衾棺木，都是商务印书馆的王云五先生代筹办理，知者无不为之泪目。

林徽因
临终遗嘱之谜

12

1954年秋，林徽因病情急剧恶化，完全丧失了工作能力。是年底，病危，入住北京同仁医院抢救。

1955年1月，梁思成积劳成疾，入住同仁医院林徽因隔壁病房治疗，与林徽因成了病友。梁的病情稍有好转，便每天到妻子房中探视、陪伴，但此时的林徽因已衰弱得难以说话，最后拒绝吃药救治。

1955年3月31日夜，林徽因进入了弥留之际，梁思成从隔壁病房来到她的床前，此时林徽因脸上已没有一点儿血色。看到妻子痛苦挣扎的神情，焦急又没有办法医治的梁思成放声痛哭，喃喃自语道："受罪呀，徽，受罪呀，你真受罪呀！……"

夜深之后，梁思成回到自己的病房休息。未久，林徽因自知不久于人世，用微弱的声音告诉护士，她要见梁思成最后一面并有话要说。蛮横的护士竟以"夜深了，有话明天再说"为由予以拒绝。但林徽因已没有气力等到天亮了，最后一个心愿竟未能实现，遂成为终生遗憾。

4月1日清晨6时20分，林徽因咽下最后一口气，撒手人寰，终年51岁。在生命的最后一刻，她究竟要对夫君梁思成说些什么？随着林徽因的去世，这成为一个不解之谜。

老金
失态哭徽因

13

　　1955年春天，金岳霖在西南联大时期的学生周礼全到北大哲学楼办事，此时老金已由清华被调整到北大哲学系任教并兼系主任。当周礼全来到老金办公室时，已有几位教师在屋里谈论问题。老金一见周礼全就说："礼全，你等一等，我有事同你谈。"约一个小时后，其他人陆续都走了，办公室中只剩下金岳霖与周礼全。老金把门关上，先是默不作声，过了一会儿突然说："林徽因走了！"他一边说，一边就号啕大哭起来。只见老金两只胳膊靠在办公桌上，头埋在胳膊中，哭得极为伤心沉痛。周礼全静静站在老师的身旁，不知说什么好。几分钟后，老金慢慢地停止哭泣。

　　老金擦干眼泪，坐在椅子上，目光呆滞，一言不发。周礼全陪伴着默默地坐了一阵，才送老金回到燕东园的宿舍。当晚，周礼全约同学王宪钧一起去燕东园看老金。此时金岳霖已恢复了平日那种潇洒轻松的风度，只同周、王二弟子谈了几句林徽因患病与去世的情况，就把话题转移到逻辑课程的改革问题上去了。

老金
墓前诉心声

14

　　一直恋着林徽因的金岳霖终生未婚，他把对林的爱深藏心中，其内心的感情世界外人很难知晓，世人所知的只是他偶尔显露的一条缝隙中透出的光，而仅这片刻的心灵之光便足以透视老金丰富真挚的内心世界以及他对林徽因的爱是如何博大深沉。

　　据文学评论家仲呈祥听欧阳中石教授说，林徽因去世几年后，梁思成续娶了清华营建系资料室的学生辈职员林洙为妻，当时梁的老朋友张奚若等竭力反对，但未能阻止。面对这种结局，金岳霖更是百感交集。有一天，他到小卖部买了一瓶二锅头、一包花生米，独自来到八宝山林徽因墓前，倒出半瓶酒敬献亡灵，剩余的自己就着花生米慢慢喝。当半瓶酒下肚后，醉眼蒙眬的老金说了一句话："徽因啊，你看看，当年找错人了吧？人家又结婚了，我还是光棍一条，事实证明，最爱你的人还是我老金头啊！"言毕大哭。（注：此事后来由老金亲告欧阳中石，再由欧阳中石传出。）

胡适怒骂
"愚蠢的女人"

15

胡适的秘书胡颂平在《胡适之先生晚年谈话录》1961 年 9 月 19 日中载：

这两天先生有点怕听电话的声音，因为（新竹清华校长）梅贻琦的病已经到了危险的境地，如果有人电话来，只怕是他不幸的消息。昨天下午从卧房出来，轻轻地问："有没有坏消息？"王志维就说："没有没有。听说梅先生的病体见好些。"

今天下午到台大医院去检查身体，顾文霞、徐秋皎等都在那里。检查之后，先生要去看梅贻琦，但他们都劝先生不要上去，说："梅太太同一屋子的女人在祈祷，在唱歌。现在只求上天保佑了。"

先生四点半回来，很沉痛地大声说："这是愚蠢！我本来很想看看梅先生，他也渴望能够见见我。他还没有死，一屋子愚蠢的女人在唱着歌祈祷，希望升天堂。——这些愚蠢的女人！"

先生平时常说："任何事我都能容忍，只有愚蠢，我不能容忍。"

1962 年 2 月 4 日下午，台湾"中央研究院"举行院士会议，梅贻琦当选为该院院士。胡适作为台湾"中央研究院"院长在招待同人叙会中，突发心脏病，倒地不起，遽尔逝世。梅贻琦在医院中聆听广播，获知此不幸消息，悲恸万分！他悲伤地说："不料竟先我而去。"

三个月后的 1962 年 5 月 19 日，梅贻琦病逝于台大医院。

胡适
是如何去世的

16

　　1962年2月24日，台湾"中央研究院"在台北南港蔡元培馆举行第五次院士会议，选举新一届院士。胡适几位在海外的学生，或隔代门生如吴健雄、袁家骝、吴大猷、刘大中等四位"中研院"院士，皆从美国赶来助势，胡适颇为高兴。

　　下午5时，院内举办酒会，入席者达一百余众。胡适满面含笑地登台致辞："今天是'中央研究院'迁台十二年来，出席人数最多的一次院士会议。令人高兴的是海外四位院士也回国参加这次会议。……十几年来，我们在这个孤岛上，可算是离群索居，在知识的困难、物质的困难情形之下，总算做出点东西……"

　　下午6时30分，客人开始陆续散去，胡适仍站在原处含着笑容和一些人握手告别。当他正要转身和一位客人说话时，忽然面色苍白，晃了一晃便仰身向后倒下，后脑先碰到桌沿，再摔倒在磨石子的地上。站在他附近的凌鸿勋、钱思亮等连忙伸手来扶，但为时已晚。一代鸿学硕儒、儒林宗师、新文化运动的元老，因突发心脏病溘然长逝。

　　半年前的一天，胡适曾一反常态地让秘书王志维到里屋打开一个保险箱看自己的遗嘱，然后说："我在中年的时候所耗去的精力比一般人多，所以我的写作比一般人发表的多。一个人的精力是有限的，我的精力都透支啦。人终归要死的，像傅孟真先生那样一倒下去就完了，最痛快。像梅先生住在台大医院那么久，实在太苦。我很羡慕傅孟真先生那样的死。如果我将来病倒像梅先生那种情形就自杀，你们千万不要救我。"想不到这话竟一语成谶。

胡适去世，台岛震动，世人同悲。蒋介石闻讯，以哀恸之情当晚亲笔泼墨挥毫，写下了意味深长的挽联：

胡适先生千古

新文化中旧道德的楷模，

旧伦理中新思想的师表。